VOID

en

BRUSSELS

© 1994 UEFA TM

UEFA EURO 2000 Belgium · The Netherlands

www.euro2000.org This ticket is not transferable.

★★★ EURO 2000™ ★★★ EURO 2000™ ★★★ EURO 2000™ ★★

RED SECTOR	ENTRANCE Presse/Pers	
	BLOCK Pers	
54970110	ROW 9	SEAT 22

HOLLAND
HUP HOLLAND
HUP HOLLAND
HOLLAND
WINNAAR E.K. 88
HUP
HUP
NEDERLAND

SPORT
VERLAG
BERLIN
HUP HOLLAND
HUP
HUP
HUP HOLLAND HUP HOLLAND
HOLLAND
HUP HOLLAND HUP HOLLAND
HOLLAND

EURO 2000

Das Fußball-EM-Buch

Herausgegeben von Marcel Reif

Sportverlag Berlin

Autoren des Buches:

Christoph Biermann
Jürgen Bitter
Wolfgang Niersbach
Marcel Reif
Gottfried Weise

Inhalt

UEFA EURO 2000
football without frontiers
UEFA EURO 2000
football without frontiers

EURO
WIN

2000
ERS

Der Fänger:
Francesco Toldo

Der Antreiber:
Edgar Davids

Der Magier:
Zinedine Zidane

Der Dirigent:
Luis Figo

Der Vollstrecker:
Patrick Kluivert

Der Matador: Alfonso

E 14
SCHOLL
7
12
6
5

12.06.2000 18:28 Uhr Fußball-EM 2000 Lüttich Sclessin-Stadion: Der deutsche Mittelfeldspieler Mehmet Scholl (r.) erzielt am 12.06.2000 in der 28. Minute mit einem Distanzschuss den 1:1-Ausgleich gegen Rumänien. Es bleibt das einzige Tor für Deutschland bei der EURO 2000.

Das war die EURO 2000

Positiver Fußball siegt

von Marcel Reif

Es war eines des besten Turniere, an die ich mich erinnern kann. Und genau das hat, um es gleich vorneweg zu sagen, die Aufgabe für die deutsche Mannschaft schier unmöglich gemacht. Am Ende dieser Europameisterschaft wollte der Eindruck nicht weichen, es hätte jemand beschlossen: Dies hier wird gemacht, damit ihr alle etwas lernt. Positiver Fußball siegt, vor allem das sollten wir aus der großen Lehrstunde mitnehmen. Aber es passierte doch kaum Überraschendes, mag da jemand einwenden. Stimmt, zu Beginn des neuen Jahrtausends galt es vornehmlich, eine Zäsur zu setzen.

Bei der EURO 2000 geschah etwas, das an die Geschichte der Weltrekorde über 100 Meter erinnert. Da hieß es immer, dass kein Mensch unter 11 und dann schon gar nicht unter 10 Sekunden würde laufen können. Weil es auch im Fußball angeblich nicht weiter gehen konnte, wollte ein Herr Blatter die Tore schon größer machen und andere mit Zehn gegen Zehn spielen. Nichts änderte sich, nur kam eine neue Generation von Spielern, die ihre Fertigkeiten am Ball bei höchstem Tempo und größter körperlicher Robustheit vorzuführen verstehen.

Alles, was bei diesem Turnier von Spiel zu Spiel klarer zu ahnen war, manifestierte sich beim französischen Team am deutlichsten. Schön, dass nach dieser EM wieder Platz für Romantik im Fußball ist, aber mit Naivität verwechseln sollte man das nicht. Auch das konnten wir von Frankreich lernen. Früher schon hat man gesagt, dass Spiele aus einer gesicherten Abwehr gewonnen werden. Weshalb das Loblied auf den französischen Europameister mit einer Strophe über die Abwehrreihe beginnen muss.

Ihren Angriffsschwung und Offensivgeist konnten sie

sich leisten, weil man nie das Gefühl hatte, in der Hintermannschaft könnte Panik ausbrechen. Die Art, wie sie sich präsentierte, hatte etwas Beruhigendes. Obwohl mit Barthez ein Torhüter dahinter stand, der dazu wenig beizutragen hat. Doch Laurent Blanc war weder nur Stopper noch nur Ausputzer, noch nur Libero, sondern verfügte über alles, was jeder mögliche Taktiker sich für diese Position ausdenken kann. Marcel Desailly war nicht sein Schwarzenbeck, sondern beide waren einander ihre Beckenbauers. Was Bixente Lizarazu zu leisten vermag, wussten wir schon vorher, und Lilian Thuram würde jeder Trainer sofort nehmen, weil er überragend in der Defensive und im Angriffsspiel zugleich ist.

Im Mittelfeld war Patrick Viera gegenüber der Weltmeister-Elf neu – und man hat es schlicht nicht bemerkt. Mannschaftskapitän Didier Deschamps hat an seiner Seite mehr als alle anderen seine eigene EM gespielt, denn ein Teil der Presse wollte ihn aus dem Team schreiben – Deschamps hat gewonnen. Zinedine Zidane war besser noch als bei der WM, ansonsten ist jedes Wort über ihn zu viel. Ich schweige und staune. Vorne hatten sie die Auswahl aus vier Stürmern, und ich weiß nicht, ob es irgendeine Kombination von Henry und Anelka, Trezeguet und Wiltord gibt, die nicht funktioniert hätte.

Nein, sie spielten nicht in jeder Partie überragend und doch waren sie allen Konkurrenten überlegen. Wobei man manchmal das Gefühl haben konnte, dass sie immer noch nicht fassen können, wie gut sie sind. Und sie werden es bleiben, denn die Basis stimmt. Wenn wir beim nächsten Turnier einen Favoriten zu suchen beginnen, haben wir ihn schon heute und er heißt Frankreich.

Weit davon entfernt und deshalb nach Hause fahren mussten alle, die nicht schlicht schön gespielt haben. Der positive Fußball hat sich – und das gilt nicht für den Sieger allein – so klar durchgesetzt wie schon lange nicht mehr. Wenn es das denn überhaupt jemals so gegeben hat. Früher hatte man zumindest im Viertelfinale noch eine Mischung aus eher kämpfenden und mehr spielenden Mannschaften. Doch diesmal wurden die Minderbemittelten konsequent und schonungslos schon nach der Vorrunde aussortiert, und das machte die Deutschen zu einem logischen Verlierer. Es waren dabei keine geheimnisvollen Mächte am Werk, alles war so furchtbar offensichtlich. Unserem Team fehlten eine zeitgemäße Taktik, Ballfertigkeit und Talent, sein Fußball war endgültig nicht mehr konkurrenzfähig.

Schön, dass nach dieser Europameisterschaft wieder Platz für Romantik im Fußball ist.

Dabei hatten alle Gruppengegner vor dem Turnier geglaubt, bei der deutschen Mannschaft sei eine der größten Täuschungsaktionen aller Zeiten im Gange. Eine schlechte deutsche Mannschaft, da können wir doch nur lachen, die gibt´s nicht, sagten Rumänen, Portugiesen und Engländer – und hinterher waren wir plötzlich doch ausgezogen bis aufs Hemd. Athletik, Kraft und »deutsche Tugenden«, das wurde schmerzhaft klar, sorgen heute nicht mehr für einen Unterschied zu unseren Gunsten, denn all das gehört inzwischen zur Grundausstattung jeder Mannschaft – wie das Warndreieck und der Erste-Hilfe-Kasten zu der eines Autos. Ja, wenn man ohne erwischt wird, muss man sogar Strafe zahlen. Damit allein jedenfalls kommt man nicht mehr voran.

Manch einer hat vielleicht sogar gehofft, dass es einmal richtig schief gehen würde. Ich gehöre nicht dazu. Aber wir mussten uns wohl erst mal die Hand an der Herdplatte verbrennen, um die Situation ernst zu nehmen. Wobei ich die Befürchtung habe, dass man uns demnächst gar nicht mehr an den Herd lässt, wenn wir nicht sehr bald etwas unternehmen. Dabei sind die Erkenntnisse keine neuen. Nur haben wir uns in Deutschland zu lange etwas darüber vorgemacht, wohin sich der Fußball entwickelt.

Das geht zurück bis zum WM-Sieg 1990 in Italien und zur Aussage von Franz Beckenbauer, dass die deutsche Nationalmannschaft mit den Spielern aus der DDR auf Jahre unschlagbar sein würde. Bei der Endrunde in den USA verhinderte die Diskussion um interne Ungereimtheiten eine grundsätzliche Debatte. Den herbsten Rückschlag bedeutete in diesem Zusammenhang aber der Sieg bei der Europameisterschaft in England. 1996 hat eine Mannschaft mit durchschnittlichsten Mitteln den Titel geholt und das längst zum Untergang verdammte deutsche Selbstverständnis noch ein letztes Mal aufgewertet. Damals hat Italien unsere Mannschaft eine Halbzeit lang vorgeführt – aber, wie immer, gegen die deutschen Tugenden keine Chance gehabt. Solch ein Erlebnis und der Triumph am Ende haben uns besoffen vor Glück gemacht und einen nüchternen Blick auf die Wirklichkeit verstellt.

Dass die zwei Jahre unter Erich Ribbeck eine verschenkte Zeit sein würden, hätte man schon aus der Art und Weise des Ausscheidens bei der WM in Frankreich schließen können. Schon danach reichte eine Interimslösung nicht aus. Über Ribbeck selbst kann ich nicht sagen, dass er mich enttäuscht hätte, denn getäuscht gefühlt habe ich mich von ihm nie. Er hat seine Absichten nicht verheimlicht, dass es nur um das Erreichen der EM-Endrunde in Holland und Belgien geht. Auch, dass seine Methode dabei Lothar Matthäus heißen würde, hat er nie verschwiegen. Über seine Fähigkeiten als Trainer, das wussten Uli Hoeneß und Reiner Calmund ganz genau, brauchten wir uns ebenfalls nichts vorzumachen. Schließlich haben die Sportkameraden aus München und Leverkusen ihn bei ihren Klubs entlassen. Trotzdem haben sie Ribbeck lange bejubelt, was aber vor allem mit ihrem Egoismus zu tun hatte, bloß nicht ihre Trainer an den DFB zu verlieren. Man könnte das auch Heuchelei nennen.

Mit dem Abschied von Erich Ribbeck hat sich auch das Amt des Bundestrainers für immer verändert. In allen Ländern der Welt ist es völlig normal, dass solch ein Posten immer wieder neu vergeben wird. Bei uns hat es weniger Bundestrainer als Bundeskanzler gegeben. Dabei sind wir seit Jahrzehnten von den selben Namen umgeben gewesen. Das war unbestreitbar erfolgreich, doch inzwischen ist das Prinzip muffig geworden.

Wenn es eine Krise ist, dass man tatenlos zusieht oder die falschen Maßnahmen ergreift, muss sie nicht mehr lange dauern. Setzt man demnächst die richtigen Strategien an, verändert die Strukturen und sicherlich an mancher Stelle auch das Personal, werden wir freilich trotzdem noch längere Zeit darauf warten müssen, bis der deutsche Fußball wieder in der Weltspitze angekommen ist. Das ergibt sich schon aus dem biologisches Problem, dass all die jungen, hoffnungsvollen Spieler, denen nun vielleicht das Glück einer guten Ausbildung zuteil wird, erst in zehn Jahren erwachsene Profis sind.

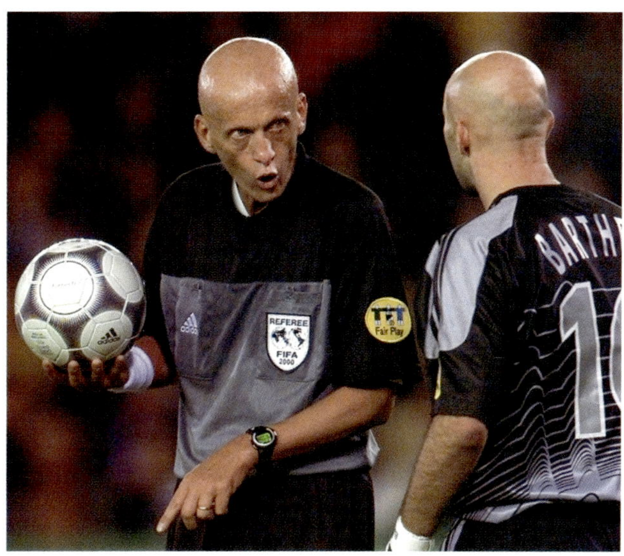

Dass es schwierig war, Stars zu finden, lag daran, dass es durchgehend starhaft gewesen ist.

Zu den unerfreulichen Themen bei dieser EM, die ich am liebsten in einem Halbsatz verstecken würde, gehörte der Komplex Sicherheit. Die Gewaltausbrüche und die massiven Polizeieinsätze haben einiges vom Vergnügen an diesem Turnier genommen. Als ich zum Spiel zwischen Deutschland und England nach Charleroi gefahren bin, hatte ich mit dem Gedanken zu kämpfen: Hoffentlich passiert mir nichts. Ich hatte Angst. Zwanzig Kilometer vor der Stadt habe ich eine lange Kolonne von Militärfahrzeugen überholt und wäre am liebsten umgekehrt. Ich freue mich bestimmt nicht über massive Präsenz von Staatsgewalt, aber an diesem Tag hatte jeder Uniformierte für mich etwas Beruhigendes.

Und das kann es nicht sein. Abends hätte man im Fernsehen gerne noch mal eine Zeitlupe von dem schönen Tor gesehen, aber man sah nur Bilder von fliegenden Stühlen und stehenden Wasserwerfern. Negativ aufgestoßen ist mir allerdings auch die deutsche Selbstgerechtigkeit angesichts der Drohung der UEFA, die Engländer aus dem Turnier zu werfen. Denn nicht sehr weit von Charleroi vegetiert der französische Gendarm Nivel vor sich hin, weil er auf Gewalttäter aus Deutschland getroffen war.

Die Sicherheitsdiskussion und das deutsche Debakel konnten aber die schiere Fülle schönen Fußballs nicht überdecken. Dass es trotzdem schwierig war, Stars zu finden, lag daran, dass es durchgehend starhaft gewesen ist. Inmitten durchschnittlicher Spieler fällt jeder kleine Artist auf, der den Ball hochhalten kann. Wer bei diesem Turnier brillieren wollte, musste von ganz außergewöhnlichem Zuschnitt sein.

Zinedine Zidane und Luis Figo gehörten sicherlich dazu, aber sie spielten nicht populistisch. Das sind keine Sternchen, sie taugen nicht zum Starschnitt, das sind Spieler mit einer Aura. Man hat das Gefühl, da haben sich Trainer auf den Platz verirrt. Fast schienen sie zu sagen: Wir würden ihnen gerne zeigen, was wir alles können, aber dann müssen sie mal zum Training kommen. Wir haben keine Zeit, hier Zinnober zu veranstalten, die anderen sind zu gut.

Andere waren nicht von dieser Klasse, und dennoch werden wir uns über den Tag hinaus an sie erinnern. Alessandro Nesta hat uns gezeigt, wie man auf einer Position glänzen kann, die früher von Holzfällern besetzt wurde. Eine hübsche Aschenputtel-Geschichte ist die von seinem Mannschaftskameraden Francesco Toldo, der nur zum Einsatz kam, weil sich Torhüter Buffon die Hand gebrochen hatte. Toldo stieg zum Helden der Nation auf – und in Italien meinen sie so etwas ernst. Dynamik verkörperte, wie es einst Lothar Matthäus getan hat, der Holländer Edgar Davids – er ist eine Naturgewalt! Nicht vergessen möchte ich auch den Tschechen Jan Koller, vielleicht weil er mit seinen 2,02 Metern Körpergröße bei diesem Turnier ein Freak war, aber zugleich ein verblüffend guter Fußballer. Und Rui Costa hatte als Spielmacher bei dem Fußball, den wir in Holland und Belgien gesehen haben, wieder eine Bühne.

Als Gegenbeispiel dafür kann der Italiener Alessandro del Piero gelten, der einer von zwei großen Verlierern war. Er war nicht richtig fit, blieb jemandem wie Dino Zoff fragwürdig und bestätigte das im Finale schließlich. Der Spanier Raul hingegen musste bitter für etwas bezahlen, das er nicht selbst zu verantworten hatte. Niemand kann so viele Spiele in Liga, Champions League und Nationalmannschaft auf hohem Niveau absolvieren und auf Knopfdruck Höchstleistungen abrufen.

In einer Doppelrolle verabschiedete sich Gheorghe Hagi von uns. Ihm noch einmal zuzuschauen, war wie einen dieser Sterne am Himmel funkeln zu sehen, von denen wir wissen, dass es nur noch ihr Licht ist, während sie längst verglüht sind. Für wunderbare Solisten wie Hagi müssen ihre Mannschaften bezahlen und was passte da besser ins Bild als sein Platzverweis beim Viertelfinale-Aus der Rumänen.

Gegenüber den großen Stars, auch wenn sie Spiele entscheiden können, sind die vermeintlichen Durchschnittsspieler aufgewertet worden. Diese EM hatte etwas Archaisches, denn sie forderte von allen den perfekten Umgang mit dem Ball ein. Auch und gerade in der Defensive. Wer die größere Anzahl guter Fußballspieler auf den Platz brachte, gewann die Spiele. Was auch den Abschied vom destruktiven Defensiv-Denken beschleunigen sollte. Mit einer feinen Organisation der Abwehr alleine, das hat sich erwiesen, ist nichts mehr zu erreichen. Das Pendel ist wieder umgeschwungen und die Mannschaften haben sich darauf besonnen, dass man Spiele auch dadurch gewinnen kann, dass man ein Tor mehr schießt. All das fügte sich zu einem Fußball, den ich genossen habe. Ich kann mich jedenfalls nicht erinnern, schon einmal einem Turnier derart mit täglich neuer Freude gefolgt zu sein wie während dieser drei schönen Wochen in Holland und Belgien.

Wer bei diesem Turnier brillieren wollte, musste von ganz außergewöhnlichem Zuschnitt sein.

Fair Play

Der Spielplan

Vom 10. Juni bis 2. Juli 2000
in Belgien und den Niederlanden

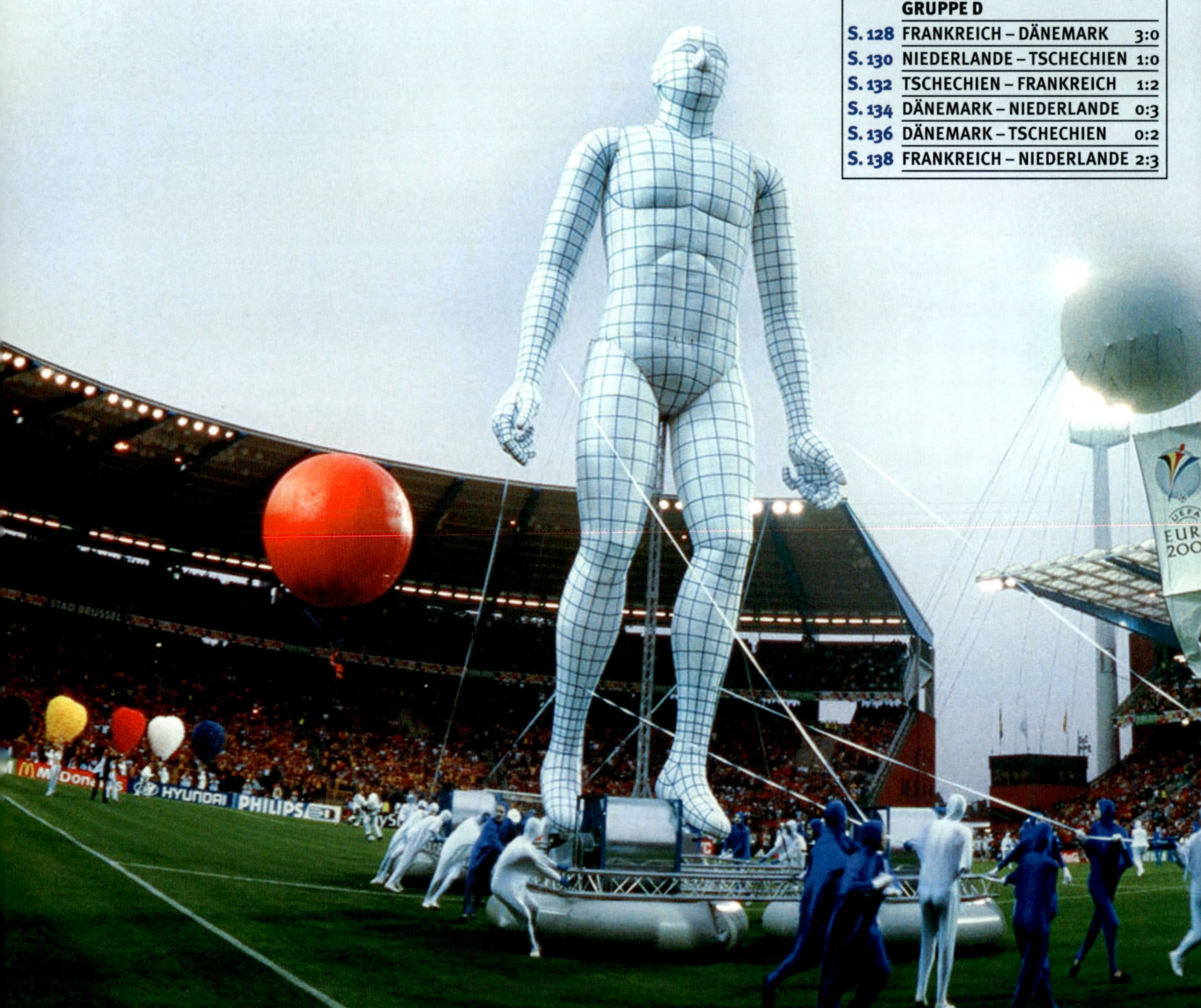

Eröffnungsfeier
im König-Baudouin-Stadion
in Brüssel am 10. Juni 2000

Die Stadien

Rotterdam

Einwohner: 600 000
Stadion: De Kuip
Erbaut: 1937; für die EM modernisiert
Zuschauer: 50 000
Heimmannschaft: Feyenoord Rotterdam
EM-Spiele:
Vorrunde: Spanien – Norwegen
Dänemark – Niederlande
Portugal – Deutschland
Viertelfinale:
Jugoslawien – Niederlande
Endspiel:
Frankreich – Italien

Brüssel

Einwohner: 950 000
Stadion: König-Baudouin-Stadion
Erbaut: 1930; renoviert 1996
Zuschauer: 50 000
Heimmannschaft: Nationalstadion der belgischen Nationalelf
EM-Spiele:
Vorrunde: Belgien – Schweden
Italien – Belgien, Türkei – Belgien
Viertelfinale: Italien – Rumänien
Halbfinale: Portugal – Frankreich

Brügge

Einwohner: 160 000
Stadion: Jan-Breydel-Stadion
Erbaut: 1975; für die EM komplett renoviert
Zuschauer: 30 000
Heimmannschaft: FC Brügge
EM-Spiele:
Vorrunde: Frankreich – Dänemark
Tschechien – Frankreich
Jugoslawien – Spanien
Viertelfinale:
Spanien – Frankreich

Charleroi

Einwohner: 206 000
Stadion: Manbour – Stadion
Erbaut: 1939; bis 1999 renoviert und mit drei Tribünen erweitert
Zuschauer: 30 000
Heimmannschaft: SC Charleroi
EM-Spiele:
Vorrunde: Jugoslawien – Slowenien
England – Deutschland
England – Rumänien

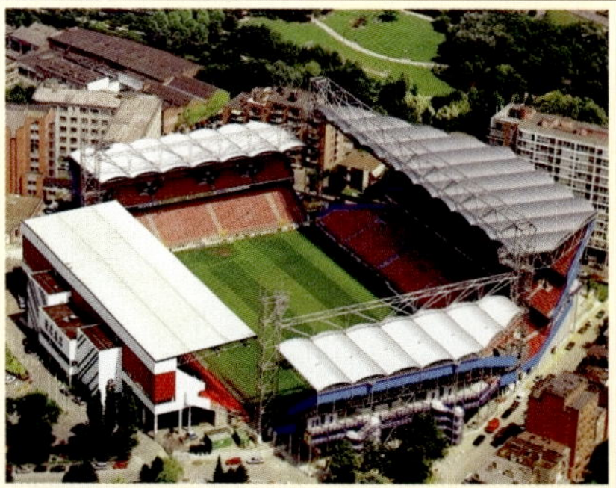

Amsterdam
Amsterdam ArenA
50 000

Rotterdam
Stadion De Kuip
50 000

Brügge
30 000
Jan-Breydel-Stadion

BELGIEN

Brüsse[l]
50 00[0]
König-Baudou[in]-Stadio[n]

Charleroi
30 000
Manbour-Stadion

dpa Grafik 3082; Quelle: UEFA

Amsterdam

Einwohner: 725 000
Stadion: Amsterdam ArenA
Erbaut: 1996
Zuschauer: 50 000
Heimmannschaft: Ajax Amsterdam
EM-Spiele:
Vorrunde: Niederlande – Tschechien
Slowenien – Spanien
Frankreich – Niederlande
Viertelfinale: Türkei – Portugal
Halbfinale: Italien – Niederlande

NIEDERLANDE

Arnheim

30 000

Gelredome

Arnheim

Einwohner: 133 000
Stadion: Gelredome
Erbaut: 1998
Zuschauer: 30 000
Heimmannschaft: Vitesse Arnheim
EM-Spiele:
Vorrunde: Türkei – Italien
Rumänien – Portugal
Slowenien – Norwegen

Eindhoven

33 000

Philips-Stadion

Eindhoven

Einwohner: 195 000
Stadion: Philips-Stadion
Erbaut: 1913; für die EM modernisiert
Zuschauer: 33 000
Heimmannschaft: PSV Eindhoven
EM-Spiele:
Vorrunde: Portugal – England
Schweden – Türkei
Italien – Schweden

Lüttich

30 000

Stadion
Sclessin

Lüttich

Einwohner: 192 000
Stadion: Sclessin-Stadion
Erbaut: 1984; seit 1990 um zwei Tribünen erweitert
Zuschauer: 30 000
Heimmannschaft: Standard Lüttich
EM-Spiele:
Vorrunde: Deutschland – Rumänien
Norwegen – Jugoslawien
Dänemark – Tschechien

Die Schiedsrichter

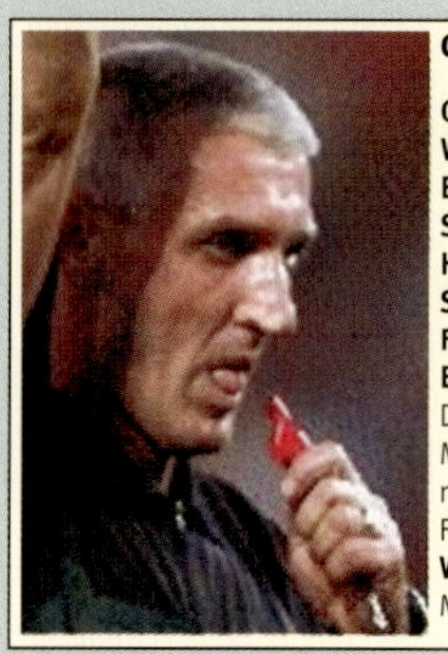

Günter Benkö (Österreich)

Geb.: 12. Juli 1955 in Oberwart
Wohnort: Rauenwart
Beruf: Krankenpfleger
Sprachen: Deutsch, Englisch
Hobby: Eislaufen, Bücher, Kultur
Schiedsrichter seit: 1980
FIFA-Lizenz seit: 1991
EM-Einsätze: 2000 (3; Frankreich – Dänemark, Türkei – Belgien/ab 42. Minute für den verletzt ausgeschiedenen Kim Milton Nielsen, Portugal – Frankreich)
WM-Einsätze: 1998 (2; Südkorea – Mexiko, Japan – Jamaika)

Pierluigi Collina (Italien)

Geb.: 13. Februar 1960 in Bologna
Wohnort: Viareggio
Beruf: Bankangestellter
Sprachen: Italienisch, Englisch, Spanisch, Französisch
Hobby: keine
Schiedsrichter seit: 1977
FIFA-Lizenz seit: 1995
EM-Einsätze: 2000 (3; Niederlande – Tschechien, England – Deutschland, Spanien – Frankreich)
WM-Einsätze: 1998 (2; Frankreich – Dänemark, Niederlande – Belgien)

Hugh Dallas (Schottland)

Geb.: 26. Oktober 1957 in Lanark
Wohnort: Motherwell
Beruf: Direktor
Sprachen: Englisch
Hobby: keine
Schiedsrichter seit: 1981
FIFA-Lizenz seit: 1993
EM-Einsätze: 2000 (2; Türkei – Italien, Norwegen – Jugoslawien)
WM-Einsätze: 1998 (2; Belgien – Mexiko, Italien – Frankreich)

Anders Frisk (Schweden)

Geb.: 8. Februar 1963 in Göteborg
Wohnort: Mölndal
Beruf: Versicherungs-Kaufmann
Sprachen: Schwedisch, Deutsch, Englisch
Hobby: Sport, Familie
Schiedsrichter seit: 1978
FIFA-Lizenz seit: 1991
EM-Einsätze: 1996 (1; Russland – Tschechien), 2000 (3; Portugal – England, Frankreich – Niederlande, Frankreich – Italien)
WM-Einsätze: keine

José Garcia-Aranda (Spanien)

Geb.: 3. März 1956 in Madrid
Wohnort: Madrid
Beruf: Professor für Sport
Sprachen: Spanisch, Französisch, Englisch
Hobby: Musik, Literatur
Schiedsrichter seit: 1974
FIFA-Lizenz seit: 1993
EM-Einsätze: 2000 (2; Italien – Belgien, Jugoslawien – Niederlande)
WM-Einsätze: 1998 (3; Brasilien – Schottland, Niederlande – Jugoslawien, Frankreich - Kroatien)

Neue Regeln zur EURO 2000

Der Fußball-Weltverband (FIFA) hat im Februar 2000 Regeländerungen beschlossen, die weltweit zum 1. Juli in Kraft treten. Nach dem Willen der UEFA gelten diese Regeln bereits während der Europameisterschaft. Die wichtigsten:

1. In der Technischen Zone (Coaching-Zone) ist am Boden keine Werbung zulässig. Ebenso im Netzraum.
2. Der Trainer darf seinen Spielern während des Spiels taktische Weisungen erteilen, hat aber danach wieder unverzüglich seinen Platz einzunehmen; er muß sich aber nicht setzen. Er darf die Technische Zone nicht verlassen.
3. Auch Auswechselspielern wird bei einem Ausschluss die Rote Karte gezeigt.
4. Die Trikots der beiden Torhüter müssen sich nicht unterscheiden.
5. Die Kompetenz der Schiedsrichter-Assistenten wird erweitert. Zum Beispiel: Wenn der Assistent besser positioniert ist als der Schiedsrichter, soll er Vorfälle – auch im Strafraum – anzeigen. Auch dürfen sie das Spielfeld in ihrem Bereich betreten, um den Abstand von 9,15 Metern zu kontrollieren bzw. herzustellen.
6. Ein Torwart verursacht einen indirekten Freistoß für die gegnerische Mannschaft, wenn er – den Ball in seinen Händen – mehr als sechs Sekunden wartet, bevor er den Ball für das Spiel freigibt. Innerhalb dieser sechs Sekunden darf er jedoch beliebig viele Schritte machen.
7. Betritt ein Spieler (auch Auswechselspieler) ohne Erlaubnis des Schiedsrichters das Spielfeld und begeht ein weiteres verwarnungswürdiges Vergehen, so ist dieser Spieler mit einer Gelb-Roten Karte des Feldes zu verweisen.
8. Stoppt ein Abwehrspieler im eigenen Strafraum einen Ball mit einem Schienbeinschoner, so ist auf Strafstoß und Feldverweis zu entscheiden. Der Schienbeinschoner wird als »verlängerte Hand« angesehen.
9. Vergisst bei einem indirekten Freistoß der Schiedsrichter einen Arm zu heben und der Ball landet unberührt im Tor, so ist das Spiel mit einem Abstoß fortzusetzen (bisher Wiederholung des indirekten Freistoßes).
10. Wird ein Einwurf korrekt ausgeführt und der Ball absichtlich einem Gegenspieler an den Kopf geworfen, so ist der Spieler des Feldes zu verweisen; das Spiel wird mit einem direkten Freistoß fortgesetzt.

Dick Jol (Niederlande)

Geb.: 23. März 1956 in Scheveningen
Wohnort: Den Haag
Beruf: Stellvertretender Direktor
Sprachen: Niederländisch, Deutsch, Englisch
Hobby: Alle Sportarten
Schiedsrichter seit: 1984
FIFA-Lizenz seit: 1993
EM-Einsätze: 2000 (3; Schweden – Türkei, Portugal – Deutschland, Türkei – Portugal)
WM-Einsätze: keine

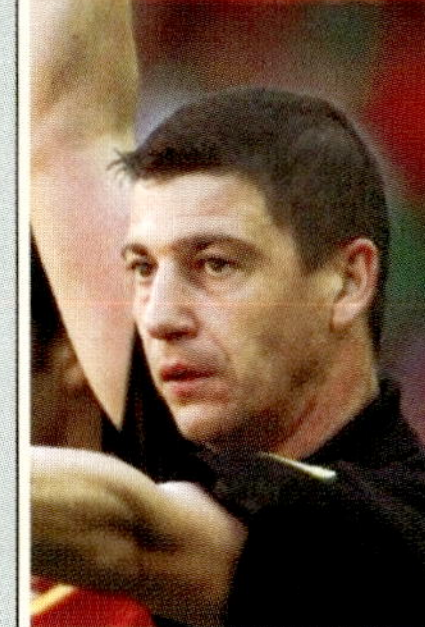

Gilles Veissière (Frankreich)

Geb.: 13. Februar 1960 in Nizza
Wohnort: Nizza
Beruf: Manager
Sprachen: Französisch, Englisch, Italienisch
Hobby: Angeln, Reiten
Schiedsrichter seit: 1974
FIFA-Lizenz seit: 1992
EM-Einsätze: 2000 (2; Rumänien – Portugal, Jugoslawien – Spanien)
WM-Einsätze: keine

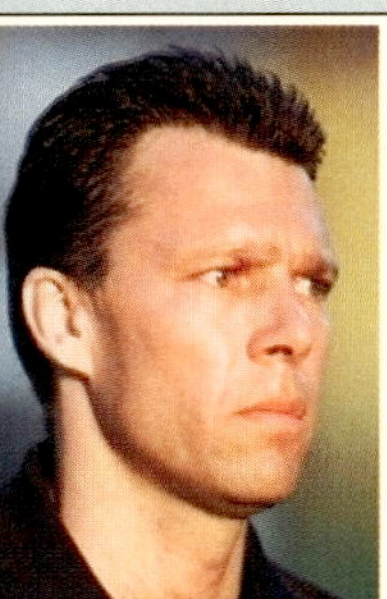

Urs Meier (Schweiz)

Geb.: 22. Januar 1959 in Zürich
Wohnort: Würenlos
Beruf: Direktor
Sprachen: Deutsch, Französisch, Englisch, Spanisch
Hobby: Literatur, Jazz
Schiedsrichter seit: 1977
FIFA-Lizenz seit: 1994
EM-Einsätze: 2000 (2; Dänemark – Niederlande, England – Rumänien)
WM-Einsätze: 1998 (2; USA – Iran, Nigeria – Dänemark)

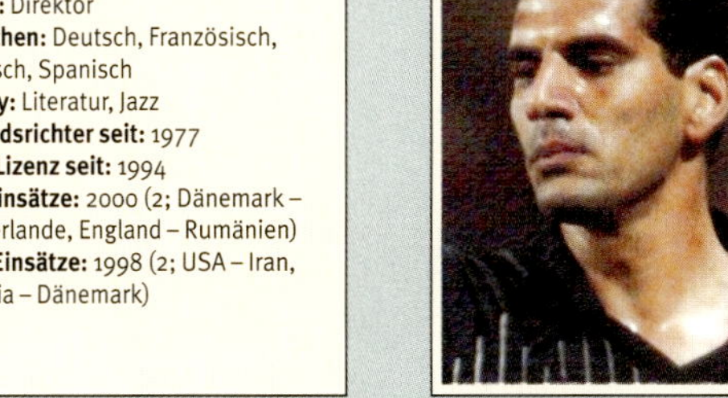

Gamal El-Ghandour (Ägypten)

Geb.: 12. Juni 1957
Wohnort: Kairo
Beruf: Zollbeamter
Sprachen: Arabisch, Englisch
Hobby: Literatur
Schiedsrichter seit: 1981
FIFA-Lizenz seit: 1993
EM-Einsätze: 2000 (2; Spanien – Norwegen, Dänemark – Tschechien)
WM-Einsätze: 1998 (2; USA – Jugoslawien, Brasilien – Dänemark)

Dr. Markus Merk (Deutschland)

Geb.: 15. März 1962 in Kaiserslautern
Wohnort: Kaiserslautern
Beruf: Zahnarzt
Sprachen: Deutsch, Französisch, Italienisch, Englisch
Hobby: Reisen, Ausdauertests
Schiedsrichter seit: 1974
FIFA-Lizenz seit: 1992
EM-Einsätze: 2000 (3; Belgien – Schweden, Slowenien – Spanien, Italien – Niederlande)
WM-Einsätze: keine

Vitor Manuel Melo Pereira (Portugal)

Geb.: 21. April 1957 in Lissabon
Wohnort: Lissabon
Beruf: Telekommunikations-Fachmann
Sprachen: Portugiesisch, Spanisch, Französisch, Englisch
Hobby: Gewichtheben, Literatur
Schiedsrichter seit: 1981
FIFA-Lizenz seit: 1992
EM-Einsätze: 2000 (3; Jugoslawien – Slowenien, Italien – Schweden, Italien – Rumänien)
WM-Einsätze: 1998 (2; Jamaika – Kroatien, Deutschland – Mexiko)

Kim Milton Nielsen (Dänemark)

Geb.: 3. August 1960 in Kopenhagen
Wohnort: Ballerup
Beruf: IT-Manager
Sprachen: Dänisch, Deutsch, Englisch
Hobby: Computer
Schiedsrichter seit: 1976
FIFA-Lizenz seit: 1988
EM-Einsätze: 1996 (1; Russland – Deutschland), 2000 (2; Deutschland – Rumänien, Türkei – Belgien/in der 42. Minute verletzt ausgeschieden)
WM-Einsätze: 1998 (2; Deutschland – Jugoslawien, Argentinien – England)

Graham Poll (England)

Geb.: 29. Juli 1963 in Tring
Wohnort: Tring
Beruf: Verkäufer
Sprachen: Englisch
Hobby: Reisen, Essen, Weine
Schiedsrichter seit: 1980
FIFA-Lizenz seit: 1996
EM-Einsätze: 2000 (2; Tschechien – Frankreich, Slowenien – Norwegen)
WM-Einsätze: keine

Das Team hinter dem deutschen Team

von Wolfgang Niersbach, Pressechef des Deutschen Fußball-Bundes

Hintere Reihe von links: Manfred Drexler, Wolfgang Bunz, Klaus Eder, Prof. Dr. Wilfried Kindermann, Dr. Josef Schmitt, Bernd Pfaff, Heinz Imhof; vorne: Flavio Battisti, Wolfgang Niersbach, Christian Müller, Wolfgang Wirthmann, Adolf Katzenmeier, Klaus Höhnle

Auch wir sind in der Vorrunde ausgeschieden. Wir – das sind die Männer des Teams hinter dem Team, vergleichbar den guten Geistern hinter den Kulissen eines Theaters, die nie auf der Bühne stehen, ohne die aber auf der Bühne nichts läuft. Vom Scheinwerfer erfasst werden eben die handelnden Akteure. Und wenn die nicht in Form sind – ja, dann kommen Kritiker schnell zu der messerscharfen Erkenntnis, dass auch im Umfeld einiges nicht gestimmt haben kann.

So war es auch diesmal. Wird den Stars des grünen Rasens nicht viel zu viel abgenommen? Wie können sie denn auf dem Spielfeld selbstbewusst und verantwortlich handeln, wenn ihnen außerhalb des Rasenrechtecks jedes Steinchen aus dem Weg geräumt wird? Liegt in der übertriebenen »Rundumversorgung« nicht sogar schon die Wurzel des späteren Versagens? Diese Fragen kennen wir. Sie werden automatisch gestellt, wenn bei großen Turnieren die nationale Fußball-Elite vorzeitig scheitert. Und die Fragen werden bohrender, wenn sich dieses Scheitern derart blamabel gestaltet wie bei der EURO 2000.

Doch wir kennen auch die Kehrseite der Medaille. Schließlich hat kein Geringerer als der »Kaiser« von einer »perfekt funktionierenden Maschine« gesprochen. Das war bei der WM 1990 und gemeint hat Franz Beckenbauer den Betreuerstab des Teams. Genauso war es bei der EURO 96, wo die so genannte medizinische Abteilung eine Hauptlast zu tragen hatte, weil die DFB-Equipe in den Tagen von England einem Feldlazarett ähnelte. Jürgen Klinsmann hat seinen Titelgewinn sogar den Ärzten und Masseuren gewidmet, die ihn nach einem Muskelfaserriss gegen jede medizinische Erfahrung doch noch fit pflegten für das Finale.

Die Extreme sind somit beschrieben. Sie hängen, wie im richtigen Spiel auch, letztlich vom blanken Resultat ab. Trotzdem können und wollen wir uns nicht von Resultaten leiten lassen. Unser erklärtes Ziel ist es, den Spielern alle Unannehmlichkeiten abzunehmen, die für die Konzentration auf die Hauptsache, nämlich den Einsatz über zweimal 45 Minuten, hinderlich sein könnten. Anders ausgedrückt: Wenn schon die Organisation im Umfeld nicht stimmt, wie soll sie denn auf dem Spielfeld stimmen! Zu erkennen, was leistungsfördernd und damit angebracht ist und nicht übertrieben, gleicht zugegebenermaßen oft einem Balanceakt.

Wie aber verläuft überhaupt die Organisation eines Länderspiels? Es ist ja anders als im Verein, wo die Spieler Angestellte sind und quasi einen klaren Dienstplan haben, der sich aus dem Spiel- und Trainingsplan erklärt. Beim DFB hingegen stellt seit jeher der Bundestrainer ein Aufgebot zusammen; dann erhält jeder einzelne Spieler eine Einladung mit detaillierten Informationen über Reise, Hotel, Ausrüstung, Eintrittskarten etc. Die gesamte Logistik läuft in der Frankfurter DFB-Zentrale bei Direktor **Bernd Pfaff** (59) zusammen, dessen Aufgabenkatalog bei WM- oder EM-Turnieren zwangsläufig wächst, wenn Visa-, Protokoll- oder Akkreditierungsfragen anstehen, zudem sämtliche Modalitäten für verschiedene Spielorte festzulegen sind. Also beispielsweise die Frage zu klären ist, wo sich der gesamte Tross, immerhin rund 45 Personen stark, einquartiert, wenn die Mannschaft als Gruppenerster oder als Gruppenzweiter das Viertelfinale erreicht. Allzu gerne hätte Bernd Pfaff dieses Problem auch bei der EURO 2000 gelöst.

Die Ärzte und Physiotherapeuten sind ein Team für sich, bestückt mit absoluten Kapazitäten im sportmedizinischen Bereich. Der Internist **Prof. Dr. Wilfried Kindermann** (59), früher ein 400-m-Läufer der europäischen Spitzenklasse, leitet das Institut für Sportmedizin an der Universität Saarbrücken. Leistungsdiagnostik und die permanente Überwachung der prominenten Patienten liegen in seiner Zuständigkeit, dazu der sensible Anti-Doping-Bereich. Man stelle sich den Skandal vor, ein Spieler würde aus Unachtsamkeit ein Mittel gegen Schnupfen nehmen, das auf der Dopingliste steht! Deshalb achtet der Professor mit Akribie und Pedanterie darauf, was den Spielern verabreicht wird.

Dr. Hans-Wilhelm Müller-Wohlfahrt (57) hat sich einen überragenden Ruf erworben in der Erkennung von

Dr. Hans-Wilhelm Müller-Wohlfahrt

Verletzungen und der im gleichen Moment festzulegenden Therapie. Beileibe nicht nur die Fußballer, die ihn kurz »Mull« nennen, geben sich in seiner Praxis in der Münchner Innenstadt die Klinke in die Hand. Spitzenathleten aus aller Welt vertrauen ihm. Oft, so auch jetzt wieder in Vaals, muss er seine Arbeit bei der Nationalmannschaft unterbrechen, weil in München noch andere Patienten betreut werden wollen. Umso wichtiger ist gerade in diesem Moment die enge Kooperation mit **Dr. Josef Schmitt** (55), einem Orthopäden aus Bergisch Gladbach.

Die vier Physiotherapeuten **Adolf Katzenmeier** (65) aus Frankfurt am Main, **Klaus Eder** (46) aus Regensburg, **Christian Müller** (37) aus Regensburg und **Wolfgang Bunz** (43) aus Ulm betreiben in ihren Heimatstädten höchst anerkannte Praxen und werden wie die drei Ärzte durch den DFB auf Honorarbasis verpflichtet. Sie haben in aller Regel einen 15-Stunden-Tag, der morgens um acht beginnt und abends um 23 Uhr endet. Tritt eine Verletzung auf, wird jeder Behandlungsschritt genauestens getimt wie aktuell bei Lothar Matthäus, der sich im Trainingslager auf Mallorca einen Muskelfaserriss zugezogen hatte. Angenehmer Nebenaspekt: Der Massageraum ist gleichzeitig auch Kommunikationszentrum. Hier tauschen sich die Spieler über ihre Befindlichkeiten aus, weil die Physiotherapeuten auch absolute Vertrauenspersonen sind. »Adi« Katzenmeier hat Franz Beckenbauer schon geknetet, als der noch in der Jugend-Nationalmannschaft kickte. Der frühere Eishockey-Crack Klaus Eder ist schon seit 1988 dabei.

Für Schuhe, Trikots, Hosen, Bälle, Trainings- und Freizeitkleidung sind der frühere Bundesligaspieler **Manfred Drexler** (49) aus dem Hause adidas und **Klaus Höhnle** (53) aus der Frankfurter Zentrale zuständig. Allein die Organisation des Wäschewaschens mit den jeweiligen Hotels ist praktisch ein eigener Job, so dass Busfahrer **Wolfgang Hochfellner** (47) in diesem Bereich mit eingreift. Derweil kämpft **Heinz Imhof** (47) parallel an einer anderen Front. Der Küchenmeister des Nobelhotels Gravenbruch Kempinski in Neu-Isenburg bekocht die Equipe sportgerecht. Traditionell gibt´s an jedem Spieltag Spaghetti, also die Zufuhr von Kohlehydraten.

Der gebürtige Italiener **Flavio Battisti** (57), im Hauptberuf Betriebsratsvorsitzender des Pharmakonzerns Merck in Darmstadt, bewährt sich schon seit 1980 als »Mädchen für alles« und als Sprachengenie. Auch auf Portugiesisch und Spanisch bewältigt er jedes Problem, während **Wolfgang Wirthmann** (50) als Geschäftsführer des Euro Lloyd DFB-Reisebüros jede komplizierte Verkehrsverbindung ebenso schnell wie bequem auflöst. Ein Sahnehäubchen ist beispielsweise die Vorfahrt und das Abholen der Mannschaft auf dem Rollfeld diverser Flughäfen.

Bleibt der Bereich Presse, der seit 1988 in meiner Verantwortung liegt. Seitdem hat eine regelrechte Medienexplosion stattgefunden. Konnten wir bei der WM in Italien noch den Frühstücksraum der Mannschaft kurzerhand umfunktionieren für die Pressekonferenz, so mussten wir diesmal auf dem Gelände des Kastells Vaalsbroek ein Zelt errichten, um täglich etwa 250 bis 300 Journalisten informieren zu können. Optimale Ausleuchtung und Beschallung gelten dabei als Grundvoraussetzung. Ob Fernsehen, Hörfunk, ob öffentlich-rechtlich oder privat, ob Tages-, Wochen-, Fachzeitung oder Illustrierte und neuerdings auch Internet – alle wollen etwas vom begehrten Kuchen Fußball abhaben, weil durch ihn Einschaltquoten (20 Millionen beim England-Spiel!) und Auflagen zu steigern sind. In Eigeninitiative und mit der Deutschen Telekom haben wir die täglichen Pressekonferenzen live im Internet übertragen und Live-Chats mit den Nationalspielern durchgeführt. Fragen an Paulo Rink kamen sogar aus Neuseeland und Brasilien.

Doch gerade auf dem Mediensektor kommt es ebenfalls auf die richtige Balance an zwischen der Pflicht zur ständigen und öffentlichen Information und dem Bedürfnis der Mannschaft, sich mit der nötigen Ruhe auf die Spiele vorbereiten zu können. Ein exklusives Training ist nun einmal wichtiger als ein Exklusiv-Interview. Aber auch diese Reihenfolge wird letztlich nur respektiert, so jedenfalls meine Erkenntnis, wenn Leistung und Ergebnis stimmen.

Bei den Spielen in Belgien und Holland haben die Leistungen nicht gestimmt. Und obwohl wir vom Team hinter dem Team mindestens (mindestens!) genauso desillusioniert wurden wie die mitgereisten Fans, stehen wir mit in der Kritik, weil auch wir eben am denkwürdigen Abend in Rotterdam ausgeschieden sind. Wir werden uns selbst kritisch hinterfragen, was wir anders, besser machen müssen. Das Ziel jedoch bleibt: Unauffällig im Hintergrund und mit mehr oder weniger bescheidenem Einfluss optimale Voraussetzungen für endlich wieder begeisternde Spiele der deutschen Nationalmannschaft zu schaffen.

Das EM-Tagebuch 2000 der deutschen Nationalmannschaft von Jürgen Bitter

Von Mallorca ins Quartier nach Vaals

27. Mai 2000

Gestern Maradona – **heute Mallorca**! Fußballer wandeln zuweilen zwischen den Sphären. Im Münchner Olympiastadion die Begegnung mit einem Star, von dem manche meinen, er sei in seinen goldenen Jahren mit außerirdischen Fußballgaben gesegnet gewesen, und nun der Abstieg vom Olymp zu den »Ballermännern«. Da stehen sie also nun auf dem Flughafen von Palma und alle wissen, was die Nation von ihnen erwartet: **Ärmel aufkrempeln** und den Weg aus der vermeintlichen Krise finden. Egal wie. Ein amtierender Europameister lässt nicht schon vor dem ersten Turnierpfiff die Ohren hängen oder gar die Seele baumen. Also zurück zu den Tugenden von einst. **Am Geist will man feilen**, denn mit den Geistern, die sie riefen, ist der deutsche Fußball in seiner Geschichte häufig gut gefahren. Denken wir an den Geist von Spiez, dem das Wunder von Bern folgte, oder nur an den Geist von Mottram Hall, der vor vier Jahren in den grauen Mauern der Nobelherberge vor der grünen Haustür von Manchester gespukt hatte. Berti Vogts beschwor mit einer eher durchschnittlichen Mannschaft 1996 den Korpsgeist und gewann den Titel. Und nun also Mallorca ...

28. Mai 2000

»Wo ist denn eigentlich der Ballermann ...« Ein paar Journalisten sind gleich am ersten Abend da. Die Spieler aber, die im mondänen Golfhotel Son Vida residieren, lassen sich auch in ihrer knapp bemessenen Freizeit nicht auf der berühmtesten Partymeile der Insel sehen. **Ballermann** – der Inbegriff für Jubel, Trubel und hochprozentiger Heiterkeit, das Eldorado der Kegelfreunde und Skatbrüder. So mancher, der sich für einen ganzen Kerl hält, schlürft hier die Sangria aus Plastikeimern. Auch das ist Mallorca – aber wohl nicht die feinste Adresse. »Wir werden ballern – aber auf Tore«, verspricht derweil Oliver Bierhoff und er schaut dabei so gewinnend, als handele es sich um einen **Werbespot für ein Haarwässerchen**. »Wir wollen zu einer Einheit zusammenwachsen«, sagt der Kapitän und wer ihn so hört, bekommt den Eindruck, dies könne schon so etwas sein wie der **»Geist von Mallorca«**.

29. Mai 2000

Lothar Matthäus, ausgerechnet ihn, den bei der Münchner Abschiedsfete umjubelten Weltrekordler unter den Nationalspielern, hat es erwischt. Ein Muskel im rechten Oberschenkel zwickt und DFB-Cheforthopäde Dr. Müller-Wohlfahrt – so ganz nebenbei auch **Lothars Schwiegervater in spe** – hat seinen ersten EM-Presseauftritt. Nun weiß man seit der Europameisterschaft 1996 und dem Malheur des Jürgen Klinsmann, dass lädierte Muskeln von Fußballprofis **schneller heilen** als bei unsereins. Dennoch: Die Aufregung um den Muskelfaserriss des alten Haudegen ist groß, denn der Star im Fußball-Rentenalter ist nun mal eine Korsettstange in den Planspielen des Teamchefs. Also erfreut sich der **Oberschenkel der Nation** fortan der liebevollen Aufmerksamkeit der Journaille und der heilenden Hände der Physiotherapeuten. »Keiner kennt seinen Körper so gut wie Lothar Matthäus«, sagt Erich Ribbeck und alle rätseln, ob sich daraus Hoffnung schöpfen lässt.

30. Mai 2000

Von Erich Ribbeck weiß man, dass er zuweilen für Überraschungen gut ist. Die Zeit drängt für den Teamchef bei seiner Antwort auf die Frage, wer in den nächsten beiden Testspielen gegen Real Mallorca und gegen Tschechien Lothar Matthäus auf der **Position des Libero** ersetzen soll. Jens Jeremies wäre eine Lösung gewesen, doch der war längere Zeit verletzt. Auch Jens Nowotny wäre in Frage gekommen, doch dem behagt dieser Job nicht sonderlich. Ribbeck hat nun eine andere Karte gezogen: Carsten Ramelow! Seine Erklärung verblüfft mehr als sie zunächst überzeugt: »Das ist einer von denen, die sich in der Bundesliga taktisch am besten verhalten.« Am Abend hat Ramelow dann Gelegenheit, sich zu beweisen. 17500 Besucher wollen das Spiel des amtierenden Europameisters gegen den aus dem Urlaub zurückgeholten Erstligisten Real Mallorca sehen – **fast ausnahmslos Touristen**. Und schon vor dem Abpfiff der charmanten 23-jährigen Schiedsrichterin Carolina Domenech zeigt sich Ribbeck euphorisch gestimmt und froh gelaunt: »Die Ordnung ist da, die Spieler bewegen sich gut, sie haben Chancen.« Jancker, Wosz und zweimal Paulo Rink – das sind die Torschützen zum 4:0-Sieg. Zu Hause wundern sich die Fußballfreunde, denn in einigen Passagen dieses Tests läuft der Ball tatsächlich **unfallfrei über mehrere Stationen**.

31. Mai 2000

Gerhard Mayer-Vorfelder, der »Vize« des DFB, ist nicht gerade ein Ausbund von Fröhlichkeit. Zumindest nicht, wenn er in offizieller Mission wandelt. Ein ausgelassener »MV« – das wäre recht seltsam angesichts der schwäbischen Infights, denen sich der Mann aus Stuttgart nun schon seit Monaten ausgesetzt sieht. Seinen Platz an der Spitze des VfB wird er räumen – **ein neuer Stuhl** ist für ihn in der DFB-Hierarchie reserviert. Nun ist er chef de mission der deutschen Mannschaft auf Mallorca. Ein eher angenehmes Amt, denn neben der Verantwortung hat der Chef kaum etwas zu tragen. Und so hat »MV« viel Muße, sich **Gedanken zur Zeit** zu machen. Als bei den meisten nach dem Frühstück noch das Wohlbefinden dank des guten Eindrucks im Test gegen Real Mallorca gegenwärtig ist, formuliert der Schwabe Ernstes zur Lage der Fußball-Nation. »Das war eine Schwalbe – **der Sommer ist noch nicht da**«, erklärt er den Journalisten. Und: »Man sollte unsere Leistung beim

Mallorca – die schöne Insel ist auch für deutsche Fußballer schön. Die deutschen Touristen hängen am Strohhalm, die deutschen Fußballer ihrem Teamchef nicht immer an den Lippen. Fußballer-Füße sind auch hier das empfindlichste Organ des Spielers. Sie wollen beschützt sein. Und wenn ein deutscher Mannschaftskapitän einer Schiedsrichterin die beiden Seiten einer Medaille erklären muss, dann kommt auch ein Vize ins Grübeln – auf Mallorca und anderswo.

4:0 nicht schönreden. Wir haben hinten auch ein paar Böcke geschossen ... « Es sind **die Realisten und nicht die Traumtänzer**, die in diesen Tagen im deutschen Fußball das Sagen haben. Mayer-Vorfelder gehört dazu. Aber die Einschaltquoten, ermittelt nach der abendlichen ZDF-Übertragung, machen Mut. 7,4 Millionen Menschen hatten in Deutschland den Test verfolgt – und fortan weiß es im DFB-Team jeder: Die Spannung steigt – der Fußball ist mit seiner Nationalmannschaft nicht so mega-out, wie das **ein paar Griesgrämer** ständig glauben machen wollen.

1. Juni 2000

Seit Franz Beckenbauer nicht nur im heimischen Kitzbühel mit Begeisterung und Talent den Golfschläger schwingt, haben Backgammon und Schafskopf bei den Fußballstars mehr und mehr ausgedient. Einige haben es zu einem gewissen Grad der Perfektion gebracht, andere stolpern auf den **»löchrigen Wiesen«** eher so dahin. Thomas Häßler wird im Golfhotel Son Vida gefragt, wie es mit seinen Golfkünsten bestellt sei, worauf sich »Icke« den Bauch vor Lachen hält: »Als ich das mal versucht habe, flog der Schläger weiter als der Ball«. Den privaten Ärger mit der Trennung von Frau Angela hat der kleine Berliner mit dem großen Kämpferherzen offenbar weitgehend abgestreift, die späte Berufung ins EM-Aufgebot ist für ihn **die allerbeste Therapie**. Er sei stolz für Deutschland spielen zu dürfen, diktiert er ziemlich flüssig den Presseleuten in die Notizblocks.

2. Juni 2000

Noch immer hat sich niemand nach dem Weg zum »Ballermann« erkundigt und der Sportinformationsdienst beeilt sich, den Daheimgebliebenen mitzuteilen, im Paradies der Pauschaltouristen habe keiner der EM-Kandidaten einen Blick **für die Reichen und für die Schönen**. Dabei gibt's im Son Vida sogar eine Schönheitsfarm ... Mit seinen Quartieren hält es der DFB seit Jahren so, dass hier nur willkommen ist, wer ausdrücklich eingeladen wird. Und das ist dann der Ausnahme- und so gut wie nie der Regelfall. Ergraute Medienmenschen erinnern sich noch der seligen Zeiten, da sie mit den Kickern der Nation in fernen Ländern das Hotel teilten. In der Schlussrunde der Europameisterschaft 1976 in Belgrad war das noch so. Im »Europejski« begegneten sich Spieler und Journalisten ständig **auf den Fluren und im Fahrstuhl**. Sie hockten beisammen in der Lobby und der ein oder andere Nationalspieler schnorrte schon mal bei der Presse eine Zigarette, wenn Helmut Schön nicht in der Nähe war. Doch spätestens als Franz Beckenbauer den Kommandostab von dem jovialen Jupp Derwall übernahm, war es **vorbei mit dem munteren Tete-a-tete**. Von nun an ging der DFB-Tross seine eigenen Wege. Der Zweck heiligt auch im Fußball die Mittel und Mehmet Scholl sagt nach dem letzten Training auf Mallorca: »Es war eine interessante und wichtige Woche. Es war anstrengend – aber **wir tun es für Deutschland**. Keiner will bei der EM nach der Vorrunde wieder die Koffer packen.«

3. Juni 2000

Auch Siege können Qualen bereiten. Nicht, dass der 3:2-Erfolg in Nürnberg gegen Tschechien, den Finalpartner von 1996, die eigene Seele gepeinigt hätte, doch Erich Ribbeck kommt offenbar ins Grübeln. Denn plötzlich glauben alle, sogar die kritischen Medien, eine **neue deutsche Stürmer-Herrlichkeit** zu entdecken. Ausgerechnet Oliver Bierhoff, der auf Mallorca zuweilen sein Shampoo-Werbe-Lächeln verloren hatte, weil er das Runde nicht ins Eckige brachte, ist wieder in aller Munde. Zwei Tore hat er geschossen – **wie in Wembley anno '96**. Noch ein gutes Omen vor diesem Turnier? »Ich glaube, dass der Teamchef weiß, dass ich ihn schätze und unterstütze«, sagt der **Schwarm aller deutschen Schwiegermütter**. Aber auch Jancker, der die Führung herausschoss und danach, wie immer, seinen Ehering küsste, macht sich Hoffnungen für die EM. Ganz zu schweigen von den Leverkusenern Kirsten und Rink.

7. Juni 2000

Nach dem Test gegen Tschechien haben es alle Beteiligten eilig. Noch schnell für ein paar Tage **zurück zu Heim und Herd**, die Ruhe vor dem Sturm genießen in den gewohnten Gefilden. Tür zu, abschotten und – wenn möglich – keine Interviews. Die meisten Spieler schaffen das, doch als sie sich dann wieder beim DFB einfinden und Erich Ribbeck sich nach dem allerletzten EM-Test in Freiburgs bester Fußballstube, dem **Dreisamstadion**, zu einem Fazit des 8:2-Sieges gegen die eher drittklassigen Liechtensteiner durchringt, schaut manches gar nicht mehr so rosig aus. »Ich glaube«, sagt der Teamchef, »dass einigen Spielern die Pause nicht allzu gut bekommen ist.« Nanu, wieso denn das, fragt sich der nicht informierte Beobachter. **Acht Tore** und dann auch noch Kritik? Was das Ergebnis nicht aussagt: Eine Viertelstunde vor Schluss stand es noch 2:2 und zu Hause an den Bildschirmen raufte sich so mancher bei Bier und Chips die Haare.

8. Juni 2000

Vaals – fast jedes Schulkind in Deutschland wird in den nächsten Wochen diesen Namen buchstabieren können. Vaals – das ist **das andere Holland**. Wer die Fernsicht in Friesland liebt, die alten verwinkelten Städte am Ijsselmeer oder die Grachten Amsterdams, der wird sich in Limburg, der Region im Dreiländereck, wundern. Eine hügelige Landschaft – nichts für Radwanderer, die es nach Holland zieht, weil sie dort ihre **Gangschaltung vergessen** können. In Vaals bezieht der DFB sein Hauptquartier für die EM, im Hotel & Kasteel Vaalsbroek, einem altehrwürdigen Schloss mit moderner Fassade. Beim Eintreffen der Mannschaft gibt es durch die dienstbaren Geister der Nobelherberge **ein dreifaches »Hurra«** und Geburtstagskind Dariusz Wosz erhält eine Torte.

10. Juni 2000

Eigentlich sollte die Muskelverletzung von Lothar Matthäus kein Thema mehr sein, doch plötzlich rebelliert **eine Faser in der Nachbarschaft**. Alle beschwichtigen: Es wird schon werden, auch wenn die Zeit knapp bemessen ist. Die Journalisten haben in mehreren **Hundertschaften in Vaals** Einzug gehalten, lauschen den Pressekonferenzen des DFB in einem Zelt neben dem alten Schloss. Die Bürgermeisterin von Vaals, Monique Quint-Maagdenberg, gibt sich die Ehre und erhält vom DFB ein Trikot mit den Unterschriften der Spieler. Sie will es nicht überstreifen und die Journalisten wissen auch, warum: **Das Shirt ist wohl eine Nummer zu klein**.

Konzentration auf die große Sache ist schon die halbe Miete. Dazu das intime Gespräch mit dem Übungsleiter. Und dann wird der Titelverteidiger, vorbereitet zum Tatendrang, eingeflogen und einquartiert. Geburtstagskinder dürfen Lichter ausblasen und für jeden gibt es 38 Quadratmeter Wohnfläche für die nächste Zeit. Nicht jedes Hemd, das man verschenkt, passt. Aber manchmal ist es einem näher als die Hose.

16

GRUPPE A

ERGEBNISSE

12.6. in Lüttich:	Deutschland – Rumänien	1:1
12.6. in Eindhoven:	Portugal – England	3:2
17.6. in Arnheim:	Rumänien – Portugal	0:1
17.6. in Charleroi:	England – Deutschland	1:0
20.6. in Charleroi	England – Rumänien	2:3
20.6. in Rotterdam:	Portugal – Deutschland	3:0

ABSCHLUSSTABELLE

	Sp.	G	U	V	Tore	Pkte
1. Portugal	3	3	0	0	7:2	9
2. Rumänien	3	1	1	1	4:4	4
3. England	3	1	0	2	5:6	3
4. Deutschland	3	0	1	2	1:5	1

Kinder, das war's!

von Marcel Reif

Beim ersten Spiel in Lüttich habe ich hautnah am Platz gesessen, umgeben von gutmütigen Familienvätern aus Deutschland. Dort im Publikum war deutlich eine langsam aufziehende Ahnung von dem zu spüren, was noch kommen würde. Gegen Rumänien begann sich etwas zu vollziehen, das alle erwartet hatten, zugleich aber unter Aufbietung jeder möglichen Anstrengung nicht zur Kenntnis nehmen wollten. Ein Sieg im Testspiel gegen eine Mannschaft von Real Mallorca, die eigentlich schon im Urlaub war und ohne ihre Nationalspieler antrat, war bereits Anlass zu großer Hoffnung gewesen. In Lüttich nun wurde unübersehbar, wie schlecht es um die deutsche Nationalmannschaft wirklich stand. Gegen ein verunsichertes rumänisches Team, das auf den alten Mann Hagi fixiert war, der schon nach 20 Minuten japste und in seinem Trikot fast erstickte. Wäre man ehrlich zu sich gewesen, hätte man schon da sagen können: Kinder, das war´s!

*

Doch es gab die Hoffnung auf das zweite Spiel, in dem es nichts Überraschendes geben konnte. Die Engländer würden spielen wie die Engländer, also nicht viel anders als wir selbst. Außerdem gab es diese Magie zwischen beiden Teams. Und wirklich hatte das Spiel in Charleroi noch immer etwas Besonderes. Nur fand es einige Etagen tiefer statt: Vom Penthouse hatten die Großen von einst inzwischen ins Erdgeschoss umziehen müssen.

*

Gegen England hat sich die deutsche Nationalmannschaft noch einmal aufgebäumt und ist zum Höhepunkt ihres Schaffens bei diesem Turnier gekommen. Trost lag darin nicht. Es mag relativ intensiv gewesen sein, zugleich wacker, tapfer und brav, aber so vorhersehbar. Die Idee schien zu sein, dass es keinen Freistoß auf unserer linken Seite geben dürfe, den Beckham schießen und Shearer einköpfen würde. Damit war das englische Spiel hinreichend beschrieben – und doch passierte es genau so.

*

Es blieb ein Abend ohne Geheimnis, denn für England galt dasselbe wie für uns. Es war die gleiche Ansammlung vieler durchschnittlicher Fußballspieler, und der

Das Spiel ist aus. Fünf deutsche Männer auf dem Höhepunkt ihrer Niederlage. In der Mitte ein Denkmal, das Restaurierungsarbeiten nötig hat, umgeben von einer Mannschaft, die es nicht mehr gibt.

kleine Rest versank im Mittelmaß. Mit dem wirklichen Stand des Turniers, das war inzwischen klar, hatte das nichts zu tun.

*

Auch in Charleroi starrten alle wieder auf Lothar Matthäus, wie schon in den Tagen vorher und danach. Wegen seiner vielen Verdienste hätte ich ihm einen anderen Abschied gewünscht. Da Lothar sich und uns diese Europameisterschaft nicht ersparte, sind an seinem Denkmal einige Restaurierungsarbeiten nötig geworden. Ich kann mich jedenfalls nicht erinnern, dass ein Spieler für die Nationalmannschaft zu solch einer Belastung geworden ist wie er.

*

Matthäus hat in der Mannschaft am Ende alles Negative absorbiert, so wie er vorher alles Positive hatte auf sich fokussieren lassen. Unterstützt von einem Teamchef, der nichts dagegen unternommen, sondern es eher noch gefördert hat. Spätestens nach dem Spiel gegen England wurden die Kämpfe um Matthäus intern hemmungslos ausgetragen. Es soll Spieler gegeben haben, die mit ihrer Abreise gedroht hatten, selbst wenn die Mannschaft das Viertelfinale erreicht hätte. Sie konnten ihre Wut, ihren Neid und ihre vielleicht verständliche Aggression nicht mehr zurückhalten. Die Mannschaft gab es damit nicht mehr.

*

Das Ende war mir dann fast zu plump. Einem Drehbuchschreiber hätte man gesagt, er solle nicht so dick auftragen. Gegen Portugal brach die Mannschaft ein, wie es in der Geschichte des deutschen Fußballs ohne Beispiel ist. Mit einer B-Auswahl konnten sie nie konkurrieren, und auf der Bank feixten die portugiesischen Stars, genossen ihre Pause und den schönen Sommerabend. Während vor ihnen auf beschämende Weise ein Mythos versank. Am Ende gewinnt immer Deutschland – das gibt es nicht mehr. Nach diesem Spiel wird uns lange, lange nichts mehr geschenkt werden.

Team Deutschland

Als der Bobby den Bobby verfluchte

»Die Begegnungen mit Deutschland sind und bleiben die wahren Klassiker. Sie waren dazu Highlights meiner eigenen Karriere«, sagt Franz Beckenbauer. Eine Geschichte in Kapiteln.

1. Kapitel: WM-Finale 1966. In der 102. Minute trifft Geoff Hurst die Lattenunterkante. Der Ball vor, auf oder hinter der Linie? Streitball des Jahrhunderts. Der russische Linienrichter signalisiert Referee Dienst aus der Schweiz: Tor. 3:2 für die Briten, für die Hurst noch mit seinem dritten Treffer zum 4:2-Endstand vollendet. In diesem Krimi lässt der 20-jährige Franz Beckenbauer Gentleman Bobby Charlton nicht wie gewohnt brillieren. Der Bobby hat einen Bobby, den er nicht abschütteln kann.

2. Kapitel: Revanche 1970 bei der WM in Mexiko. Dramatik pur. Beckenbauer, Seeler (mit dem Hinterkopf) und Müller machen im Viertelfinale aus einem 0:2 noch ein 3:2 in der Verlängerung. Bobby Charlton (33) wird ausgewechselt. Sein letztes Länderspiel.

3. Kapitel: EM-Viertelfinale 1972 mit historischem 3:1-Sieg. Uli Hoeneß, Günter Netzer und Gerd Müller sorgen für den ersten deutschen Sieg in Wembley. Netzer, der »Lord vom Niederrhein«, spielt das Spiel seines Lebens und kreiert mit Libero Beckenbauer das berühmte Wechselspiel »Ramba-Zamba«. Wembley sieht die Geburt des »Dream Teams«, das den ersten EM-Titel für den DFB holt.

4. Kapitel: WM-Halbfinale 1990 – die deutsche Mannschaft wirft England nach einem 1:1 mit 4:3 im Elfmeterschießen aus dem Wettbewerb. Pearce scheitert an Illgner, Waddle jagt die Kugel in die Wolken. Am Ende Kaiser-Krönung in Rom, Beckenbauer wird auch als Teamchef Weltmeister.

5. Kapitel: EM-Halbfinale 1996. Wieder ein Elfer-Krimi. Köpke pariert gegen Southgate, Möller hievt mit dem 6:5 das DFB-Team zum fünften Mal in ein EM-Finale. Kein Wunder also, wenn Englands WM-Torschützenkönig von 1986, Gary Lineker, einmal sagte: »Fußball ist ganz einfach: 22 Spieler laufen hinter einem Ball her – und am Ende gewinnen immer die Deutschen.« Seit 34 Jahren war das in wichtigen Matches so...

Markus Babbel

Rückennummer: 2
Geb.: 8. Sept. 1972
Position: Abwehr
Verein: FC Bayern München
Länderspiele: 51
Länderspieltore: 1

Michael Ballack

Rückennummer: 13
Geb.: 26. Sept. 1976
Position: Mittelfeld
Verein: Bayer 04 Leverkusen
Länderspiele: 9
Länderspieltore: 0

Oliver Bierhoff

Rückennummer: 20
Geb.: 1. Mai 1968
Position: Angriff
Verein: AC Mailand
Länderspiele: 49
Länderspieltore: 50

Ulf Kirsten

Rückennummer: 9
Geb.: 4. Dezember 1965
Position: Angriff
Verein: Bayer 04 Leverkusen
Länderspiele: 51 (49 für die DDR)
Länderspieltore: 20 (14)

Jens Lehmann

Rückennummer: 12
Geb.: 10. Nov. 1969
Position: Tor
Verein: Borussia Dortmund
Länderspiele: 12
Länderspieltore: 0

Thomas Linke

Rückennummer: 4
Geb.: 26. Dez. 1969
Position: Abwehr
Verein: FC Bayern München
Länderspiele: 17
Länderspieltore: 0

Deutscher Fußball-Bund

Anschrift: Postfach 71 02 65, D-60492 Frankfurt am Main
Telefon: ++49-69-67 88 0
Telefax: ++49-69-67 88 26 6
Internet: www.dfb.de
Präsident: Egidius Braun
Registrierte Spieler: 2,728 Millionen
Registrierte Vereine: 26 848
FIFA-Mitglied: seit 1904
UEFA-Mitglied: seit 1954
Größte EM-Erfolge: Europameister 1972, 1980 und 1996
Größte WM-Erfolge: Weltmeister 1954, 1974 und 1990

Trainer Erich Ribbeck

Geb.: 13. Juni 1937
Länderspiele: keine
Klubtrainer bei: Eintracht Frankfurt, 1. FC Kaiserslautern, Borussia Dortmund, Bayer 04 Leverkusen, FC Bayern München
Teamchef seit: 10. September 1998, Rücktritt am 21.Juni 2000
Größte Erfolge: 1988 Gewinn des UEFA-Pokals mit Bayer 04 Leverkusen

Marco Bode

ckennummer: 5
b.: 23. Juli 1969
sition: Angriff
rein: SV Werder emen
nderspiele: 22
nderspieltore: 5

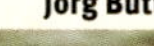

Jörg Butt

Rückennummer: 22
Geb.: 28. Mai 1974
Position: Tor
Verein: Hamburger SV
Länderspiele: 1
Länderspieltore: 0

Sebastian Deisler

Rückennummer: 18
Geb.: 5. Januar 1980
Position: Mittelfeld
Verein: Hertha BSC
Länderspiele: 6
Länderspieltore: 0

Dietmar Hamann

Rückennummer: 14
Geb.: 27. August 1973
Position: Mittelfeld
Verein: FC Liverpool
Länderspiele: 27
Länderspieltore: 2

Thomas Häßler

Rückennummer: 8
Geb.: 30. Mai 1966
Position: Mittelfeld
Verein: TSV 1860 München
Länderspiele: 101
Länderspieltore: 11

Carsten Jancker

Rückennummer: 19
Geb.: 28. August 1974
Position: Angriff
Verein: FC Bayern München
Länderspiele: 9
Länderspieltore: 3

Jens Jeremies

Rückennummer: 16
Geb.: 5. März 1974
Position: Mittelfeld
Verein: FC Bayern München
Länderspiele: 25
Länderspieltore: 1

Oliver Kahn

Rückennummer: 1
Geb.: 15. Juni 1969
Position: Tor
Verein: FC Bayern München
Länderspiele: 27
Länderspieltore: 0

Lothar Matthäus

ckennummer: 10
b.: 21. März 1961
sition: Abwehr
rein: New York/ w Jersey MetroStars
nderspiele: 150
nderspieltore: 23

Jens Nowotny

Rückennummer: 6
Geb.: 11. Januar 1974
Position: Abwehr
Verein: Bayer 04 Leverkusen
Länderspiele: 22
Länderspieltore: 0

Carsten Ramelow

Rückennummer: 21
Geb.: 20. März 1974
Position: Abwehr
Verein: Bayer 04 Leverkusen
Länderspiele: 9
Länderspieltore: 0

Marko Rehmer

Rückennummer: 3
Geb.: 29. April 1972
Position: Abwehr
Verein: Hertha BSC
Länderspiele: 13
Länderspieltore: 1

Paulo Rink

Rückennummer: 11
Geb.: 21. Februar 1973
Position: Angriff
Verein: Bayer 04 Leverkusen
Länderspiele: 11
Länderspieltore: 0

Mehmet Scholl

Rückennummer: 7
Geb.: 16. Oktober 1970
Position: Mittelfeld
Verein: FC Bayern München
Länderspiele: 29
Länderspieltore: 5

Dariusz Wosz

Rückennummer: 15
Geb.: 8. Juni 1969
Position: Mittelfeld
Verein: Hertha BSC
Länderspiele: 16 (7 für die DDR)
Länderspieltore: 1 (0)

Christian Ziege

Rückennummer: 17
Geb.: 1. Februar 1972
Position: Mittelfeld
Verein: FC Middlesbrough
Länderspiele: 52
Länderspieltore: 8

Teamtrikot

Ausweichtrikot

Team Rumänien

Gheorghe Hagi auf seinem letzten Ball

Gheorghe Hagi, der am Strand des Schwarzen Meeres von Constanza aufwuchs, war schon als Dreikäsehoch ein schlechter Verlierer: »Wer nicht richtig bei der Sache war, den habe ich davongejagt. Lieber habe ich mit drei Mann weniger gespielt, als mich darüber zu ärgern, dass einer den Ball nicht annehmen kann.« Mit diesem fanatischen Ehrgeiz und mehr als einer Prise Genialität entwickelte sich Gheorghe Hagi schon in jungen Jahren zu einem herausragenden Spieler: 1985 und 1987 Fußballer des Jahres. Von da ab konnte Gheorghe Hagi nicht mehr dem Werben von Steaua Bukarest ausweichen. Dort war Valentin Ceausescu, der jüngere Sohn des Diktators, der starke Mann. Und lockte mit Geld und Autos. Der Befehl, mit 22 Jahren von Sportul zum europäischen Klubchampion zu wechseln, brachte Hagi in der kommunistischen Ära einen Mercedes, Dollars und einen Hauch Luxus ein. Die Rumänen neideten ihrem vergötterten Idol dieses versüßte Leben vor der Revolution nicht. Und auch seine Karriere danach im Westen verfolgt man mit Stolz. Real Madrid, Barca, schließlich der UEFA-Cup-Sieg mit Galatasaray Istanbul unmittelbar vor der EM. Hagi – das Aushängeschild des gebeutelten Rumäniens. Das Land wartet jetzt auf seinen verlorenen Sohn, den man zum »Fußballer des Jahrhunderts« wählte und nach dem man das Stadion in Constanza nach ihm benannte. Nach der EURO 2000 will der kickende Multimillionär in die Heimat zurückkehren. Ob als Trainer, Funktionär oder Präsident – Hagi hat sich noch nicht entschieden.

Miodrag Belodedici

Rückennummer: 17
Geb.: 20. Mai 1964
Position: Abwehr
Verein: Steaua Bukarest
Länderspiele: 52
Länderspieltore: 5

Christian Chivu

Rückennummer: 13
Geb.: 15. Oktober 1980
Position: Abwehr
Verein: Ajax Amsterdam
Länderspiele: 8
Länderspieltore: 1

Liviu Ciobotariu

Rückennummer: 3
Geb.: 26. März 1971
Position: Abwehr
Verein: Standard Lüttich
Länderspiele: 25
Länderspieltore: 2

Bogdan Lobont

Rückennummer: 1
Geb.: 18. Januar 1978
Position: Tor
Verein: Ajax Amsterdam
Länderspiele: 11
Länderspieltore: 0

Ion Lupescu

Rückennummer: 15
Geb.: 9. Dez. 1968
Position: Mittelfeld
Verein: Dinamo Bukarest
Länderspiele: 73
Länderspieltore: 6

Viorel Moldovan

Rückennummer: 9
Geb.: 8. August 1972
Position: Angriff
Verein: Fenerbahce Istanbul
Länderspiele: 51
Länderspieltore: 21

Teamtrikot

Ausweichtrikot

Trainer Emerich Jenei

Geb.: 22. März 1937
Länderspiele: 12
Klubtrainer bei: Steaua Bukarest, Panionios Athen
Teamchef seit: 1. Januar 2000 (vorher bereits von 1996 bis 1999)
Größte Erfolge: 1986 Gewinn des europäischen Meistercups mit Steaua Bukarest

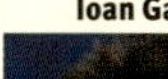

Cosmin Contra

:kennummer: 22
o.: 15. Dez. 1975
sition: Abwehr
'ein: Deportivo
ves
derspiele: 15
derspieltore: 0

Iulian Filipescu

Rückennummer: 4
Geb.: 29. März 1974
Position: Abwehr
Verein: Betis Sevilla
Länderspiele: 38
Länderspieltore: 1

Ioan Ganea

Rückennummer: 18
Geb.: 10. August 1973
Position: Angriff
Verein: VfB Stuttgart
Länderspiele: 16
Länderspieltore: 8

Constantin Galca

Rückennummer: 5
Geb.: 8. März 1972
Position: Mittelfeld
Verein: Espanyol Barcelona
Länderspiele: 58
Länderspieltore: 4

Gheorghe Hagi

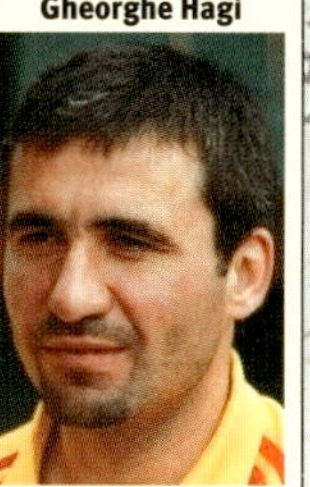

Rückennummer: 10
Geb.: 5. Februar 1965
Position: Mittelfeld
Verein: Galatasaray Istanbul
Länderspiele: 125
Länderspieltore: 35

Catalin Haldan

Rückennummer: 20
Geb.: 3. Februar 1976
Position: Mittelfeld
Verein: Dinamo Bukarest
Länderspiele: 8
Länderspieltore: 1

Adrian Ilie

Rückennummer: 11
Geb.: 20. April 1974
Position: Angriff
Verein: FC Valencia
Länderspiele: 37
Länderspieltore: 10

Eric Linkar

Rückennummer: 19
Geb.: 16. Oktober 1978
Position: Mittelfeld
Verein: Steaua Bukarest
Länderspiele: 3
Länderspieltore: 0

orinel Munteanu

:kennummer: 8
o.: 25. Juni 1968
sition: Mittelfeld
'ein: VfL Wolfsburg
derspiele: 90
derspieltore: 11

Adrian Mutu

Rückennummer: 7
Geb.: 8. Januar 1979
Position: Angriff
Verein: Inter Mailand
Länderspiele: 7
Länderspieltore: 1

Florentin Petre

Rückennummer: 14
Geb.: 15. Januar 1976
Position: Mittelfeld
Verein: Dinamo Bukarest
Länderspiele: 20
Länderspieltore: 2

Dan Petrescu

Rückennummer: 2
Geb.: 22. Dez. 1967
Position: Mittelfeld
Verein: FC Chelsea London
Länderspiele: 92
Länderspieltore: 12

Gheorghe Popescu

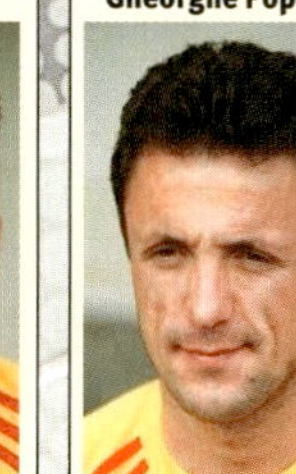

Rückennummer: 6
Geb.: 9. Oktober 1967
Position: Abwehr
Verein: Galatasaray Istanbul
Länderspiele: 101
Länderspieltore: 15

Florin Prunea

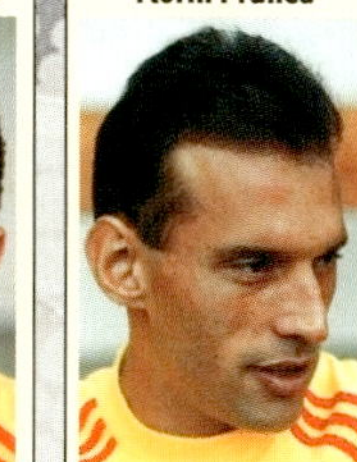

Rückennummer: 21
Geb.: 8. August 1968
Position: Tor
Verein: Universitatea Craiova
Länderspiele: 38
Länderspieltore: 0

Laurentiu Rosu

Rückennummer: 16
Geb.: 26. Oktober 1975
Position: Mittelfeld
Verein: Steaua Bukarest
Länderspiele: 16
Länderspieltore: 3

Bogdan Stelea

Rückennummer: 12
Geb.: 5. Dez. 1967
Position: Tor
Verein: DU Salamanca
Länderspiele: 69
Länderspieltore: 0

Federation Romana de Fotbal

Anschrift:	Str. Poligrafiei 3, Sector 1, RO-71556 Bukarest
Telefon:	++44-1-22 42 98 3
Telefax:	++44-1-22 40 66 1
Internet:	www.frf.ponet.ro
Präsident:	Mircea Sandu
Registrierte Spieler:	44 176
Registrierte Vereine:	2159
FIFA-Mitglied seit:	1930
UEFA-Mitglied seit:	1954
Größte EM-Erfolge:	keine
Größte WM-Erfolge:	Viertelfinale 1994

Team Portugal

Die Verschnaufpausen der Seefahrer

Wenn Portugiesen auszogen, die Welt zu erkunden oder, besser noch, zu erobern, dann taten sie das ziemlich endgültig. So hielten es jedenfalls die Urahnen jener, die heute ausziehen, es den großen Entdeckern möglichst gleich zu tun. Sie heißen Vitor Manuel Martins Baia, Luis Filipe Madeira Caeiro Figo oder Nuno Miguel Soares Pereira Ribeiro Gomes. Namen, die förmlich danach schreien, Europa im Handstreich zu nehmen. Und das mit Ball am Fuß. Portugal lechzt förmlich nach solchen Eroberungen, denn lang, lang ist's her, dass sich die Fußball-Weltmächte erschrocken umdrehten, weil ihnen ein Portugiese auf den Pelz rückte... Genauer gesagt, 34 Jahre, und sein Name lautete Eusebio da Silva Ferreira, kurz Eusebio genannt. Wie ein Orkan um Kap Horn toste er bei der WM 1966 durch die gegnerischen Abwehrreihen, und es musste schon Gastgeber England selbst her, um diese Portugiesen zu stoppen. Was für eine Ära! Eusebio, Augusto, Torres, Coluna, Simoes – der komplette Angriff des zweimaligen Europacupsiegers der Landesmeister von 1961 und 1962 war damals so etwas wie eine Versicherung für Erfolg – gegen das große Brasilien mit Pele und Garrincha, gegen Ungarn mit Albert und Bene. Doch so kometenhaft, wie sie da waren, verschwanden sie wieder. Denn nur zwei Jahre später kam man in der EM-Qualifikationsgruppe 2 nicht über Platz 2 und 6:6 Punkte hinaus. Die noch in England mit 3:0 abgefertigten Bulgaren zogen ins Viertelfinale der EURO 68. Derart geschockt, nahm sich Portugals Auswahlelite gleich mal eine längere Auszeit: Fehlanzeige bei WM und EM bis 1984! Da konnte auch Eusebio wieder mal lächeln über die Darbietungen seiner Nachfolger, denen erst im Halbfinale der EM 1984 das schier übermächtige Frankreich Einhalt gebot. Doch der Ruhm verblasste schnell. Gruppenletzter bei der WM-Endrunde 1986, bevor wieder eine Verschnaufpause angesagt war. Die Funkstille dauerte diesmal zehn Jahre, und immerhin sprang dann beim Championat in England das Viertelfinale heraus. Doch die Junioren-Weltmeister-Generation der Jahre '89 und '91 war in den Augen der Fans zu weit Höherem berufen. Wer, wenn nicht die Figo, Couto, Pinto und Sousa könnten es richten mit der Auferstehung der »Brasilianer Europas«, wie die portugiesischen Kicker seit jeher charakterisiert werden? Nur kaufen konnten sie sich halt dafür nie etwas ...

Vitor Baia

Rückennummer: 1
Geb.: 15. Oktober 1969
Position: Tor
Verein: FC Porto
Länderspiele: 74
Länderspieltore: 0

Paulo Bento

Rückennummer: 17
Geb.: 20. Juni 1969
Position: Mittelfeld
Verein: Real Oviedo
Länderspiele: 27
Länderspieltore: 0

Robert Severo »Bet

Rückennummer: 16
Geb.: 3. Mai 1976
Position: Abwehr
Verein: Sporting Lissabon
Länderspiele: 8
Länderspieltore: 0

Joao Pinto

Rückennummer: 8
Geb.: 19. August 1971
Position: Angriff
Verein: Benfica Lissabon
Länderspiele: 62
Länderspieltore: 19

Rui Jorge

Rückennummer: 3
Geb.: 27. März 1973
Position: Abwehr
Verein: Sporting Lissabon
Länderspiele: 7
Länderspieltore: 0

Nuno Gomes

Rückennummer: 21
Geb.: 5. Juli 1976
Position: Angriff
Verein: Benfica Lissabon
Länderspiele: 17
Länderspieltore: 4

Federacao Portuguesa de Futebol

Anschrift:	Praca de Alegria, N. 25, C.P. 21 100, P-1250-004 Lissabo
Telefon:	++35 1-21-34 28 20 7
Telefax:	++35 1-21-34 67 23 1
Internet:	www.fpf.pt
Präsident:	Dr. Gilberto Parca Madail
Registrierte Spieler:	96 642
Registrierte Vereine:	3662
FIFA-Mitglied seit:	1923
UEFA-Mitglied seit:	1954
Größte EM-Erfolge:	Halbfinale 1984
Größte WM-Erfolge:	Dritter 1966

Trainer Humberto M. de Jesus Coelho

Geb.: 20. April 1950
Länderspiele: 64 (6 Tore)
Klubtrainer bei: FC Salgueiros, Sporting Braga
Teamchef seit: 15. Dezember 1997; Rücktritt am 28. Juni 2000
Größte Erfolge: Als Spieler mit Benfica Lissabon achtmal Meister und fünfmal Pokalsieger

Nuno Capucho

ckennummer: 19
b.: 21. Februar 1972
sition: Mittelfeld
rein: FC Porto
nderspiele: 18
nderspieltore: 2

Sergio Conceicao

Rückennummer: 11
Geb.: 15. Nov. 1974
Position: Mittelfeld
Verein: Lazio Rom
Länderspiele: 29
Länderspieltore: 5

Jorge Costa

Rückennummer: 2
Geb.: 14. Oktober 1971
Position: Abwehr
Verein: FC Porto
Länderspiele: 32
Länderspieltore: 0

F. d. Costa »Costinha«

Rückennummer: 15
Geb.: 1. Dez. 1974
Position: Mittelfeld
Verein: AS Monaco
Länderspiele: 7
Länderspieltore: 1

Fernando Couto

Rückennummer: 5
Geb.: 2. August 1969
Position: Abwehr
Verein: Lazio Rom
Länderspiele: 68
Länderspieltore: 6

Manuel T. M. Dimas

Rückennummer: 13
Geb.: 16. Februar 1969
Position: Abwehr
Verein: Standard Lüttich
Länderspiele: 39
Länderspieltore: 0

Pedro Espinha

Rückennummer: 12
Geb.: 25. Sept. 1969
Position: Tor
Verein: Vitoria Guimaraes
Länderspiele: 5
Länderspieltore: 0

Luis Figo

Rückennummer: 7
Geb.: 4. Nov. 1972
Position: Mittelfeld
Verein: FC Barcelona
Länderspiele: 65
Länderspieltore: 15

'edro R. »Pauleta«

ckennummer: 18
b.: 28. April 1973
sition: Angriff
rein: Deportivo Coruna
nderspiele: 15
nderspieltore: 3

Joaquim Silva »Quim«

Rückennummer: 22
Geb.: 13. Nov. 1975
Position: Tor
Verein: Sporting Braga
Länderspiele: 3
Länderspieltore: 0

Rui Costa

Rückennummer: 10
Geb.: 29. März 1972
Position: Mittelfeld
Verein: AC Florenz
Länderspiele: 56
Länderspieltore: 18

Ricardo Sa Pinto

Rückennummer: 9
Geb.: 10. Oktober 1972
Position: Angriff
Verein: Real Sociedad San Sebastian
Länderspiele: 40
Länderspieltore: 8

Carlos Secretario

Rückennummer: 20
Geb.: 12. Mai 1970
Position: Abwehr
Verein: FC Porto
Länderspiele: 31
Länderspieltore: 1

Paulo Sousa

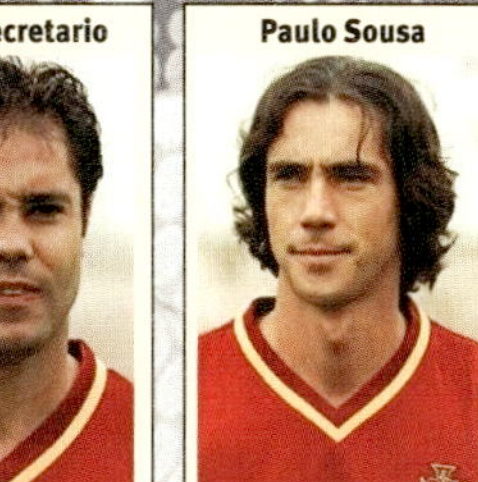

Rückennummer: 6
Geb.: 30. August 1970
Position: Mittelfeld
Verein: AC Parma
Länderspiele: 47
Länderspieltore: 0

Jose Luis »Vidigal«

Rückennummer: 4
Geb.: 15. März 1973
Position: Mittelfeld
Verein: Sporting Lissabon
Länderspiele: 7
Länderspieltore: 0

Abel Xavier

Rückennummer: 14
Geb.: 30. Nov. 1972
Position: Abwehr
Verein: FC Everton
Länderspiele: 15
Länderspieltore: 2

Teamtrikot

Ausweichtrikot

Team England

»David? Eine Mutter Teresa in Fußballschuhen«

Er wurde gehetzt und getreten, er rannte, bis er auf dem Zahnfleisch kroch. Er stand wieder auf und jagte weiter. Er gab sich bis zur totalen Erschöpfung aus. So kannten die Fans Kevin Keegan. In der Beatles-Stadt Liverpool, wo er mit den berühmten »Reds« dreimal Europacup-Sieger und 1979 als Liebling vom Volksparkstadion mit dem HSV Deutscher Meister wurde. Diese kämpferische Hingabe, diesen unerschütterlichen Willen hat sich der 49-jährige Team-Manager bewahrt, der 63 Länderspiele für England bestritt, in seiner Hamburger Zeit zweimal zum europäischen Fußballer des Jahres gekürt wurde. So verkündete der Mann mit dem gewinnenden Lächeln doch nach der zittrigen Play-off-Nummer gegen den Erzrivalen Schottland: »Ja, wir können jetzt zur Euro fahren und das Ding gewinnen.« Und scheinbar noch selbstgefälliger: »Selbst wenn wir nur auf drei von vier Zylindern feuern, brauchen wir kein Team zu fürchten.« Keine Angst vor einem Kesseltreiben der gefürchteten englische Boulevardpresse? Kevin Keegan, bei den Medien für seinen gewitzten Verbal-Doppelpass beliebt, sucht stets die Offensive: »Ich will eine Gurke sein«, gibt Keegan gleich die Vorlage für einen Verriss. Der Hintergrund: Als England bei seinem letzten Auftritt 1992 mit Gary Lineker maßlos enttäuschte, schmückte das Massenblatt »Sun« den Kopf des damaligen Trainers Graham Taylor mit einer Zwiebel. Kevin Keegan wehrt sich mit Witz und Humor. Mit diesen Waffen stellt sich der Taktikverächter (»vor Kreidetafeln sitzen und taktischen Schnickschnack erklären, das ist nicht mein Ding«) auch vor seinen angefeindeten Superstar David Beckham. Auf einen Vergleich mit Paul Gascoigne angesprochen, der Anfang der Neunziger so manche Bar in Nachtklubs demolierte und nicht wenigen Reportern ins Mikrofon »Verpiss dich!« röhrte, sagte Kevin Keegan nur: »Im Vergleich zu Gazza ist David eine Mutter Teresa in Fußballschuhen.« Nein, David sei ein gerader Typ und geradezu trainingsbesessen. Oh ja, besessen. So wie einst die »Mighty Mouse« Keegan.

Tony Adams

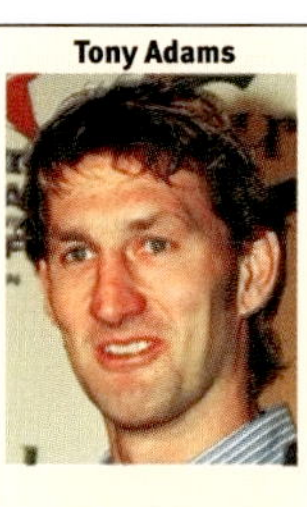

Rückennummer: 5
Geb.: 10. Oktober 1966
Position: Abwehr
Verein: Arsenal London
Länderspiele: 64
Länderspieltore: 5

Nick Barmby

Rückennummer: 18
Geb.: 11. Februar 1974
Position: Mittelfeld
Verein: FC Everton
Länderspiele: 15
Länderspieltore: 3

Gareth Barry

Rückennummer: 15
Geb.: 23. Februar 198
Position: Abwehr
Verein: Aston Villa
Länderspiele: 2
Länderspieltore: 0

Steve McManaman

Rückennummer: 11
Geb.: 11. Februar 1972
Position: Mittelfeld
Verein: Real Madrid
Länderspiele: 29
Länderspieltore: 3

Gary Neville

Rückennummer: 2
Geb.: 18. Februar 1975
Position: Abwehr
Verein: Manchester United
Länderspiele: 39
Länderspieltore: 0

Philip Neville

Rückennummer: 3
Geb.: 21. Januar 1977
Position: Abwehr
Verein: Manchester United
Länderspiele: 29
Länderspieltore: 0

Teamtrikot   Ausweichtrikot

The Football Association

Anschrift:	16 Lancaster Gate, London W2 3LW
Telefon:	++44-207-26 24 54 2
Telefax:	++44-207-40 20 48 6
Internet:	www.the-fa.org
Präsident:	Geoff Thompson
Registrierte Spieler:	2 286 500
Registrierte Vereine:	3662
FIFA-Mitglied seit:	1905 – 1920, 1924 – 1928, 1946
UEFA-Mitglied seit:	1954
Größte EM-Erfolge:	Dritter 1968, Halbfinale 1996
Größte WM-Erfolge:	Weltmeister 1966

Trainer Kevin Keegan

Geb.: 14. Februar 1951
Länderspiele: 63 (21 Tore)
Klubtrainer bei: Newcastle United, FC Fulham
Teamchef seit: 16. Juli 1998
Größte Erfolge: Zweimal Europas Fußballer des Jahres, mit dem FC Liverpool 1977 Sieger im Meistercup sowie 1973 und 1976 Sieger im UEFA-Cup, dreimal englischer Meister; mit dem Hamburger SV einmal deutscher Meister

David Beckham

ckennummer: 7
b.: 2. Mai 1975
sition: Mittelfeld
rein: Manchester ited
nderspiele: 34
nderspieltore: 1

Sol Campbell

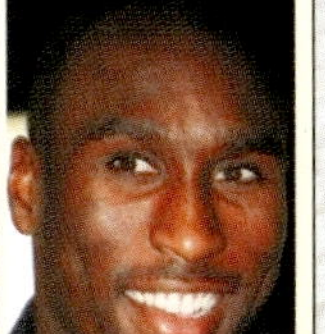

Rückennummer: 4
Geb.: 18. Sept. 1974
Position: Abwehr
Verein: Tottenham Hotspur
Länderspiele: 36
Länderspieltore: 0

Robbie Fowler

Rückennummer: 21
Geb.: 9. April 1975
Position: Angriff
Verein: FC Liverpool
Länderspiele: 14
Länderspieltore: 3

Steven Gerrard

Rückennummer: 16
Geb.: 30. Mai 1980
Position: Mittelfeld
Verein: FC Liverpool
Länderspiele: 2
Länderspieltore: 0

Emile Heskey

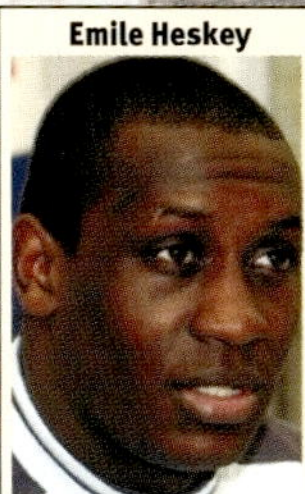

Rückennummer: 19
Geb.: 11. Januar 1978
Position: Angriff
Verein: FC Liverpool
Länderspiele: 8
Länderspieltore: 1

Paul Ince

Rückennummer: 14
Geb.: 21. Oktober 1967
Position: Mittelfeld
Verein: FC Middlesbrough
Länderspiele: 53
Länderspieltore: 2

Martin Keown

Rückennummer: 6
Geb.: 24. Juli 1966
Position: Abwehr
Verein: Arsenal London
Länderspiele: 33
Länderspieltore: 2

Nigel Martyn

Rückennummer: 13
Geb.: 11. August 1966
Position: Tor
Verein: Leeds United
Länderspiele: 14
Länderspieltore: 0

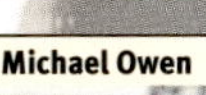

Michael Owen

ckennummer: 10
b.: 14. Dez. 1979
sition: Angriff
rein: FC Liverpool
nderspiele: 22
nderspieltore: 7

Kevin Phillips

Rückennummer: 20
Geb.: 25. Juli 1973
Position: Angriff
Verein: FC Sunderland
Länderspiele: 5
Länderspieltore: 0

David Seaman

Rückennummer: 1
Geb.: 19. Sept. 1963
Position: Tor
Verein: Arsenal London
Länderspiele: 59
Länderspieltore: 0

Paul Scholes

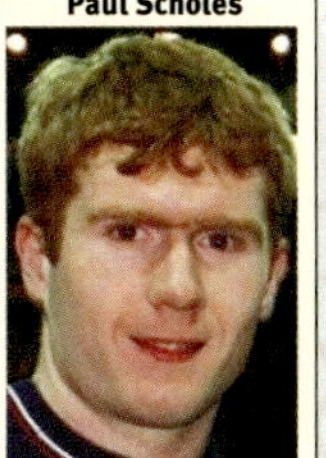

Rückennummer: 8
Geb.: 16. Nov. 1974
Position: Mittelfeld
Verein: Manchester United
Länderspiele: 27
Länderspieltore: 10

Alan Shearer

Rückennummer: 9
Geb.: 13. August 1970
Position: Angriff
Verein: Newcastle United
Länderspiele: 63
Länderspieltore: 30

Gareth Southgate

Rückennummer: 12
Geb.: 3. Sept. 1970
Position: Abwehr
Verein: Aston Villa
Länderspiele: 37
Länderspieltore: 1

Dennis Wise

Rückennummer: 17
Geb.: 16. Dez. 1966
Position: Mittelfeld
Verein: FC Chelsea London
Länderspiele: 19
Länderspieltore: 1

Richard Wright

Rückennummer: 22
Geb.: 5. November 1977
Position: Tor
Verein: Ipswich Town
Länderspiele: 1
Länderspieltore: 0

Mit einem Schock ins Turnier

Glück gehabt, Deutschland! Das 1:1 gegen Rumänien schmeichelt dem Titelverteidiger sehr. Denn das Turnier begann für die Mannschaft von Erich Ribbeck mit einem Schock und dem blitzschnellen Rückstand durch Viorel Moldovan (5.). Ganz deutlich wird: Die deutsche Abwehr steht neben ihren Schuhen. So muss Ribbeck eingestehen: »Die Chancen des Gegners haben wir selbst eingeleitet.« Nicht einmal Thomas Häßler, nach zwei Jahren Länderspiel-Pause erst Tage vor dem Turnier auf Betreiben von Kapitän Oliver Bierhoff in die Mannschaft zurückgeholt, drückt dem Spiel seinen Stempel auf. Das 100. Länderspiel von »Icke« ist ein eher farbloses. Ein Glück, dass ein Foul von Jens Nowotny an Adrian Ilie nicht mit Elfmeter geahndet wird (40.).

Sauer ist Rumäniens Trainer Emerich Jenei: »Uns wurde ein klarer Elfmeter verweigert!« Auch sonst legt er sich mit den Deutschen an. Weil die die Rumänen als schwächsten Gruppengegner ansehen, vergreift sich Jenei im Ton: »Die denken noch immer, sie sind die Herrenmenschen und haben wohl vergessen, dass sie zwei Weltkriege verloren haben.« Hat Jenei gar nicht nötig. Wohl ist auch seine Mannschaft leicht überaltert, doch ganz soviel Rost wie die Deutschen hat sie noch nicht angesetzt. Wenig berauschend findet der deutsche Torschütze Mehmet Scholl den enttäuschenden Kick und fordert eine Krisensitzung: »Über dieses Spiel muss geredet werden. Wenn wir gegen England und Portugal diese krassen Fehler nicht abstellen, dann sehe ich schwarz.«

Trost von Ciobotariu für Christian Ziege (Foto linke Seite). Mehmet Scholl rettet mit seinem Supertor (ganz unten) wenigstens noch das Remis. Weder Kapitän Bierhoff noch der für Matthäus eingewechselte Deisler (rechts von oben) können das Steuer Richtung Sieg herumreißen.

»Der schimmlige alte Feind. Deutschlands Mittdreißiger sahen aus, als wären sie in der Midlifecrisis.«

THE SUN (London)

»Sie spielen linkisch, versagen gegen schillernde Gegner und finden trotzdem einen Weg, ein tolerierbares Ergebnis zusammenzukratzen.«

DAILY TELEGRAPH (London)

»Ich war enttäuscht. Gegen England muss eine ganz andere Mannschaft auf dem Platz stehen.«

UWE SEELER

Deutschland – Rumänien 1:1 (1:1)
Lüttich, 12. Juni, 18.00 Uhr

Deutschland: Kahn – Nowotny, Matthäus (77. Deisler), Linke (46. Rehmer) – Babbel, Jeremies, Ziege – Häßler (73. Hamann), Scholl – Bierhoff, Rink
Rumänien: Stelea – Popescu – Ciobotariu, Filipescu – Petrescu (69. Contra), Galca, Munteanu, Chivu – Hagi (73. Mutu) – Moldovan (77. Lupescu), Ilie
Tore: 0:1 Moldovan (5.), 1:1 Scholl (28.).
Ecken: 4:8. **Schiedsrichter:** Kim Milton Nielsen (Dänemark). **Zuschauer:** 30 000 (ausverkauft). **Gelbe Karten:** Hagi, Ilie. **Gelb-Rote Karten:** keine. **Rote Karten:** keine

Horror-Show samt Stinkefinger

Dumm gelaufen, England! 2:0 geführt und 2:3 verloren. Bitter, einen fast schon sicheren Sieg noch aus den Händen zu geben. Trainer Kevin Keegan jammert nach der Horror-Show seiner Mannschaft: »Wir hätten keinen besseren Start erwischen können, doch wir sind das Rennen nicht zu Ende gelaufen.« Ins gleiche Horn stößt der sonstige Torjäger Alan Shearer, der nach einer Spritzenkur wegen eines verdrehten Knies zwar zum Einsatz kommt, im siebten Spiel in Folge aber ohne Tor bleibt: »Es ist hart, solch ein Spiel noch so wegzuwerfen.« Finden auch einige englische Fans und machen vor allem Spielmacher David Beckham an. Der Star von Manchester United wehrt sich gegen die Pöbeleien mit dem Stinkefinger. Die Sprüche der teils betrunkenen Fans gehen in der Tat unter die Gürtellinie. Sie beschimpfen Beckham-Frau Victoria »Spice Girl« Adams als »Nutte« und wünschen Söhnchen Brooklyn das Schlimmste. Für Beckhams Ausraster hat Keegan Verständnis: »Ekelhaft! Eine Schande! So etwas Schlimmes habe ich beim Fußball noch nicht erlebt. Ich hätte ihnen eine runtergehauen.«

Solche Sorgen kennen die Portugiesen nicht. Mit der »zweiten Luft« bestimmen sie das Geschehen. Dabei gehören sie mit einem Durchschnittsalter von 28 Jahren zu den ältesten Teams des Turniers. Dies ist den »Brasilianern Europas« aber selbst in der »dritten Halbzeit« nicht anzumerken. Ausgelassen feiern sie den ersten Sieg über England seit 14 Jahren und bekommen einen Tag trainingsfrei. Immer wieder sehen sie sich – ausgerechnet – im BBC-Fernsehen die Partie an, toben vor Begeisterung. Zur Belohnung dürfen sogar die Spielerfrauen ins Mannschaftshotel Heerlickheijde in Ermelo. Superstar Luis Figo, der mit seinem Anschlusstor in den Winkel (21.) die Aufholjagd einleitet, schwärmt vor dem Rumänien-Spiel: »Ein Team, das England so geschlagen hat wie wir, darf vom Titel träumen.«

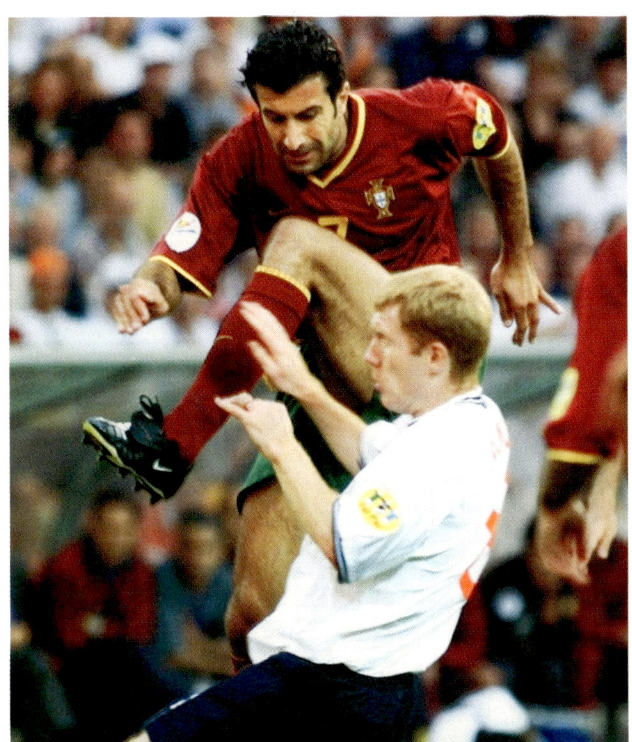

Gomes und Pinto (linke Seite außen) bejubeln den Ausgleich. Abgang eines Geschlagenen: David Beckham (linke Seite). Oben: Höchste Alarmstufe für David Seaman: Die Portugiesen kommen (Gomes/21 und Pinto)! Spieler des Abends: Luis Figo, vor ihm Scholes (links).

Portugal – England 3:2 (2:2)
Eindhoven, 12. Juni, 20.45 Uhr

Portugal: Baia – Xavier, Couto, Costa, Dimas – Figo, Bento, Vidigal, Rui Costa (85. Beto) – Joao Pinto (76. Conceicao), Nuno Gomes (90. Capucho)
England: Seaman – G. Neville, Adams (82. Keown), Campbell, P. Neville – Beckham, Ince, Scholes, McManaman (58. Wise) – Shearer, Owen (46. Heskey)
Tore: 0:1 Scholes (3.), 0:2 McManaman (18.), 1:2 Figo (23.), 2:2 Joao Pinto (37.), 3:2 Nuno Gomes (59.). **Ecken:** 11:5. **Schiedsrichter:** Anders Frisk (Schweden). **Zuschauer:** 33 000 (ausverkauft). **Gelbe Karten:** Baia - Ince. **Gelb-Rote Karten:** keine. **Rote Karten:** keine

Ein Nobody in der Heldenrolle

Geschafft! Portugals Fußball-Legende Eusebio ebenso im Freudentaumel wie die Fans und Torschütze Costinha (15) mit Jorge Costa (links von oben). Rechte Seite: Sekunden vor dem Abpfiff schlägt es doch noch bei Stelea ein (oben). Die Rumänen um Adrian Ilie (unten gegen Costa) verlieren unglücklich.

»Ein Sieg, der vom Himmel fiel.«

EL PUBLICO (Lissabon)

»Nach 90 Minuten großen Leidens atmete Portugal tief durch.«

DIARIO DE NOTICIAS (Lissabon)

»Costinhas Tor war eine zu harte Strafe für Rumänien.«

MARCA (Madrid)

»Von Gala keine Spur. Und auch vom portugiesischen Ballzauber brasilianischer Schule war 94 Minuten und 17 Sekunden lang nichts zu sehen.«

KURIER (Wien)

Glückliches Portugal. In der 5. Minute der Nachspielzeit köpft Costinha das einzige Tor. Der Joker, in Minute 87 erst zu seinem vierten Länderspiel eingewechselt, kann sein Glück kaum fassen. »Das ist unglaublich für mich. Mein Tor entscheidet und bringt Portugal ins Viertelfinale. Einfach grandios, davon kann man nur träumen«, so der Edelreservist. Trainer Humberto Coelho bringt den defensiven Mittelfeldspieler »nicht, dass er das Tor macht, sondern dass er das 0:0 mit über die Zeit rettet«. Plötzlich aber ist der Nobody in der Heldenrolle. Noch vor zwei Jahren spielte er in der zweiten Liga und schafft erst mit seinem Wechsel zu AS Monaco den Druchbruch. Wieder und immer wieder muss er sein erstes Länderspieltor beschreiben: »Ich sah den Ball genau kommen und habe ihn mit voller Wucht genommen.« Die Stars allerdings tun sich schwer. Das »magische Dreieck« um Luis Figo, Rui Costa und Joao Pinto verbreitet keinen Zauber. Portugals Fußball-Legende Eusebio nennt die Dinge beim Namen: »Wir haben keinen guten Fußball gespielt. Ein 0:0 wäre gerechter gewesen.« Derweil sieht Coelho in dem Last-Minute-Sieg ein Stück Wiedergutmachung. In der Qualifikation siegte Rumänien in Lissabon ebenfalls in letzter Sekunde 1:0. Katzenjammer dagegen bei den Rumänen. »Jetzt ist es fast vorbei«, stellt Dorinel Munteanu fest. Zumal seine Mannschaft gegen England auf Spielmacher Gheorghe Hagi verzichten muss. Der Kapitän hat zwar mit einem raffinierten Flatterball (86.) selbst noch den späten Sieg auf seinem genialen linken Fuß, aber Vitor Baia im Tor der Portugiesen ist auf der Hut. Hagi, mit 124 Länderspielen Rekord-Nationalspieler seines Landes, hat seine zweite Verwarnung kassiert. Noch sieht der Karpaten-Maradona jedoch ein Fünkchen Hoffnung: »Rumänien kann auch ohne Hagi gewinnen.«

Rumänien – Portugal **0:1 (0:0)**
Arnheim, 17. Juni, 18.00 Uhr

Rumänien: Stelea – Popescu – Contra, Filipescu – Petrescu (64. Petre), Galca, Munteanu, Chivu – Hagi – Moldovan (69. Ganea), Ilie (78. Rosu)
Portugal: Baia – Secretario, Couto, Jorge Costa, Dimas – Figo, Bento, Vidigal, Joao Pinto (56. Conceicao) – Rui Costa (87. Costinha) – Gomes (56. Sa Pinto)
Tor: 0:1 Costinha (95.). **Ecken:** 2:2. **Schiedsrichter:** Gilles Veissiere (Frankreich). **Zuschauer:** 25 000. **Gelbe Karten:** Hagi (2), Petrescu, Contra – Figo. **Gelb-Rote Karten:** keine. **Rote Karten:** keine

Goldköpfchen Shearer, ein Mann unter Männern

Jubel an der Themse. Das Mutterland des Fußballs atmet auf. Mit dem 1:0 über den Erzrivalen Deutschland haben die Engländer endlich eine Schmach getilgt, die tief in ihrer Seele brennt. »Endlich: Nach 33 Jahren, 10 Monaten, 18 Tagen, 4 Stunden und 17 Minuten haben wir sie geschlagen«, titelt das Massenblatt »News of the World«. Zum ersten Mal seit dem WM-Triumph von 1966 mit dem Wembley-Tor gelingt England ein Sieg über die Deutschen in einem wichtigen Turnier. »Nach 34 Jahren Schmerz genieße ich diesen Sieg. Mit diesem Geist, der Leidenschaft und Moral können wir weit kommen«, so ein erleichterter Kevin Keegan. Der englische Teamchef freut sich besonders darüber, dass ausgerechnet Alan Shearer das einzige Tor markiert. Gegen den Kopfball des Kapitäns nach einer Flanke von David Beckham kann auch Oliver Kahn nichts machen. Es ist sein erster Treffer nach sieben torlosen Spielen. Keegan ist auf seinen Kapitän stolz wie ein Spanier: »Alan ist zurückgekehrt und hat sein Tor gemacht. Er ist ein Mann unter Männern, ein echter Goalgetter.«

Für die Deutschen bricht fast eine Welt zusammen. Sie legen den schlechtesten EM-Start aller Zeiten hin. Jetzt kann ihnen nur noch ein Wunder zum Weiterkommen helfen. »Jetzt müsste schon so etwas passieren wie Unterhaching gegen Leverkusen«, meint ein enttäuschter Mehmet Scholl. Für Sebastian Deisler, das größte deutsche Talent, »stirbt die Hoffnung zuletzt«. Für Jens Jeremies wiederum, der den Zustand des DFB-Teams

Linke Seite: Die größte Chance des DFB-Teams! Carsten Jancker findet die große Lücke nicht. Während »Sir Erich« (rechts) schier verzweifelt, geht Goldköpfchen Alan Shearer auf die Ehrenrunde des Torschützen.

schon lange vor dem Titelkampf als »jämmerlich« bezeichnet hatte, kommt die Niederlage nicht überraschend: »Man hat gesehen, dass es international nicht reicht. Das hatte nichts mit Pech zu tun.«

Nur Erich Ribbeck, der längst umstrittene Teamchef, hat erneut ein anderes Spiel gesehen und steht mit seiner Meinung ziemlich allein: »Die Niederlage war bitter, weil sie unverdient war. Es war wirklich zum ersten Mal seit langem eine geschlossene Mannschaftsleistung.« Für »Sir Erich« ist das Fast-Aus »nicht der Anfang vom Ende, das ist vielleicht der Anfang vom Umschwung«. Nur ohne ihn. Denn jetzt wird im Lande des Titelverteidigers heftiger denn je über seinen Nachfolger diskutiert.

»Im Duell zweier auf Normalmaß geschrumpfter Riesen von gestern ist England der glückliche Sieger.«

FRANKFURTER ALLGEMEINE ZEITUNG

»Endlich. Nach über 33 Jahren haben wir Deutschland bezwungen – nun her mit Rumänien. Shearer ist reines Dynamit.«

SUNDAY MIRROR (London)

»Shearer zerschmettert den deutschen Fluch. Nur Tränen als Souvenir für die Deutschen.«

SUNDAY TIMES (London)

»Dinosaurier und Löwenherzen. Süßer Sieg – aber zu welchem Preis. Englands glorreiche Nacht durch Ausschreitungen getrübt.«

THE OBSERVER (London)

England – Deutschland 1:0 (0:0)
Charleroi, 17. Juni, 20.45 Uhr

England: Seaman – G. Neville, Keown, Campbell, P. Neville – Beckham, Ince, Scholes (72. Barmby), Wise – Shearer, Owen (61. Gerrard)
Deutschland: Kahn – Babbel, Matthäus, Nowotny – Deisler (72. Ballack), Hamann, Jeremies (78. Bode), Ziege – Scholl – Kirsten (70. Rink), Jancker
Tor: 1:0 Shearer (53.). **Ecken:** 3:7.
Schiedsrichter: Pierluigi Collina (Italien).
Zuschauer: 30 000 (ausverkauft). **Gelbe Karten:** Beckham – Babbel, Jeremies.
Gelb-Rote Karten: keine. **Rote Karten:** keine

Stolze »Löwen« wie begossene Pudel

Weine nur, England! Alan Shearer heulte wie ein Schlosshund und die stolzen »Löwen« schlichen wie begossene Pudel vom Platz. Phillip Neville wäre vor Scham am liebsten in den Erdboden versunken. Nur die leidgeprüften englischen Fans verharrten geschockt auf den Rängen des Stade Communal in Charleroi. England ist mit einem 2:3 durch einen Elfmeter in vorletzter Minute aus dem Turnier geflogen. Wieder ein Elfmeter, von Phillip Neville durch ein Tackling amateurhaft verursacht und von Ioan Viorel Ganea eiskalt verwandelt. Kapitän Alan Shearer kanns nicht fassen: »Ich hätte nie gedacht, dass es so trostlos enden könnte.« Der Stürmer beendet nach 63 Spielen und 30 Toren seine Länderspiel-Laufbahn, nimmt aber mit leeren Händen Abschied. Sein Tor und das von Jung-Star Michael Owen zur 2:1-Pausenführung reichen nicht. Teamchef Kevin Keegan rechnet mit seinen Stars ab: »Das ist die größte Enttäuschung meiner Trainer-Karriere. Wir waren als Mannschaft einfach nicht gut genug. Dafür gibt es keine Entschuldigung.« Nicht einmal handwerklich lässt »King Kev« an seinen Männern ein gutes Haar: »Da sprechen wir drei Tage lang darüber, dass wir besser passen müssen. Aber nicht einmal das können sie.« Dann holt Keegan die kollektive Keule heraus: »Einzelne Spieler stelle ich nicht an den Pranger. Wir haben als Team versagt.«

Kein Erbarmen kennen die Rumänen. Schonungslos hetzen sie den Gegner, brennen nach den Treffern von Christian Chivu (22.) und Dorinel Munteanu (48.) auf die Entscheidung. Selbst ohne Superstar Gheorghe Hagi (Gelb-Sperre) sind sie das deutlich überlegene Team. Sie beherrschen die biederen Engländer nach Belieben. Trainer Emerich Jenei jubelt: »Wir haben den Ausfall von Hagi durch eine starke Teamleistung kompensiert.« Der Spielmacher ist heilfroh, nach seinen zwei Gelben Karten wieder eingreifen zu können und verspricht: »Wir haben unsere Bestform und unser Ziel noch nicht erreicht.«

Linke Seite: Zu früh gefreut, Mr. Shearer! Nach Abpfiff bleibt nur noch der Trost von Coach Kevin Keegan für seinen Kapitän, der sich mit diesem Schockerlebnis aus der Nationalmannschaft Englands verabschiedet.
Rechts: Die Rumänen fighten um jeden Ball, hier Cosmin Contra (rechts) und Dennis Wise. Torhüter Martyn wird von einer Flanke überrascht. Rumänien geht in Führung (unten).

»Nevilles Selbstmord-Grätsche ließ England aus der Euro stürzen. Ein weiterer Elfmeter, eine weitere Niederlage, ein weiteres Desaster.«

THE MIRROR (London)

»Der Traum ist vorbei. Sorglos bis zuletzt, zerstört sich England selbst.«

DAILY MAIL (London)

»Keegan präsidiert über dem Ende eines Imperiums. Englands frühes Ausscheiden unterstreicht die klare Machtverschiebung im globalen Spiel.«

THE TIMES (London)

England – Rumänien 2:3 (2:1)
Charleroi, 20. Juni, 20.45 Uhr

England: Martyn – G. Neville, Keown, Campbell, P. Neville – Beckham, Ince, Scholes (81. Southgate), Wise (76. Barmby) – Shearer, Owen (67. Heskey)
Rumänien: Stelea – Popescu (32. Belodedici) – Contra, Filipescu – Petrescu, Mutu, Chivu, Galca (68. Rosu), Munteanu – Moldovan, Ilie (74. Ganea)
Tore: 0:1 Chivu (22.), 1:1 Shearer (41., Foulelfmeter), 2:1 Owen (45.), 2:2 Moldovan (48.), 2:3 Ganea (89., Foulelfmeter).
Ecken: 1:7. **Schiedsrichter:** Urs Meier (Schweiz). **Zuschauer:** 28 000. **Gelbe Karten:** Shearer – Contra (2), Ilie (2), Petrescu (2), Chivu, Filipescu. **Gelb-Rote Karten:** keine. **Rote Karten:** keine

Beerdigung auf dem Armenfriedhof

Das Elend hat viele Namen: Marco Bode, Lothar Matthäus, Oliver Kahn (von oben). Rechte Seite: Der Anfang vom stillosen Abgang von der EM-Bühne. Dreifach-Torschütze Conceicao überwindet Kahn zum ersten Mal. Und es kommt noch schlimmer …

Wie tief willst du noch sinken, Deutschland? Kübelweise Häme erntet die Mannschaft des DFB mit dem 0:3-Desaster gegen Portugals Reserve. Allein zwei Spieler aus seiner Stamm-Elf bietet Humberto Coelho für den schon feststehenden Gruppensieger auf. Es sind die beiden Innendecker Fernando Couto und Jorge Costa. Denn eines ist klar: Die allerletzte Chance wird der Titelverteidiger mit totaler Offensive suchen.

Es kommt ganz anders. Mit Carsten Jancker bietet Teamchef Erich Ribbeck lediglich einen gelernten Stürmer auf. Zudem melden sich kurz vor dem Spiel Jens Jeremies, Christian Ziege und Marcus Babbel verletzt ab. Wollen die drei, die zur Abteilung »Meckern und Motzen« gehören, dem Elend wenig heldenhaft entfliehen? Schnell wird deutlich: Diese deutschen Spieler sind keine Mannschaft. Sie sind willenlose, total verunsicherte Individualisten. Der einzige Hoffnungsfunke glüht, als Marco Bode mit straffem Linksschuss den Pfosten trifft (31.). Doch das ist schon der Anfang vom Ende. Fortan wird das schlechteste Team, das den DFB je bei einer Europameisterschaft vertritt, von Portugals Reserve gnadenlos vor- und an der Nase herumgeführt. Sergio Conceicaos drei Tore (35., 54., 71.) stürzen den dreifachen Welt- und Europameister in tiefste Depressionen. Dabei hat Conceicao beim italienischen Meister Lazio Rom nicht einmal einen Stammplatz. Einen schlimmeren Abgang hätten sich Teamchef Erich Ribbeck, der noch in der Nacht nach dem Desaster seinen Rücktritt erklärt, und Länderspiel-Weltrekordler Lothar Matthäus (sein 150. Länderspiel ist das bitterste seiner 20-jährigen internationalen Karriere) nicht ausmalen können. Die Beerdigung des deutschen Fußballs erfolgt nicht im Rotterdamer »De Kuip«, sondern wie auf einem Armenfriedhof.

»Zum Abschied machen sich die Deutschen auch noch lächerlich.«

FRANKFURTER ALLGEMEINE ZEITUNG

»Ihr seid eine Schande und die Fußball-Deppen der Nation.«

BILD (Hamburg)

»Der deutsche Fußball ist tot, mausetot. Gestorben nicht mal erster, sondern dritter Klasse.«

BERLINER KURIER

»Unsere Kinder haben keine Idole mehr.«

BZ (Berlin)

»Mehr als Ausscheiden geht nicht? Doch!«

NEUE RHEIN-/ NEUE RUHR-ZEITUNG (Essen)

»Endlich vom Fußball-Elend erlöst.«

WESTDEUTSCHE ZEITUNG (Düsseldorf)

»Jede Häme wäre zuviel der Ehre.«

BERLINER MORGENPOST (Berlin)

Portugal – Deutschland 3:0 (1:0)
Rotterdam, 20. Juni, 20.45 Uhr

Portugal: Espinha (90. Quim) – Beto, Couto, Costa, Jorge – Conceicao, Costhina, Sousa (72. Vidigal), Capucho – Sa Pinto, Pauleta (67. Nuno Gomes)
Deutschland: Kahn – Nowotny, Matthäus, Linke – Rehmer, Hamann, Ballack (46. Rink) – Scholl (59. Häßler) – Deisler, Jancker (69. Kirsten), Bode
Tore: 1:0, 2:0, 3:0 Conceicao (35., 54., 71.). **Ecken:** 4:7. **Schiedsrichter:** Dick Jol (Niederlande). **Zuschauer:** 51 504 (ausverkauft). **Gelbe Karten:** Beto – Ballack, Deisler, Jancker, Rink. **Gelb-Rote Karten:** keine. **Rote Karten:** keine

Der kurze Weg zum schnellen Ende

11. Juni 2000

»Männer – ich wünsche euch Hals und Beinbruch!« Fritz Walter, Legende des deutschen Fußballs und traditionell der Muntermacher der Nationalmannschaft vor großen Turnieren, hat ein **Fax nach Vaals** geschickt. Er wird nicht geahnt haben, dass einer aus dem Kader seine Wünsche wörtlich nehmen würde. Ulf Kirsten hat sich beim Abschlusstraining im Lütticher Stadion verletzt. Nun schmerzt **im Lendenbereich ein Nerv**. Gegen Rumänien wird er nicht dabei sein. Dafür bekommt Thomas Häßler eine Chance – es wird sein hundertstes Länderspiel und »Icke« ist ganz gerührt: »Es macht mich stolz.« Pressechef Wolfgang Niersbach fragt ihn in der Pressekonferenz: »Bist du dir bewusst, dass du an diesem Tag aufsteigst zu den Großen des deutschen Fußballs?« Das macht den kleinen Mann hinter dem Mikrofon noch eine Nuance verlegener. Lothar Matthäus, Jürgen Klinsmann, Jürgen Kohler und Franz Beckenbauer – nur sie haben es zu mehr Länderspiel-Einsätzen für den DFB gebracht als Häßler. Und nun will er **Vorbild sein für eine neue Generation**. Erich Ribbeck wird am gleichen Tag zum wer weiß wievielten Male gefragt, ob er sich bei dieser Europameisterschaft unter Druck fühle, da es doch auch um seine Zukunft als Teamchef gehe. Doch der smarte Coach auf dem Podium weicht geschickt allen Attacken aus. Er lasse sich, so sagt er, an den Resultaten dieses Turniers messen. **Nicht vorher und nicht jetzt**. In den nächsten Tagen sieht er sich noch öfter solchen Fragen ausgesetzt. Alle warten auf einen Wackler, auf eine brüchige Stimme, auf ein Indiz für Unsicherheit. Doch da ist nichts und da kommt nichts. Erich Ribbeck bleibt ganz cool und ganz der »Sir«.

12. Juni 2000

Die Szenerie ist zumindest bemerkenswert, die meisten finden sie abstoßend. Ganz sicher ist das »Stade du Standard Liège«, die erste Station des deutschen EM-Abenteuers in Belgien, nicht der Inbegriff moderner Stadionkonzeption. Es ist vielmehr überaltert, weist bei genauem Hinsehen gravierende Sicherheitsmängel – auch in der näheren Umgebung – auf und würde die gestrenge Lizenzierungsprozedur des deutschen Profi-Fußballs nie und nimmer in dieser Verfassung passieren. Doch die Europäische Fußball-Union hat die **altertümliche Arena** mit ihren unverputzten Wandelgängen als EM-reif eingestuft. Warum – das weiß niemand. Im Lütticher Zentrum feiern die Fans ein friedliches Fest. Deutsche und Rumänen verstehen sich – es gibt kaum Aggressionen, nur Vorfreude auf das erste Spiel. Derweil wünschen die Journalisten, die in zwei Bussen aus Vaals herangekarrt werden, den orientierungslosen Fahrern und wenig kooperativen Ordnungshütern im verbarrikadierten Umfeld des Stadions die Gaben des **Kommissars Maigret**, jener Figur, die der Schriftsteller Georges Simenon in dieser Stadt geschaffen hat. Viele Wege führen zur sportlichen Heimat von Standard Lüttich, doch die meisten sind mit verrosteten Stahlcontainern versperrt. Nicht einmal eine Maus würde hier ein Schlupfloch finden. Aber am frühen Abend finden auch die deutschen Fußballer ganz selten ein Schlupfloch in der rumänischen Deckung – und das wiegt schwerer als jeder **Container vor dem Stadion**. Es tauchen in Lüttich die ersten Zweifel auf, ob Erich Ribbeck richtig gelegen hat mit der Wahl seiner Spieler. Und auch, ob es Sinn macht, mit angeschlagenen oder auch soeben genesenen Spielern in ein so wichtiges Auftaktspiel zu gehen. Lothar Matthäus und Jens Jeremies, beide längere Zeit verletzt, waren **ziemlich platt**. Die Aussichten, so sind sich wohl alle Beobachter nach diesem 1:1 von Lüttich einig, sind bei dieser Europameisterschaft nicht rosig.

13. Juni 2000

Es ist so, **wie es eigentlich immer war:** Die deutsche Nationalmannschaft hat sich bei einem großen Turnier zwar nicht blamiert – aber sie hat auch nicht brilliert. Und sie hat nicht gewonnen, was allein für die versammelten Medienmenschen Grund genug ist, unter dem Zeltdach der täglichen DFB-Pressekonferenz in Vaalsbroek kritische Fragen zu stellen. Auch deshalb, weil aus dem Umfeld der Spieler kolportiert wird, in einem frühen Akt von Selbstzerfleischung habe es nach dem 1:1 gegen die in der Schlussviertelstunde auch nicht mehr ganz taufrischen Rumänen im Mannschaftsquartier ziemlich gerappelt. Nach genauem Befragen will das zwar keiner der Profis bestätigen, doch niemand kann sich vorstellen, dass ausgerechnet die unmittelbar Beteiligten **zum Schwamm der Nächstenliebe greifen** und den Mund halten, wo doch die ganze Fußballnation in heller Aufregung ist. Alle stimmen darin überein, dass es von nun an ziemlich schwer wird, denn jetzt geht es gegen England und danach gegen die quicklebendigen Portugiesen. Das Thema im Team kreist ständig um Lothar Matthäus – und der schottet sich ab, telefoniert nur noch mit Journalisten seines Vertrauens, die fast ausnahmslos in Lohn und Brot bei der Zeitung mit den großen Schlagzeilen stehen. Der DFB gibt sich, personifiziert durch Erich Ribbeck und Pressechef Wolfgang Niersbach, **kollektiv gelassen**, doch die so genannten Experten des Fußballs in aller Welt überschütten die deutsche »Rentnerband« mit Häme. Sie sei, so wird vor allem in angelsächsischen Blättern behauptet, die schlechteste deutsche Nationalmannschaft aller Zeiten. Wobei unsere Freunde von der Insel offenbar vergessen haben, dass eine deutsche Nationalmannschaft bei ihrem zweiten Aufeinandertreffen mit den Engländern anno 1909 schon mal mit 0:9 unterlag. Aber die haushohen Verlierer, so wurde damals behauptet, litten bei ihrem sportlichen De-

Wo, bitte, geht's zum Stadion? Die Blechlawine rollt und sucht nach einem Halt. Und wer, bitte, ist »Icke«? Der schwarz-rot-goldene Fan zeigt sich farbig, obwohl das Team im Schatten steht. Doch hinter der Mannschaft scheint die Sonne, vor allem mit einem Neuen im Klub der Hunderter, der alles stehen und liegen lässt. Und wenn dann noch ein rumänischer Torhüter auch einen Treffer in Ehren nicht verwehren kann, ist eine kleine Freude angesagt. Der Fan, zumal der deutsche, feiert's an der Frittenbude, während ein Innenminister seine Krawallbilanz und ein paar Flaschen Wein beim Übungsleiter fotogen aus der Tasche zieht. Alle sind irgendwie froh.

bakel noch unter den **Folgen ihrer Seekrankheit**, die sie während der stürmischen Überfahrt heimgesucht hatte. Woraus zu schließen ist: Die Ausreden nach Niederlagen haben sich im deutschen Fußball mittlerweile geändert. Doch wie dem auch gewesen sein mag – es gibt an diesem 13. Juni 2000 in Vaals auch was zu feiern. Erich Ribbeck wird 63 Jahre alt. Bundesinnenminister Otto Schily, der eine aus deutscher Sicht erfreuliche Krawall(verhinderungs-)bilanz zieht, hat **ein paar Flaschen Wein mitgebracht**. Die Nationalspieler schenken ihrem Chef einen elektronischen Timer, dessen Funktionen sich das Geburtstagskind von Oliver Bierhoff erklären lassen will.

14. Juni 2000

Später wird Markus Babbel von einer »Kirmesveranstaltung« sprechen und sich einen Rüffel von Gerhard Mayer-Vorfelder, den Delegationschef des DFB, einhandeln. Doch jetzt sind alle auf der Flucht – und das **in Breinig, der Heimat von Egidius Braun**. Mit guten Absichten waren sie gekommen – die Nationalmannschaft wollte sich volksnah geben, doch so nah wie nun in Breinig hatten sie das in der Kommandozentrale des DFB nicht gemeint. Und kaum jemand hatte ahnen können, dass der Besuch der deutschen Fußballhelden nach dem eher missratenen EM-Start einen derartigen Volksauflauf auslösen würde. 8000 Seelen zählt der kleine Ort auf dem Weg zwischen Aachen und dem Hürtgenwald – und rein statistisch gesehen sind nun alle Breiniger mit **Kind und Kegel auf dem Sportplatz** versammelt. Unter dem Dach der kleinen Tribüne herrscht ein beängstigendes Gedränge – einige Zeit verlieren sogar die Funktionäre auf dem Spielfeld den Überblick. »Icke« Häßler muss sich ziemlich recken, um das Tor auf der anderen Seite zu sehen. Die Kulisse kreischt, die Kids drängeln – es fehlt **nur noch die Blasmusik**, so wie in Unterhaching. Am Ende suchen alle im wahrsten Sinne des Wortes das Weite, auch wenn es sich dabei lediglich um die Enge des Mannschaftsbusses handelt. Nur einem misslingt an diesem bemerkenswerten Abend schon früh der Sprint – Oliver Bierhoff hat sich **in der rechten Wade** einen Muskelfaserriss eingefangen. Einfach so – und das hatte nichts mit Breinig zu tun. Aber der Ärger ist da, und er nistet sich auch noch eine ganze Weile ein. Der DFB ist bemüht, Egidius Braun wegen seines Heimspiels aus der Schusslinie der Medien zu bekommen. Was als »Goodwill-Aktion« gemeint war und eine Nationalmannschaft zum Anfassen dokumentieren sollte, endet im Fiasko.

15. Juni 2000

Haben sie nun endlich miteinander gesprochen – oder haben sie nicht? Sie haben nicht! Hinter den modernen Fassaden des Hotels in Vaalsbroek hat es eine Mannschaftssitzung gegeben. Doch sie war so ganz anders, als sich das die Fans im Lande und die Journalisten vor Ort so vorgestellt haben. »Der Teamchef hat uns gesagt, was wir gegen Rumänien falsch gemacht haben und was wir gegen England besser machen sollen«, sagt Marco Bode. Der Bremer hockt mit ein paar Zeitungsleuten **am runden Tisch**. Nebenan hält Christian Ziege mit einem Dutzend Sportreportern Hof. Beide sind so etwas wie Konkurrenten um den gleichen Job. Ziege wirkte gegen die Rumänen fahrig und schlapp, Bode brennt vor Ehrgeiz. Doch der Bremer weiß, er hat keine Chance gegen den Kollegen. Und noch immer wollen die Nationalspieler nicht miteinander gesprochen haben – das Thema Matthäus kennen sie **nur aus den Zeitungen**. Der »Kicker« und die »Bild«-Zeitung wussten es als Erste: Lothar Matthäus, der Weltrekordler unter den Nationalspielern, hat nach der geballten öffentlichen Schelte seinen sofortigen Rücktritt angeboten. Ribbeck hat ihn beruhigt – er solle sich die Kritik nicht so sehr zu Herzen nehmen. Die taktische Rolle des Abwehrchefs wird **an allen Stammtischen der Nation** derart emotional diskutiert, als hinge davon mehr ab als nur das Weiterkommen der Fußballer bei dieser Europameisterschaft. Aber was heißt das schon? Fußball in Deutschland – das ist nationales Erbgut und da verdrängt eine so wichtige Frage, ob der Libero vor oder hinter der Abwehr zu stehen habe oder ob er gänzlich überflüssig sei, selbst bei konservativen Tageszeitungen schon mal die politischen **Schlagzeilen auf Seite eins**. Für die Journalisten bringt diese Europameisterschaft ein Novum: In keiner der täglichen Pressekonferenzen **serviert der DFB** den Medien Lothar Matthäus. Der ist mehr als nur säuerlich und will sich nicht der Meute stellen.

16. Juni 2000

Nicht alle erkennen ihn auf Anhieb, manche glauben, ein Hooligan habe sich im Pressezelt verlaufen. **Campino ist da**, mit wasserstoffblonden und abstehenden Haaren. Der Liedsänger der »Toten Hosen« hat sich als Journalist bei der Europameisterschaft akkreditieren lassen, und er ist unterwegs für »1Live«, einem Kind aus der großen Familie des Westdeutschen Rundfunks. Von Campino weiß man, dass er die personifizierte Provokation ist. **Immer drauf** – das ist die Devise der Gruppe, deren Fantasie manchmal Salto mortale schlägt. Mit der Single »Scheiß FC Bayern« haben sich die »Toten Hosen« nur nördlich der Weißwurstgrenze Freunde gemacht. Nun ist Campino da – und die Journalisten finden endlich mal unterhalb des Podiums einen, von dem sie glauben, dass er ein interessanter Interviewpartner sei. Nicht alles, was er sagt, ist gescheit, doch das hat auch kaum einer erwartet. Campino will die **Deutschen leiden sehen** und genießt das Psycho-Studium eines Trainers, der potenziell »zwei Tage vor der Entlassung« steht. Zwar ist er Fan der Düsseldorfer Fortuna, doch die ist inzwischen im Niemandsland der dritten Liga verschwunden. Da braucht man im Sinne von Public Relation schon mal den Ausflug in eine andere Sphäre. Campino hofft, dass die Deutschen gegen die Engländer verlieren, denn den englischen Fußball will er schon **mit der Muttermilch eingesogen** haben – weil seine Frau Mama von der Insel stammt. Und für Englands Teamchef Kevin Keegan hat er auch einen Tipp mitgebracht. Er solle seinen Spielern sagen, im Falle einer Niederlage müssten sie **nach Hause schwimmen** ... Irgendwann hat es die »Tote Hose« eilig – er will raus aus dem Zelt. Denn: »Gegen elf kommt mein Bio-Tief.« Einige, die ihm zugehört haben, glauben, das Tief sei an diesem Morgen schon etwas früher eingetroffen.

17. Juni 2000

Einst war dies der »Tag der deutschen Einheit«. Wird dieser erste 17. Juni im neuen Jahrtausend nun der Tag

Großes Gedränge, allüberall! Da zeigt sich ein Team schon volksnah und dann kommt auch noch das ganze Volk, so dass das Team weder sich selbst noch den Ball finden kann, geschweige treten. Dem kopfballstarken Stürmer schmerzt auch gleich die Wade, die gut geknetet sein will. Vergeblich. Und während der Übungsleiter noch gute Miene zum bevorstehenden Spiel macht, die Mannschaften auf der Straße und auf dem Rasen ihre Positionen beziehen – den Gegner fest im Blick –, reckt sich fast monumental die steile Tribüne der kleinen Arena gen Himmel: Was wird er bringen? Den einen den historischen Sieg, den anderen den banalen Katzenjammer. Das Gedränge bleibt groß. Im Stadion und am Ausgang. Nichts wie weg.

der deutschen Fußball-Auferstehung? **Himmel oder Hölle** – das ist im belgischen Charleroi für die Engländer, die ihr Auftaktspiel gegen Portugal verloren haben, und für die Deutschen die Frage. Zunächst ist es die Hölle. In Charleroi, aber auch in Brüssel fliegen die Stühle und die Fäuste. In England haben es die Politiker versäumt, rechtzeitig auf Krawalle krimineller Elemente zu reagieren. In Deutschland gibt es ein neues Passgesetz – die Briten lassen ihre Rowdys ausreisen. Und nun verwüsten betrunkene Horden belgische Städte. Die Polizei kommt **mit Wasserwerfern und Handschellen**. In Charleroi, einer ebenso geschichtsreichen wie gesichtslosen Stadt, ist eine Art Ausnahmezustand ausgerufen worden. Das kleine Stadion mit seinen steilen Tribünen ist das Zentrum eines Hochsicherheitstrakts mit einem Gewirr aus Stahl und Maschendraht. Wer von den Bürgern Charlerois das Pech hat, in der Umgebung der Arena zu Hause zu sein, benötigt quasi eine **Eintrittskarte für die eigene Wohnung**. In der Nacht zum Sonntag feiern die Engländer dann einen »historischen Sieg« über die Deutschen. In der lauen Nacht und dem Stimmengewirr der Medienzone sagt Erich Ribbeck: »Wir sind **praktisch ausgeschieden**.« Selbst die deutschen Journalisten sind nach dem 0:1 geschockt. Niemand formuliert eine Frage – es ist die schnellste Pressekonferenz aller Zeiten.

18. Juni 2000

Katzenjammer ist angesagt. Nachts um kurz vor zwei sind die deutschen Spieler wieder in ihrem Quartier in Vaalsbroek. Fast alle trinken noch **ein schnelles Bier**, einige wenige verschwinden grußlos, wollen allein sein mit sich und ihren frischen seelischen Wunden. Der Frust macht die Runde – und er sitzt nach dem 0:1 gegen England so tief, dass er nicht mit ein paar Schlucken Gerstensaft davonzuspülen ist. Am anderen Morgen ist **das Elend immer noch da** – und auch die Journalisten. Wolfgang Niersbach, der beredte und gewandte Mediendirektor des Deutschen Fußball-Bundes, hat Delegationschef Gerhard Mayer-Vorfelder mit aufs Podium gebracht. Als niemand etwas von »MV« wissen will, verschwindet der – ohne auch nur eine Silbe gesagt zu haben. Das hat er schon **zwischen Nacht und Morgen** getan. Er hat einen Neuaufbau gefordert und schon mal um Verständnis für ein Versagen in der Qualifikation zur WM 2002 gebeten. Man müsse notfalls Opfer bringen, hat er gesagt. Erich Ribbeck sieht das nicht so, er glaubt, gute Taten im Spiel gegen England gesehen zu haben. Einen **Hoffnungsträger** haben sie gleich mit in die Pressekonferenz gebracht: Sebastian Deisler. Zwei, drei gute Dribblings, ein mutiges Spiel und ein rasches Ende nach einer Stunde. »Ich war völlig platt«, gesteht der Zwanzigjährige. Vor zehn Jahren hat er noch mit seinen Eltern in Lörrach vor dem Fernseher gesessen und den Triumph der deutschen Fußballer bei der Weltmeisterschaft in Italien bejubelt. »Anschließend bin ich **mit einer Fahne auf die Straße** gerannt«, erinnert sich »Basti«. Und weil die Erinnerung noch ziemlich frisch ist, sagt er auch: »Ich kann verstehen, dass die Leute zu Hause jetzt ziemlich traurig sind.«

19. Juni 2000

Die Situation ist vertrakt – aus eigener Kraft kann die deutsche Mannschaft nicht mehr den Weg ins Viertelfinale finden. Es ist genau das eingetreten, was etliche Experten befürchtet haben. Und Oliver Kahn, der in jedem der beiden bisherigen Spiele jeweils einmal den **Ball aus seinem Tornetz holen** musste, gehört zu den wenigen, die – wenn auch nur sehr zaghaft – aufklären, was sich atmosphärisch hinter den Kulissen des Kasteel Valsbroek im deutschen Quartier so tut. »Die Stimmung ist nicht unbedingt optimal«, sagt er. Und das genügt, um zu wissen, dass sie eher schlecht als recht ist. Der gute Geist, der auch im Fußball hier und da Berge versetzt, hat sich bei dieser Europameisterschaft wohl nicht eingestellt. Doch der Funke Hoffnung auf ein Weiterkommen ist noch da. Die Rumänen müssen im Spiel gegen England helfen, aber sie dürfen nicht zu hoch gewinnen. Und selbst muss man die Portugiesen schlagen, die sich schon qualifiziert haben. Dann ist da noch die Geschichte mit den randalierenden Fans aus England. Die UEFA hat ihnen und der Mannschaft des sympathischen Kevin Keegan die Gelbe Karte gezeigt – die Rote soll folgen, wenn in Charleroi **noch einmal die Fetzen fliegen**. Und so formuliert ein deutscher Journalist in der Pressekonferenz eine Frage, auf die Erich Ribbeck keine Antwort weiß, weil er sich **mit ihr noch nicht beschäftigt** hat: »Wo sehen Sie die Stärken und Schwächen Ihres Viertelfinalgegners Italien...?« Schon in den Morgenstunden verlassen Spieler und Offizielle Vaalsbroek und jetten nach Rotterdam. Kaum hat der Bus die Hotelanlage verlassen, steigt Bayer Leverkusens Trainer Christoph Daum unter den schattigen Bäumen vor dem Portal aus. Er **hat einen Termin** mit Gerhard Mayer-Vorfelder und niemand kann sich vorstellen, dass die beiden sich nur zu einem unverbindlichen Plauderstündchen verabredet haben.

20. Juni 2000

Der Tag bringt **die große Hitze** – es soll die größte gewesen sein, die jemals an einem Juni-Tag in Holland registriert wurde. Deutschlands Nationalspieler logieren vor dem »Schicksalsspiel« gegen Portugal im Parkhotel Bilderberg, und es ist nicht auszuschließen, dass zwischen Nacht und Morgen bei dem ein oder anderen die Bilder eines bewegten Fußballer-Lebens **über die Bettdecke huschen**. Denn dies, so steht zu befürchten, ist für manche der Tag des Abschieds – er bringt das Ende großer Karrieren. Und darum ist dies so oder so ein denkwürdiger Tag, gleich, was der Abend im Rotterdamer Stadion »De Kuip« auch bringen mag. Lothar Matthäus ist mit seinen dann 150 Länderspielen der internationalen Konkurrenz als Weltrekordler Lichtjahre enteilt. Ulf Kirsten wird **die Hundert voll machen** – rechnet man seine Länderspiele für die DDR hinzu. Nach und nach tropfen Neuigkeiten aus dem deutschen Lager in die Öffentlichkeit. Sie nähren nicht den bescheidenen Optimismus, denn Jens Jeremies, Markus Babbel und Christian Ziege haben sich mit diversen Blessuren abgemeldet. Schon macht unter den deutschen Journalisten das böse Gerücht vom Boykott die Runde. Es folgt der **Abend der Offenbarung**, eine der schrecklichsten Nächte in der Geschichte des deutschen Fußballs. »Ich schäme mich«, haucht der fahlgesichtige Mehmet Scholl in der überhitzten Mixed-Zone den Journalisten in Mikrofone und Stenoblocks. Das 0:3 gegen die munteren und fantasievollen Fußballer

Zum Ende sind sie alle gekommen, auch wenn sie es kaum geahnt haben. Manager und Ministerpräsidenten, amtierende Minister und Kaiser ehrenhalber. Allen voran aber ein Wimbledon-Sieger, der Mut machen sollte – als Busbegleiter und Kabinenhelfer des Teams. Strohhalme für den Übungsleiter, um das rettende Ufer zu erreichen. Da traten wirklich elf Männer an, sie trugen das richtige Trikot am rechten Fleck, aber das Fleisch war schwach. Und es schwächte auch den Finger des Fans. Als alles vorbei war, suchte jeder den Nagel fürs Trikot, besonders der Zehner. Und zum Abschied ein leises Servus.

aus Portugal ist der Schock schlechthin. Das **Ende aller Träume** bei dieser EM, der Auftakt einer Medienschelte, so heftig wie noch nie nach einem großen Turnier.

21. Juni 2000

Die Kritiker wetzen die Messer, doch die Spieler feiern den **Start in den Sommerurlaub**, als wäre nichts geschehen. Schon im Morgenmagazin des deutschen Fernsehens wird die Kunde verbreitet, die Verlierer von Rotterdam hätten der Schmach eine lustige Nacht folgen lassen. Auf der Terrasse des Hotels in Vaalsbroek soll es munter zugegangen sein – und einige seien nicht müde geworden, den »Anton aus Tirol« zu besingen und die »Hände zum Himmel« zu heben. »Ihr seid die Deppen der Nation«, stand es **in den dicksten Lettern** auf den Titelseiten der Boulevardzeitungen. Doch die »Deppen« scherten sich nicht darum und machten erst mal die Nacht zum Tag. Nicht alle waren dabei. Lothar Matthäus nicht, der sehr zeitig am Morgen ein letztes Mal die Sicherheitsbeamten in Vaals grüßt und schon um neun Uhr in der Früh' nach München jettet. Drei Stunden später füllt sich das Zelt neben dem Hotel bis auf den letzten Platz – das ZDF überträgt die Abschlusspressekonferenz des DFB live. Erich Ribbeck verkündet seinen Rücktritt, die **Agenturen wussten es schon** eine Stunde vorher. Er übernimmt die Verantwortung und zeigt damit mehr Mut als so mancher Minister nach Fehlentwicklungen in seinem Ressort. »Ich habe einige Spieler erst in Vaals mit ihren Stärken und Schwächen im außerfußballerischen Bereich kennen gelernt. Doch da war es zu spät – es gab kein Zurück mehr«, sagt Ribbeck. Er ist eine Prise grauer im Gesicht als sonst, doch er bewahrt Haltung und bleibt seiner Linie treu. Dies ist keine Abrechnung, es fällt kein Name und kein böses Wort. Dies ist nur **das Ende einer Mission**. Oliver Bierhoff zeigt Mitgefühl: »Er allein ist nicht der Vater des Misserfolgs.« Gerhard Mayer-Vorfelder bedankt sich etwas kantig und spricht von »großer menschlicher Offenheit«. Draußen, vor dem Zelt, herrscht hektische Betriebsamkeit. Techniker ziehen Strippen und **demontieren Antennen**. Vaals ist von einer zur anderen Minute nicht mehr der Nabel des deutschen Fußballs – nur mehr ein Flecken auf der Landkarte …

Ende einer Dienstfahrt. – Doch das Spiel geht weiter. Und es dauert weiterhin meist neunzig Minuten. Und der Ball bleibt rund. Und Sepp Herberger behält Recht: »Warum gehe die Leut zum Fußball? Weil se net wisse, wie's ausgeht.«

GERMANY
ootball without frontiers™
UEFA
EURO
2000
Belgium · The Netherlands

GRUPPE B

ERGEBNISSE

10.6. in Brüssel:	Belgien – Schweden	2:1
11.6. in Arnheim:	Türkei – Italien	1:2
14.6. in Brüssel:	Italien – Belgien	2:0
15.6. in Eindhoven:	Schweden – Türkei	0:0
19.6. in Brüssel:	Türkei – Belgien	2:0
19.6. in Eindhoven:	Italien – Schweden	2:1

ABSCHLUSSTABELLE

	Sp.	G	U	V	Tore	Pkte
1. Italien	3	3	0	0	6:2	9
2. Türkei	3	1	1	1	3:2	4
3. Belgien	3	1	0	2	2:5	3
4. Schweden	3	0	1	2	2:4	1

CARD

Griff ins Leere – Ein Gastgeber bleibt auf der Strecke

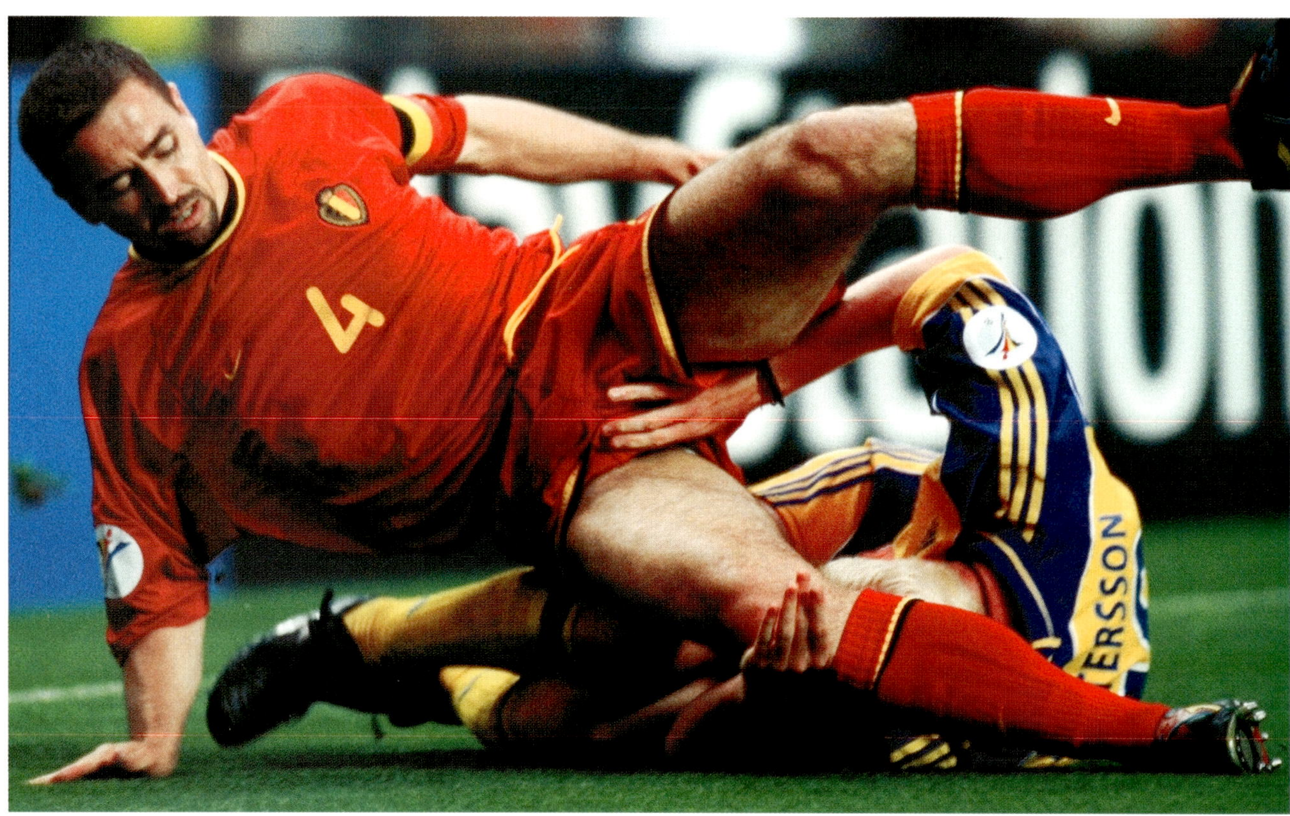

Die Welt des Fußballs weiß von den Italienern zweierlei: Dass sie großartige Spieler, aber auch Taktiker von hohen Graden sind, Minimalisten per excellence. Das zeigt sich auch in einigen Vorrundenspielen der Europameisterschaft, wo Trainer Dino (»Nazionale«) Zoff eine kompakte Einheit präsentiert, die ihren Gegnern wenig erlaubt. Ausgerechnet das Duell mit den hoch motivierten Türken, die den Deutschen in der Qualifikation fast den Garaus gemacht hätten, wird zum Schlüsselspiel der Italiener in der Gruppe B. Erst ein heftig diskutierter und wohl auch unberechtigter Elfmeter macht aus den zunächst zaghaften und zögerlichen Italienern strahlende Sieger. Während die Türken ob des umstrittenen Strafstoßes von »Betrug« sprechen, ignorieren die Italiener den Beigeschmack im Freudenbecher.

Gegen Belgien spielen sie im Brüsseler Stadion, wo sie im Andenken an die Heysel-Katastrophe einen Kranz niederlegen, dann so leicht und locker auf, wie man das schon gegen die Türken erwartet hat. Und schließlich haben die Italiener dann im Schlussspiel eine Menge Glück, als sie die Schweden mit 2:1 in Schach halten und somit die weiße Weste ins Viertelfinale tragen. Für Dino Zoff, dem auf dem Stiefel Europas eine ähnliche Verehrung zuteil wird, wie sie in Deutschland Franz Beckenbauer genießt, ist dieser Zwischenerfolg nicht selbstverständlich, denn in den eher mäßigen Vorbereitungsspielen hatte man ihm »Konzeptlosigkeit« vorgehalten. Die Türken erholen sich ganz allmählich von ihrem Fehlstart. Dem unseligen 1:2 gegen Italien folgt ein 0:0 gegen Schweden, das weder die Skandinavier noch die Fans am Bosporus glücklich macht. Doch die wichtigsten Minuten sollten erst kommen, und da behalten die Türken die Nerven und eliminieren ausgerechnet EM-Mitgastgeber Belgien. Mustafa Denizli, der Coach der Türken, revanchiert sich auf eindrucksvolle Weise bei seinen Kritikern. Vor allem überzeugt seine Mannschaft beim 2:0-Sieg gegen die Belgier in Brüssel durch Fantasie und Kampfgeist. Allerdings profitiert der Sieger auch von einem haarsträubenden Fehler des Anderlechter Torwart-Oldies Filip de Wilde. Vor dem 1:0 schraubt sich Hakan Sükür bei einem Luftduell im belgischen Strafraum mit dem Kopf höher als de Wilde mit den Fäusten langt. Kurz vor Schluss attackiert er dann fast an der Seitenlinie Arif derart ungeschickt, dass der österreichische Schiedsrichter Benkö keine andere Wahl hat, als dem belgischen Keeper die Rote Karte zu zeigen.

Packende Szene unter Ausgeschiedenen. Die Roten Teufel kommen nicht weiter, trotz ihres Spiels voller Leidenschaft und Herz. Mit einem trostlosen Punkt verkrümelt sich das fröstelnd kühle Drei-Kronen-Team in den Norden zurück.

Die belgische Mannschaft gehört zweifellos zu den großen Verlierern der Vorrunde, denn viele Experten hatten das Team des 60-jährigen Trainers Robert Waseige, der aus dem Ruhestand aktiviert wurde, spätestens nach den glänzenden Resultaten in den Vorbereitungsspielen gegen den alten Rivalen und Nachbarn Holland auf ihrer Rechnung. Doch der erste Wallone auf dem Trainerchefsessel des belgischen Fußballs wird es schon früh bei diesem Turnier gespürt haben, dass seine Motivationskraft Kratzer bekommen hat.

Noch mehr aber enttäuschen letztlich die Schweden, die – ebenso wie die Deutschen – nur einen winzigen Punkt bei dieser Europameisterschaft gewinnen. Und zu Hause, in Stockholm und Göteborg, wetzen die Medien bereits die Messer. Sie hatten dem schwedischen Nationalcoach Tommy Söderberg, der als verschlossener Taktiker gilt, eine unattraktive Spielweise mit seiner Mannschaft attestiert. Dieses Vorurteil widerlegen die Skandinavier ausgerechnet im letzten Gruppenspiel in Eindhoven gegen die allerdings stark veränderten Italiener, die bei Anpfiff bereits für das Viertelfinale qualifiziert sind. Doch der junge Schwede Fredrik Ljungberg vergibt die allerbesten Chancen.

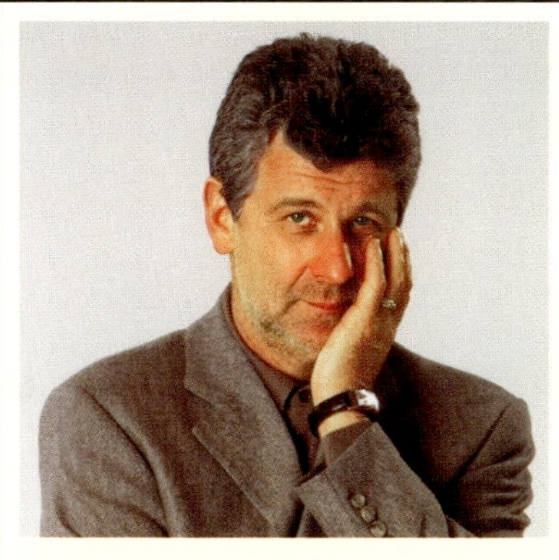

Italien? Ausgenüchtert!

Der einsame Punkt für Schweden war keiner zu wenig. Sie sind damit für ihren defensiven Fußball bestraft worden, der auch noch fröstelnd kühl wirkte. Kalt wie ein Fisch, könnte man sagen; deshalb begegne ich ihnen nicht anders. Bei den Belgiern habe ich dagegen Herz und Leidenschaft gesehen. Außerdem haben sie sich im Eröffnungsspiel nicht um die Geschichte geschert, wollten kein dröges Unentschieden, sondern sind zum Siegen auf den Platz gegangen. Nur war das belgische Spiel letztlich zu übersichtlich und beschränkt. Die Türken halte ich für eine Bereicherung, auch weil das Drumherum so überdreht ist. Wo gibt es denn so was, dass während eines Turniers die Spieler im Hotel ihre Vertragsverhandlungen führen? Außerdem schwanken die Reaktionen daheim zwischen vulkanischen Jubeleruptionen und nationaler Depression. Kassieren sie ein Gegentor, ist der Trainer schon fast entlassen, bevor der Torhüter den Ball aus dem Netz geholt hat. Gewinnt die Mannschaft am Ende noch, kann er gleich sein Denkmal in Auftrag geben. Das hat etwas unheimlich Kindliches, was wir uns im Grunde doch wünschen. Aber die Türken werden mittelfristig lernen müssen, Erfolg und Misserfolg in vernünftigen Relationen zu sehen, sonst können sie auf hohem Niveau nicht bestehen. Und das wäre schade, denn vom fußballerischen Vermögen her, das konnte man sehen, haben sie kein Problem mitzuhalten. Fast ein Gegenmodell zu ihnen sind die Italiener, mit einer der sachlichsten Mannschaften, die sie je in ein Turnier geschickt haben. Dino Zoff hat ihr Spiel ausgenüchtert, was vor allem Del Piero merkt, der die Nummer Zehn trägt. Die ist in Italien so sakrosant wie sonst nur in Brasilien, oder war es zumindest. Jetzt ist Italien ein Team ohne Zehn, dafür mit fleißigen Fiores und Contes – was allerdings ein Weg zu neuen Erfolgen sein könnte.

Team Belgien

Mit Paul van Himst kamen sie einmal aufs Podest

Der belgische Fußball ist schon längst in die Geschichtsbücher eingegangen. Immerhin gehörte der Verband zu den wenigen in Europa, die 1930 bereit waren, die dreiwöchige Schiffsreise zur ersten Weltmeisterschaft In Uruguay auf sich zu nehmen. Zum anderen stellte Belgien den Topschiedsrichter der dreißiger Jahre. John Langenus pfiff in Knickerbockern, Hemd und Krawatte das erste WM-Finale, das Uruguay mit 4:2 gegen Argentinien gewann. Bis Paul van Himst, Dockx, Polleunis, Lambert und Piot das erste Mal bei einer EM-Endrunde auf dem Treppchen stehen konnten, mussten 42 Jahre vergehen. Nach der Halbfinalniederlage in Antwerpen gegen das deutsche Team (1:2) klappte es in Lüttich im »kleinen Finale« gegen Ungarn weit besser. Lambert und Paul van Himst trafen zum vielumjubelten 2:1. Der Techniker Paul van Himst gab schon als knapp 17-Jähriger sein Debüt im Trikot der »Roten Teufel« ... Bei der EM 1984 in Frankreich ging der Stern des erst 18-jährigen Enzo Scifo auf. Der Sohn sizilianischer Einwanderer gab nur sechs Tage nach seiner Einbürgerung sein Debüt für Belgien und verzückte damals die Fans. 1998 stand er noch im WM-kader.

In diesen Tagen erreicht ein weiterer junger Wilder mit flinken und torgefährlichen Aktionen die Herzen der Fans. Der hoch veranlagte Torjäger von Schalke 04, Emile Mpenza, Sohn zairischer Einwanderer, stürmte schon mit 17 erstmals für Belgien. Drei Generationen, drei verschiedene Typen, drei Klasse-Fußballer. Aber alle erreichten nicht bzw. noch nicht, was die Pfaff, Gerets, Meeuws, van Moer, Ceulemans, Vandereycken und Van der Elst schafften, die sich 1980 nur der juvenilen deutschen Mannschaft von Jupp Derwall mit 1:2 im Finale um die Europameisterschaft in Rom beugen mussten.

Philippe Clement

Rückennummer: 5
Geb.: 22. März 1974
Position: Mittelfeld
Verein: FC Brügge
Länderspiele: 11
Länderspieltore: 0

Gilles de Bilde

Rückennummer: 20
Geb.: 9. Juni 1971
Position: Angriff
Verein: Sheffield Wednesday
Länderspiele: 24
Länderspieltore: 1

Eric Deflandre

Rückennummer: 2
Geb.: 2. August 197
Position: Abwehr
Verein: FC Brügge
Länderspiele: 24
Länderspieltore: 0

Luc Nilis

Rückennummer: 16
Geb.: 25. Mai 1967
Position: Angriff
Verein: PSV Eindhoven
Länderspiele: 55
Länderspieltore: 10

Jacky Peeters

Rückennummer: 15
Geb.: 13. Dez. 1969
Position: Abwehr
Verein: Arminia Bielefeld
Länderspiele: 5
Länderspieltore: 0

Lorenzo Staelen

Rückennummer: 4
Geb.: 30. April 1964
Position: Abwehr
Verein: RSC Anderl
Länderspiele: 70
Länderspieltore: 8

Teamtrikot

Ausweichtrikot

Trainer Robert Waseige

Geb.: 26. August 1939
Länderspiele: keine
Klubtrainer bei: FC Winterslag, FC Lüttich, Standard Lüttich, Sporting Lissabon
Teamchef seit: 1. September 1999
Größte Erfolge: 1990 belgischer Pokalsieger mit dem FC Lüttich

ieert de Vlieger

kennummer: 12
.: 16. Oktober 1971
ition: Tor
ein: Willem II Tilburg
derspiele: 7
derspieltore: 0

Filip de Wilde

Rückennummer: 1
Geb.: 5. Juli 1964
Position: Tor
Verein: RSC Anderlecht
Länderspiele: 33
Länderspieltore: 0

Bart Goor

Rückennummer: 8
Geb.: 9. April 1973
Position: Mittelfeld
Verein: RSC Anderlecht
Länderspiele: 19
Länderspieltore: 3

Marc Hendrikx

Rückennummer: 22
Geb.: 2. Juli 1974
Position: Mittelfeld
Verein: RC Genk
Länderspiele: 9
Länderspieltore: 0

Frederic Herpoel

Rückennummer: 13
Geb.: 16. August 1974
Position: Tor
Verein: AA Gent
Länderspiele: 1
Länderspieltore: 0

Philippe Leonard

Rückennummer: 17
Geb.: 14. Dez. 1974
Position: Abwehr
Verein: AS Monaco
Länderspiele: 18
Länderspieltore: 0

Emile Mpenza

Rückennummer: 9
Geb.: 4. Juli 1978
Position: Angriff
Verein: FC Schalke 04
Länderspiele: 27
Länderspieltore: 8

Mbo Mpenza

Rückennummer: 21
Geb.: 4. Dez. 1976
Position: Mittelfeld
Verein: Sporting Lissabon
Länderspiele: 19
Länderspieltore: 0

Branko Strupar

kennummer: 10
.: 9. Februar 1970
ition: Angriff
ein: Derby County
derspiele: 11
derspieltore: 6

Joos Valgaeren

Rückennummer: 3
Geb.: 3. März 1976
Position: Abwehr
Verein: Roda JC Kerkrade
Länderspiele: 6
Länderspieltore: 0

Yves Vanderhaeghe

Rückennummer: 6
Geb.: 30. Januar 1970
Position: Mittelfeld
Verein: Excelsior Mouscron
Länderspiele: 15
Länderspieltore: 0

Nico van Kerckhoven

Rückennummer: 18
Geb.: 14. Dez. 1970
Position: Abwehr
Verein: FC Schalke 04
Länderspiele: 26
Länderspieltore: 2

Eric van Meir

Rückennummer: 19
Geb.: 28. Februar 1968
Position: Abwehr
Verein: Lierse SK
Länderspiele: 17
Länderspieltore: 1

Gert Verheyen

Rückennummer: 11
Geb.: 20. Sept. 1970
Position: Mittelfeld
Verein: FC Brügge
Länderspiele: 31
Länderspieltore: 4

Johan Walem

Rückennummer: 14
Geb.: 1. Februar 1972
Position: Mittelfeld
Verein: AC Parma
Länderspiele: 20
Länderspieltore: 1

Marc Wilmots

Rückennummer: 7
Geb.: 22. Februar 1969
Position: Mittelfeld
Verein: FC Schalke 04
Länderspiele: 49
Länderspieltore: 17

Union Royale Belge des Sociétés de Football Association

Anschrift:	Avenua Houba de Strooper 145, B-1020 Bruxelles
Telefon:	++32-2-47 71 21 1
Telefax:	++32-2-47 82 39 1
Internet:	www.footbel.com
Präsident:	Dr. Michel D`Hooghe
Registrierte Spieler:	423 900
Registrierte Vereine:	1947
FIFA-Mitglied seit:	1904
UEFA-Mitglied seit:	1954
Größte EM-Erfolge:	Zweiter 1980, Dritter 1972
Größte WM-Erfolge:	Vierter 1986

Team Schweden

Kein neuer Erfolgscode in Sicht

Denkt man an Schweden, dann denkt man auch an das berühmte Kürzel GRE-NO-LIE. GRE stand für den tollen Spielgestalter Gunnar Gren, NO für den bulligen Mittelstürmer Gunnar Nordahl und LIE für den gewieften Taktiker Nils Liedholm. Dieses Trio schoss die »Tre Kronors« 1948 zum olympischen Gold und wurde kurz darauf komplett vom AC Mailand gekauft. Zwei davon, der 38-jährige Gren und der zwei Jahre jüngere Liedholm, spielten 1958 noch In jenem Team, das im WM-Finale den Brasilianern mit 2:5 unterlag. Solch ein geballtes Stürmerpotenzial (dazu Hamrin, Simonsson, Skoglund) brachte Schweden seither kaum mehr hervor. Okay, da wurde ein Ove Kindvall mit Feyenoord Rotterdam 1970 europäischer Meistercupgewinner, da gefiel bei der WM 74 das Duo Edström-Sandberg. Aber bei europäischen Titelkämpfen? Ja, man will's kaum glauben, aber da hatten sich die Nordländer nie für eine Finalrunde qualifiziert. Außer als Gastgeber 1992. Da stellte das schwedische Team schon ein hoch begabtes Angriffsduo. Da war zum einen Tomas Brolin, der spielende Angreifer mit dem Babyface, zum anderen der dunkelhäutige Martin Dahlin, der später in der Bundesliga die Defensivabteilungen verunsicherte. Wären die Schweden nicht im Halbfinale am deutschen Team mit 2:3 gescheitert, hätte Tomas Brolin sich wahrscheinlich die Torjägerkrone nicht mit »Kalle« Riedle, Dennis Bergkamp und Henrik Larsen (je 3) teilen müssen. Inzwischen kommen aus der Abteilung Attacke bei den Schweden SOS-Signale. »Dagens Nyheter« jubelte: »Comeback von Henrik Larsson geglückt!« Der 28-jährige Torjäger von Celtic Glasgow, der sich im UEFA-Cupspiel gegen Lyon einen doppelten Beinbruch zugezogen hatte, ist auf wundersame Weise schnell genesen. Co-Trainer Lars Lagerbäck: »Er bringt Farbe rein.« In der Tat: Mit seinem dunklen Teint und den Rastazöpfen fällt er in der Gemeinschaft der blonden Recken auf. Aber: K. Andersson – Ljungberg – H. Larsson stellen leider noch keinen Erfolgscode dar wie einst GRE-NO-LIE.

Niklas Alexandersson

Rückennummer: 11
Geb.: 29. Dez. 1971
Position: Mittelfeld
Verein: Sheffield Wednesday
Länderspiele: 45
Länderspieltore: 5

Marcus Allbäck

Rückennummer: 21
Geb.: 5. Juli 1973
Position: Angriff
Verein: Örgryte IS Göteborg
Länderspiele: 4
Länderspieltore: 1

Anders Anderss

Rückennummer: 1
Geb.: 15. März 197
Position: Mittelfel
Verein: Aalborg BK
Länderspiele: 15
Länderspieltore: 2

Henrik Larsson

Rückennummer: 20
Geb.: 20. Sept. 1971
Position: Angriff
Verein: Celtic Glasgow
Länderspiele: 50
Länderspieltore: 11

Fredrik Ljungberg

Rückennummer: 9
Geb.: 16. April 1977
Position: Mittelfeld
Verein: Arsenal London
Länderspiele: 17
Länderspieltore: 2

Teddy Lucic

Rückennummer: 5
Geb.: 15. April 1973
Position: Abwehr
Verein: AIK Stockh
Länderspiele: 31
Länderspieltore: 0

Svenska Fotbollförbundet

Anschrift:	Box 1216, S-17123 Solna
Telefon:	++46-8-73 50 90 0
Telefax:	++46-8-27 51 47
Internet:	www.svenskfotboll.se
Präsident:	Lars-Ake Lagrell
Registrierte Spieler:	199 408
Registrierte Vereine:	1947
FIFA-Mitglied seit:	1904
UEFA-Mitglied seit:	1954
Größte EM-Erfolge:	Halbfinale 1992
Größte WM-Erfolge:	Vize-Weltmeister 1958

Trainer Tommy Söderberg

Geb.: 19. August 1948
Länderspiele: keine
Klubtrainer bei: Djurgarden Stockholm, AIK Solna
Teamchef seit: 13. Oktober 1997
Größte Erfolge: 1992 schwedischer Meister mit AIK Solna

Daniel Andersson

…ckennummer: 15
…b.: 28. August 1977
…sition: Mittelfeld
…rein: AS Bari
…nderspiele: 22
…nderspieltore: 0

Kenneth Andersson

Rückennummer: 19
Geb.: 6. Oktober 1967
Position: Angriff
Verein: FC Bologna
Länderspiele: 79
Länderspieltore: 31

Patrik Andersson

Rückennummer: 3
Geb.: 18. August 1971
Position: Abwehr
Verein: FC Bayern München
Länderspiele: 79
Länderspieltore: 2

Matthias Asper

Rückennummer: 22
Geb.: 20. März 1974
Position: Tor
Verein: AIK Stockholm
Länderspiele: 2
Länderspieltore: 0

Joachim Björklund

Rückennummer: 4
Geb.: 15. März 1971
Position: Abwehr
Verein: FC Valencia
Länderspiele: 75
Länderspieltore: 0

Tomas Gustafsson

Rückennummer: 8
Geb.: 7. Mai 1973
Position: Abwehr
Verein: Coventry City
Länderspiele: 5
Länderspieltore: 0

Magnus Hedman

Rückennummer: 1
Geb.: 19. März 1973
Position: Tor
Verein: Coventry City
Länderspiele: 26
Länderspieltore: 0

Magnus Kihlstedt

Rückennummer: 12
Geb.: 29. Februar 1972
Position: Tor
Verein: Brann Bergen
Länderspiele: 6
Länderspieltore: 0

Olaf Mellberg

…ckennummer: 14
…b.: 3. Sept. 1977
…sition: Abwehr
…rein: Racing …ntander
…nderspiele: 7
…nderspieltore: 0

Hakan Mild

Rückennummer: 7
Geb.: 14. Juni 1971
Position: Mittelfeld
Verein: IFK Göteborg
Länderspiele: 61
Länderspieltore: 6

Johan Mjällby

Rückennummer: 17
Geb.: 9. Februar 1971
Position: Mittelfeld
Verein: Celtic Glasgow
Länderspiele: 22
Länderspieltore: 3

Roland Nilsson

Rückennummer: 2
Geb.: 27. Nov. 1963
Position: Abwehr
Verein: Helsingborgs IF
Länderspiele: 112
Länderspieltore: 2

Yksel Osmanovski

Rückennummer: 18
Geb.: 24. Februar 1977
Position: Angriff
Verein: AS Bari
Länderspiele: 8
Länderspieltore: 2

Jörgen Pettersson

Rückennummer: 10
Geb.: 29. Sept. 1975
Position: Angriff
Verein: 1. FC Kaiserslautern
Länderspiele: 26
Länderspieltore: 7

Gary Sundgren

Rückennummer: 6
Geb.: 25. Oktober 1967
Position: Abwehr
Verein: Real Saragossa
Länderspiele: 30
Länderspieltore: 1

Magnus Svensson

Rückennummer: 13
Geb.: 10. März 1969
Position: Mittelfeld
Verein: Bröndby IF
Länderspiele: 14
Länderspieltore: 0

Teamtrikot

Ausweichtrikot

Team Türkei

Der Halbmond über Europa

Ob Jupp Derwall oder Toni Schumacher, ob Christoph Daum oder Falko Götz, ob Karl-Heinz Feldkamp oder Torsten Gütschow – sie alle suchten das Fußball-Abenteuer am Bosporus und feierten mit den Vereinen Galatasaray, Besiktas oder Fenerbahce in der glanzvollen wie politisierten Fußballatmosphäre Istanbuls in den achtziger und neunziger Jahren Meistertitel und Pokale. Als Botschafter des deutschen Fußballs war der frühere Bundestrainer Jupp Derwall (73) zwischen 1984 und 1988 in den südöstlichsten Zipfel des Kontinents gekommen: »Mit Galatasaray bin ich damals zweimal Meister und Pokalsieger geworden. Der heutige Trainer Fatih Terim war mein Libero. Später habe ich ihn zum Trainer ausgebildet. Er ist der Vater des tollen Erfolges von Galatasaray im UEFA-Cup 2000. Ich habe ihn natürlich angerufen und ihm gratuliert.« Der erste Europacuperfolg eines türkischen Vereins löste im 65-Millionen-Volk mehr als fußballerische Genugtuung aus. Die Türken empfanden den Sieg gegen Arsenal London als beste Sympathiewerbung im Kampf um Anerkennung im europäischen Kulturraum mit dem Blick auf die Europäische Union. Endlich vom geographischen Rand in den kontinentalen Mittelpunkt – dies hat Erfolgscoach Fatih Terim als erster Türke mit seinem künftigen Engagement bei der Fiorentina in Italiens Serie A ebenso erreicht wie Superstar und Toptorjäger Hakan Sükür, der nach der misslungenen Europameisterschaftspremiere 1996 ohne ein Tor Europa abermals erobern will. Dies gelang auch, weil Jupp Derwall und andere den hochbegabten Türken die kindliche Verspieltheit austrieben und Kultfiguren wie Hakan Sükür in der Praxis immer mehr vom Hohelied Atatürks abwichen: »Der Türke hat nur den Türken zum Freund.«

Abdullah Ercan

Rückennummer: 19
Geb.: 8. Dez. 1971
Position: Mittelfeld
Verein: Fenerbahce Istanbul
Länderspiele: 54
Länderspieltore: 0

Alpay Özalan

Rückennummer: 5
Geb.: 29. Mai 1973
Position: Abwehr
Verein: Fenerbahce Istanbul
Länderspiele: 49
Länderspieltore: 1

Arif Erdem

Rückennummer: 6
Geb.: 2. Januar 1972
Position: Angriff
Verein: Galatasaray Istanbul
Länderspiele: 38
Länderspieltore: 6

Okan Buruk

Rückennummer: 7
Geb.: 19. Oktober 1973
Position: Mittelfeld
Verein: Galatasaray Istanbul
Länderspiele: 14
Länderspieltore: 1

Oktay Derelioglu

Rückennummer: 17
Geb.: 17. Dez. 1975
Position: Angriff
Verein: Gaziantepspor
Länderspiele: 14
Länderspieltore: 8

Omer Catkic

Rückennummer: 12
Geb.: 15. Oktober 19
Position: Tor
Verein: Gaziantepsp
Länderspiele: 0
Länderspieltore: 0

Teamtrikot

Ausweichtrikot

Türkiye Futbol Federasyonu

Anschrift:	Konaklar Mah. Ihlamurlu Sok. 9, 80620 Istanbul
Telefon:	++90-2-12 28 27 01 0
Telefax:	++90-2-12 28 27 01 5
Internet:	www.tff.org
Präsident:	Haluk Ulusoy
Registrierte Spieler:	537 220
Registrierte Vereine:	5053
FIFA-Mitglied seit:	1923
UEFA-Mitglied seit:	1962
Größte EM-Erfolge:	keine
Größte WM-Erfolge:	keine

Trainer Mustafa Denizli

Geb.: 10. November 1949
Länderspiele: 17 (3 Tore)
Klubtrainer bei: Alemannia Aachen, Kocaelispor
Teamchef seit: 10. Oktober 1996
Größte Erfolge: Als Spieler Pokalsieger mit Altay Izmir und türkischer Torschützenkönig, als Trainer an der Seite von Jupp Derwall zweimal türkischer Meister mit Galatasaray Istanbul

Ayhan Akman

ickennummer: 18
eb.: 23. Februar 1977
osition: Angriff
rein: Besiktas
tanbul
inderspiele: 6
inderspieltore: 0

Ergün Penbe

Rückennummer: 16
Geb.: 17. Mai 1972
Position: Mittelfeld
Verein: Galatasaray Istanbul
Länderspiele: 6
Länderspieltore: 0

Fatih Akyel

Rückennummer: 4
Geb.: 26. Dez. 1977
Position: Abwehr
Verein: Galatasaray Istanbul
Länderspiele: 18
Länderspieltore: 0

Fevzi Tuncay

Rückennummer: 21
Geb.: 14. Sept. 1977
Position: Tor
Verein: Besiktas Istanbul
Länderspiele: 1
Länderspieltore: 0

Hakan Sükür

Rückennummer: 9
Geb.: 1. Sept. 1971
Position: Angriff
Verein: Galatasaray Istanbul
Länderspiele: 56
Länderspieltore: 28

Hakan Ünsal

Rückennummer: 20
Geb.: 14. Mai 1973
Position: Abwehr
Verein: Galatasaray Istanbul
Länderspiele: 15
Länderspieltore: 0

Mustafa Izzet

Rückennummer: 15
Geb.: 31. Oktober 1974
Position: Mittelfeld
Verein: Leicester City
Länderspiele: 1
Länderspieltore: 0

Ogün Temizkanoglu

Rückennummer: 3
Geb.: 6. Oktober 1969
Position: Abwehr
Verein: Fenerbahce Istanbul
Länderspiele: 64
Länderspieltore: 5

Osman Ozkoylu

ickennummer: 13
eb.: 26. August 1971
osition: Abwehr
rein: Trabzonspor
inderspiele: 12
inderspieltore: 0

Rüstü Recber

Rückennummer: 1
Geb.: 10. Mai 1973
Position: Tor
Verein: Fenerbahce Istanbul
Länderspiele: 46
Länderspieltore: 0

Sergen Yalcin

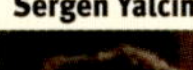

Rückennummer: 10
Geb.: 5. Oktober 1972
Position: Mittelfeld
Verein: Galatasaray Istanbul
Länderspiele: 33
Länderspieltore: 5

Suat Kaya

Rückennummer: 14
Geb.: 26. August 1967
Position: Mittelfeld
Verein: Galatasaray Istanbul
Länderspiele: 10
Länderspieltore: 1

Tayfun Korkut

Rückennummer: 11
Geb.: 2. April 1974
Position: Mittelfeld
Verein: Fenerbahce Istanbul
Länderspiele: 27
Länderspieltore: 0

Tayfun Havutcu

Rückennummer: 2
Geb.: 23. April 1970
Position: Mittelfeld
Verein: Besiktas Istanbul
Länderspiele: 25
Länderspieltore: 5

Tugay Kerimoglu

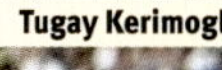

Rückennummer: 8
Geb.: 24. August 1970
Position: Mittelfeld
Verein: Glasgow Rangers
Länderspiele: 59
Länderspieltore: 2

Ümit Davala

Rückennummer: 22
Geb.: 30. Juli 1973
Position: Angriff
Verein: Galatasaray Istanbul
Länderspiele: 9
Länderspieltore: 0

Team Italien

Zieht »Il monumento« Zoff den Stiefel aus dem Sumpf?

Seit den Zeiten des seligen Enzo Bearzot haben die Italiener nichts mehr gewonnen. Beim WM-Triumph 1982 stemmte noch Dino Zoff als Kapitän und Torwart die Trophäe. Noch mehr verblasst ist der Ruhm bei den europäischen Titelkämpfen. Ein einziges Mal holte sich da die Squadra Azzurra den Pott. 1968 im eigenen Land. Auch damals schon war Dino Zoff im Siegerteam, ein Mythos, »Dino Nazionale« eben. 1984 und 1992 schafften die Italiener nicht einmal die Qualifikation. Vor vier Jahren in England schieden sie in der Vorrunde aus, weil der damalige Nationaltrainer Arrigo Sacchi arrogant sein atemberaubendes System von Raumdeckung und Pressing über die Spieler stellte. Gegen die Tschechen wechselte der Mann, der einst bei Milan den Mut hatte, alte Denkmuster zu verlassen, auf sieben Positionen – und nahm damit Anlauf zum Eigentor. Daraufhin wurde der kahlköpfige Sacchi von Italiens gewaltiger Sportpresse auf kleiner Flamme förmlich geröstet. Nun soll die lebende Legende Dino Zoff den italienischen Stiefel aus dem Sumpf ziehen. Der Rekordinternationale (112 Länderspiele) und spätere Erfolgscoach von Juventus Turin (italienischer Pokal- und UEFA-Cupgewinner) will das demolierte Image des italienischen Fußballs mit viel Realismus aufpolieren. So wie er einst seine Rekordserie erreichte: 1143 Länderspielminuten ohne Gegentor! Zoff ist kein Träumer und vermeidet es, Illusionen zu verkaufen. Im Gegenteil: »Kommen wir ins Halbfinale, dann haben wir schon Großes erreicht.« Einer wie er, den eine Aura des Unantastbaren umgibt, kann dies einer Nation, die Heldenverehrung liebt, ohne weiteres unterjubeln. Kein anderer. Dino Zoff, der nach Cesare Maldinis Ausflug in die Steinzeit des Catenaccios nach der WM 1998 Nationaltrainer wurde, schwört dem Konterstil nicht ab, aber er sucht den »Stil der Squadra von 1982« (»Gazzetta dello Sport«). Nur: Kann er ohne einen klassischen Ideengeber (wie einst Rivera, Antognioni, R. Baggio) diese Vision umsetzen? Um wieder dauerhaften Erfolg zu haben …

Christian Abbiati

Rückennummer: 1
Geb.: 8. Juli 1977
Position: Tor
Verein: AC Mailand
Länderspiele: 0
Länderspieltore: 0

Demetrio Albertini

Rückennummer: 4
Geb.: 23. August 1971
Position: Mittelfeld
Verein: AC Mailand
Länderspiele: 72
Länderspieltore: 2

Massimo Ambrosi

Rückennummer: 16
Geb.: 29. Mai 1977
Position: Mittelfeld
Verein: AC Mailand
Länderspiele: 8
Länderspieltore: 0

Stefano Fiore

Rückennummer: 18
Geb.: 17. April 1975
Position: Mittelfeld
Verein: Udinese Calcio
Länderspiele: 10
Länderspieltore: 1

Filippo Inzaghi

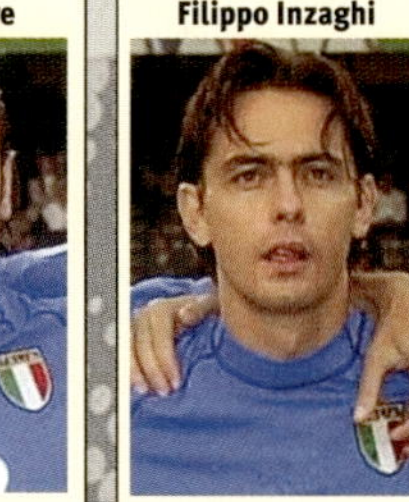

Rückennummer: 9
Geb.: 9. August 1973
Position: Angriff
Verein: Juventus Turin
Länderspiele: 24
Länderspieltore: 8

Marc Iuliano

Rückennummer: 15
Geb.: 12. August 197
Position: Abwehr
Verein: Juventus Turi
Länderspiele: 11
Länderspieltore: 1

Federazione Italiana Giuoco Calcio

Anschrift:	Via Gregorio Allegri 14, C.P. 2450, I-00198 Rom
Telefon:	++39-0-68 49 11
Telefax:	++39-0-68 49 12 52 6
Internet:	www.figc.it
Präsident:	Luciano Nizzola
Registrierte Spieler:	1 011 046
Registrierte Vereine:	10 973
FIFA-Mitglied seit:	1905
UEFA-Mitglied seit:	1954
Größte EM-Erfolge:	Europameister 1968
Größte WM-Erfolge:	Weltmeister 1934, 1938 und 1982

Trainer Dino Zoff

Geb.: 28. Februar 1942
Länderspiele: 112
Klubtrainer bei: Juventus Turin, Lazio Rom
Teamchef seit: 22. Juli 1998
Größte Erfolge: Weltmeister 1982, 1977 Gewinn des UEFA-Pokals, sechsmal italienischer Meister, zweimal Pokalsieger. Als Trainer mit Juventus 1990 UEFA-Cup-Gewinner und Pokalsieger

ancesco Antonioli

ckennummer: 22
b.: 14. Sept. 1969
sition: Tor
ein: AS Rom
nderspiele: 0
nderspieltore: 0

Fabio Cannavaro

Rückennummer: 5
Geb.: 13. Sept. 1973
Position: Abwehr
Verein: AC Parma
Länderspiele: 41
Länderspieltore: 0

Antonio Conte

Rückennummer: 8
Geb.: 31. Juli 1967
Position: Mittelfeld
Verein: Juventus Turin
Länderspiele: 20
Länderspieltore: 2

Alessandro del Piero

Rückennummer: 10
Geb.: 9. Nov. 1974
Position: Angriff
Verein: Juventus Turin
Länderspiele: 36
Länderspieltore: 10

Marco Delvecchio

Rückennummer: 21
Geb.: 7. April 1973
Position: Angriff
Verein: AS Rom
Länderspiele: 7
Länderspieltore: 1

Luigi di Biagio

Rückennummer: 14
Geb.: 3. Juni 1971
Position: Mittelfeld
Verein: Inter Mailand
Länderspiele: 19
Länderspieltore: 3

Angelo di Livio

Rückennummer: 7
Geb.: 26. Juli 1966
Position: Mittelfeld
Verein: AC Florenz
Länderspiele: 28
Länderspieltore: 0

Ciro Ferrara

Rückennummer: 2
Geb.: 11. Februar 1967
Position: Abwehr
Verein: Juventus Turin
Länderspiele: 49
Länderspieltore: 0

Paolo Maldini

ckennummer: 3
b.: 26. Juni 1968
sition: Abwehr
ein: AC Mailand
nderspiele: 111
nderspieltore: 7

Vincenzo Montella

Rückennummer: 19
Geb.: 18. Juni 1974
Position: Angriff
Verein: AS Rom
Länderspiele: 6
Länderspieltore: 0

Paolo Negro

Rückennummer: 6
Geb.: 16. April 1972
Position: Abwehr
Verein: Lazio Rom
Länderspiele: 8
Länderspieltore: 0

Alessandro Nesta

Rückennummer: 13
Geb.: 19. März 1976
Position: Abwehr
Verein: Lazio Rom
Länderspiele: 31
Länderspieltore: 0

Gianluca Pessotto

Rückennummer: 11
Geb.: 11. August 1970
Position: Abwehr
Verein: Juventus Turin
Länderspiele: 20
Länderspieltore: 0

Francesco Toldo

Rückennummer: 12
Geb.: 2. Dez. 1971
Position: Tor
Verein: AC Florenz
Länderspiele: 14
Länderspieltore: 0

Francesco Totti

Rückennummer: 20
Geb.: 27. Sept. 1976
Position: Angriff
Verein: AS Rom
Länderspiele: 18
Länderspieltore: 3

Gianluca Zambrotta

Rückennummer: 17
Geb.: 19. Februar 1977
Position: Mittelfeld
Verein: Juventus Turin
Länderspiele: 10
Länderspieltore: 0

Teamtrikot

Ausweichtrikot

»Rote Teufel« im siebten Himmel

Teufel noch eins! »Euroforie« hat die belgischen Gastgeber erfasst. So beschreibt »Het Nieuwsblad« die Stimmung nach dem 2:1-Sieg im Eröffnungsspiel gegen Schweden. Ausgelassen feiern Flamen und Wallonen im torreichsten Auftaktspiel einer Fußball-Europameisterschaft.

Zu den neuen Volkshelden im ausverkauften König-Baudouin-Stadion zu Brüssel avancieren Bart Goor vom RSC Anderlecht und Emile Mpenza vom FC Schalke 04. Der 27-jährige Goor erzielt in der 43. Minute das zu diesem Zeitpunkt psychologisch wichtige Führungstor, dem Mpenza unmittelbar nach der Halbzeitpause das 2:0 folgen lässt. Dass er dabei die »Hand Gottes« zu Hilfe nimmt, entgeht dem ansonsten überzeugenden deutschen Schiedsrichter Dr. Markus Merk. Mpenza sieht das natürlich etwas anders: »Wenn man die TV-Bilder genau betrachtet, erkennt man, dass ich den Ball mit der Schulter mitnehme.« Sei's drum, der Treffer zählt. Selbst nach De Wildes kapitalem Schnitzer, der zum Anschluss der Schweden führt, bleiben die »Roten Teufel« Herr der Lage. Das erkennen auch die Verlierer neidlos an. Trainer Lagerbäck: »Wir hatten nur am Anfang gute Chancen und werden einiges überdenken müssen.« Dazu zählt auch, den Ausfall von Kapitän Patrik Andersson gegen die Türken zu kompensieren. Nicht nur, dass der Münchner Bayer mit einem Fehlpass das 0:1 vorbereitete, zu allem Überfluss fliegt der Abwehrchef neun Minuten vor dem Abpfiff nach wiederholtem Foul vom Platz.

Die »Roten Teufel« ganz groß! Emile Mpenza klatscht nach seinem Tor die Ersatzspieler ab (linke Seite). Vergeblich werfen sich Björklund und Hedman in den Schuss von Bart Goor, der zum 1:0 für die Gastgeber trifft (Foto unten).

»Es ist selten, dass Eröffnungsspiele von großen Turnieren ihre Versprechungen halten. Dieser Eröffnungskampf hat uns begeistert. Auch deshalb, weil man alle Gefühle erlebte im farbenfrohen Heyselstadion, wo der Fußball wieder ein großes Fest geworden ist.«

LES SPORTS (Brüssel)

Belgien – Schweden **2:1 (1:0)**
Brüssel, 10. Juni, 20.45 Uhr

Belgien: De Wilde – Deflandre, Staelens, Valgaeren, Leonard (72. van Kerckhoven) – Verheyen (88. Peeters), Vandenhaeghe, Wilmots, Goor – Strupar (69. Nilis), E. Mpenza
Schweden: Hedman – Nilsson (46. Lucic), P. Andersson, Björklund, Mellberg – Alexandersson, Mjällby, D. Andersson (69. Osmanovski), Ljungberg – Pettersson (50. Larsson), K. Andersson
Tore: 1:0 Goor (43.), 2:0 Mpenza (46.), 2:1 Mjällby (53.). **Ecken:** 3:8. **Schiedsrichter:** Dr. Markus Merk (Deutschland).
Zuschauer: 50 000 (ausverkauft). **Gelbe Karten:** Nilis, van Kerckhoven, Verheyen.
Gelb-Rote Karten: P. Andersson (81./wiederholtes Foulspiel). **Rote Karten:** keine

Ihr Auftritt, Mister Dallas!

Es lebe der Narr! Ein glücklich zustande gekommener 2:1-Erfolg gegen die Türkei hat Italiens Kickern scheinbar ein völlig neues Selbstwertgefühl eingehaucht. »Wir können den Titel erringen«, heißt es da plötzlich aus dem Mund von Stürmer Francesco Totti, und auch der vor der EM angesichts dürftiger Leistungen der Auswahl noch als »Narr« und »Dummkopf« verspottete Trainer Dino Zoff erntet nun von den gleichen Gazetten in seinem Land höchstes Lob. »Italien: So gefällst du uns«, titelt »Corriere dello Sport« über eine Auswahl, die in allen Prognosen nie als heißer Titelkandidat genannt wurde. Dass das jetzt anders aussieht, verdanken die Italiener vor allem auch Schiedsrichter Hugh Dallas aus Schottland, der die »Squadra Azzurra« mit einem Elfmetergeschenk auf die Siegerstraße schickt. Verdient ist die Führung zu diesem Zeitpunkt jedoch allemal. Gegen die viel zu defensiv und verhalten agierenden Türken, deren Superstar Hakan Sükür keinen Stich gegen die Maldini und Co. sieht, bestimmen die Italiener von Beginn an das Spiel. Angetrieben von Conte und Fiore, der überraschend in der Startaufstellung den Vorzug gegenüber Del Piero erhielt, ist vor allem Inzaghi ein ständiger Unruheherd für die gegnerische Abwehr. Nach Contes herrlichem Fallrückzieher-Tor fällt so der Ausgleich eher überraschend, bevor Herr Dallas auf den Plan tritt. Einen Schubser von Kapitän Ogün an Inzaghi wertet er als Foul, und der als »Schwalbenkönig« bekannte Turiner verwandelt den Strafstoß selbst.

Voller Dynamik: Die Italiener, hier Totti, bestimmen das Spiel, die Türken (links Okan, rechts Abdullah) halten sich merklich zurück (linke Seite). Inzaghi (rechts) begeistert, der türkische Fan zu Tode betrübt: Sicher verwandelt der Italiener den schmeichelhaften Elfmeter (links).

Beim Freistoßknaller in der 76. Minute von Del Piero an die Latte, der sich mit einer starken Viertelstunde wieder Hoffnungen auf einen Stammplatz machen kann, liegt sogar das 3:1 in der Luft. Entsprechend hadern türkische Medien zwar zuerst mit dem Schiedsrichter (»nichtnutziger Schotte«), aber ihre Kritik gilt auch Trainer Mustafa Denizli, dem sie vorwerfen, die falsche Taktik gewählt zu haben. Das überhaupt erste EM-Endrunden-Tor für die Türkei durch Buruk Okan ist da nur ein schwacher Trost. Das sieht auch der in Stuttgart aufgewachsene Korkut Tayfun so: »Wir müssen jetzt unbedingt die Schweden schlagen.« Der Trainer hat nämlich schon hochgerechnet, dass fürs Viertelfinale sechs Punkte nötig sind …

»Das ist ein positiver Start. Ich hoffe auf eine Stabilisierung. Dass ich in Italien kritisiert werde, ist in einem Fußball-Land normal. Da hilft ein Sieg auch nur für 24 Stunden. Schiedsrichterentscheidungen kommentiere ich nicht, ich hatte aber das Gefühl, dass der Elfmeter berechtigt war.«

DINO ZOFF
(Trainer Italiens)

Türkei – Italien **1:2 (0:0)**
Arnheim, 11. Juni, 14.30 Uhr

Türkei: Rüstü – Fatih, Ogün, Alpay – Ümit (76. Tugay), Tayfun, Tayfur, Abdullah – Okan (89. Ergün), Sergen (81. Arif) – Hakan Sükür
Italien: Toldo – Cannavaro, Nesta, Maldini – Zambrotta, Conte, Albertini, Fiore (75. Del Piero), Pessotto (62. Iuliano) – Inzaghi , Totti (Di Livio)
Tore: 0:1 Conte (52.), 1:1 Okan (61.), 1:2 Inzaghi (70./Foulelfmeter). **Ecken:** 7:8.
Schiedsrichter: Hugh Dallas (Schottland).
Zuschauer: 28 000. **Gelbe Karten:** keine.
Gelb-Rote Karten: keine. **Rote Karten:** keine

Tottis Kopf und Toldos Hände

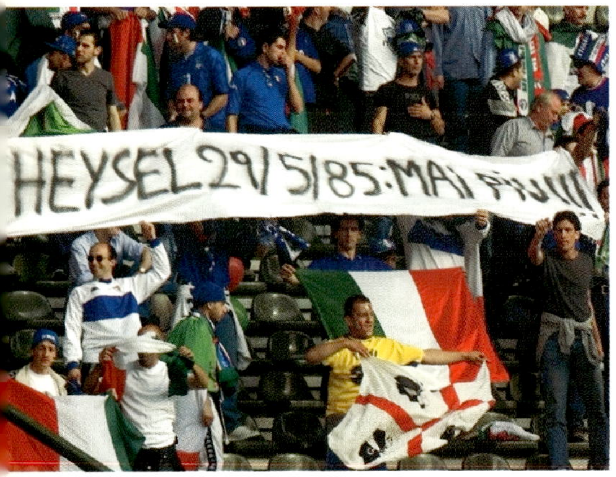

»Heysel 29/5/85 – nie wieder« steht auf dem Plakat, mit dem italienische Fans an die Katastrophe vor 15 Jahren erinnern, als im gleichen Stadion beim Europacupfinale 39 Menschen starben. Unten: Wilmots hat gegen Totti das Nachsehen. Rechte Seite, oben: Inzaghi (links) und Fiore wissen, mit dem 2:0 ist alles gelaufen. Unten: Reißtest bestanden: van Kerckhoven (rechts) und Zambrotta.

»Italien fliegt. Toldo rettet den Sieg. Ein wichtiger Erfolg, der Italien fast ins Viertelfinale bringt.«

GAZZETTA DELLO SPORT (Rom)

»Zwischenstopp der Roten Teufel. Das Gesetz des Stärkeren, die Defensive gewinnt.«

LA DERNIERE HEURE (Brüssel)

Phantastisch, Italien! Der ganze Apennin liegt der »Squadra Azzurra« nach dem starken 2:0 über Belgien zu Füßen. »So werden wir Europameister«, skandieren die Tifosi. »Jetzt dürfen wir anfangen zu träumen«, gibt sich der unter den Fans weilende Innenminister Enzo Bianco euphorisch. Selbst »Pokerface« Dino Zoff, dem Trainer, huscht ein leises Lächeln über die sonst so versteinerten Gesichtszüge. Ausgerechnet drei Spieler, die im Vorfeld des Turniers sehr viel Prügel einstecken müssen, trumpfen überragend auf: Totti mit einem Kopfball zur schnellen Führung (6.), Mittelfeld-Star Fiore mit dem Knaller zum 2:0 (66.) und Torhüter Toldo mit glänzenden Paraden. Der bekommt ja erst seine Chance, weil sich mit Gianluigi Buffon die eigentliche Nummer 1 wenige Tage vor der EM verletzt. Genau in diesen Spielern sieht »Le Soir« den Unterschied und titelt: »Der Kopf von Totti und die Hände von Toldo – Belgien ist wieder auf dem Boden der Tatsachen.«

Während »bella Italia« in grenzenlosen Jubel taucht, bedauern die Belgier sich selbst. »Was willst du machen, wenn du schon nach ein paar Minuten ein Tor kassierst und dann gegen die beste Abwehr der Welt einen Rückstand aufholen musst«, fragt ein ratloser Marc Wilmots. Der Schalker im Trikot der »Roten Teufel« findet: »Wir haben 80 Minuten lang auf ein Tor gespielt und klar dominiert. Es gibt nicht viele Mannschaften, die Italien so an die Wand spielen können.« Wenn eben das frühe Gegentor nicht wäre. Das nervt Belgiens Trainer Robert Waseige sehr: »Das war das ideale Szenario für Italiens Konterfußball.« Jetzt bleibt nur noch die Hoffnung auf Platz 2. »Het Volk« bringt die Stimmung nach dem besten Spiel der Ära Waseige auf den Punkt: »Noch ist nichts verloren. Alles oder nichts gegen die Türkei.«

Italien – Belgien **2:0 (1:0)**
Brüssel, 14. Juni, 20.45 Uhr

Italien: Toldo – Cannavaro, Nesta, Iuliano – Zambrotta, Albertini, Conte, Fiore (83. Ambrosini), Maldini – Inzaghi (77. Delvecchio), Totti (63. Del Piero)
Belgien: De Wilde – Deflandre, Valgaeren, Staelens, van Kerckhoven (45. Hendrikx) – Verheyen (68. M. Mpenza), Vanderhaeghe, Wilmots, Goor – E. Mpenza, Strupar (58. Nilis)
Tore: 1:0 Totti (6.), 2:0 Fiore (66.). **Ecken:** 4:8. **Schiedsrichter:** Jose Maria Garcia-Aranda (Spanien). **Zuschauer:** 45 000. **Gelbe Karten:** Conte, Zambrotta – Wilmots. **Gelb-Rote Karten:** keine. **Rote Karten:** keine

Grottenschlechte Nullnummer

Rechte Seite: Der Eindruck täuscht: Es war beileibe kein heißblütiger Fight, den sich Schweden und Türken lieferten; von links: Tayfun, Ljungberg und Tugay. Kapitän Mjällby sucht nach einer Erklärung. (links)

Schweden – Türkei	0:0
Eindhoven, 15. Juni, 20.45 Uhr	

Schweden: Hedman – Lucic, Mellberg, Björklund, Sundgren – Mild, Mjällby, Ljungberg, Alexandersson (63. A. Andersson) – K. Andersson (46. Pettersson), Larsson (78. Svensson)
Türkei: Rüstü – Fatih, Ogün (59. Tugay), Alpay – Ümit (45. Tayfun), Okan, Suat, Mustafa (58. Sergen), Hakan Ünsal – Arif, Hakan Sükür
Ecken: 2:2. **Schiedsrichter:** Dick Jol (Niederlande). **Zuschauer:** 32 500. **Gelbe Karten:** Mjällby – Suat. **Gelb-Rote Karten:** keine. **Rote Karten:** keine

»Gegen Italien haben wir unser erstes Tor bei einer EM geschossen, gegen Schweden unseren ersten Punkt geholt. Es geht vorwärts – aber im Tempo einer Schildkröte.«

RADIKAL (Istanbul)

»Keine Tore, kein Gewinner, kein Verlierer. Es ist nicht schwer zu sehen, was falsch läuft im Team: Es hat keine Kreativität in Angriff und Mittelfeld. Es hat bekommen, was es verdient hat: einen Punkt in zwei Spielen.«

DAGENS NYHETER (Stockholm)

Gute Nacht, Türkei! Gute Nacht, Schweden! Die Schweden-Happen munden einfach nicht, der türkische Honig schmeckt ganz und gar nicht süß. Nach einer grottenschlechten Nullnummer sind die Chancen der beiden Teams auf ein Minimum gesunken. Trainer-Weltenbummler Velibor Milutinovic fällt ein vernichtendes Urteil: »Das war das Schlechteste, was ich bei diesem Turnier bisher gesehen habe. Dazu kann es keine Steigerung mehr geben.« Die größte Enttäuschung offenbaren beide Mannschaften in ihren offensiven Qualitäten. Weder Henrik Larsson als Sturmführer der Schweden noch Hakan Sükür als Torjäger der Türken finden ein Loch in der gegnerischen Abwehr. Larsson hat das Handicap zu tragen, dass er erst kurz vor dem Championat von einem Beinbruch genesen ist. Aber Sükür? Dem schwirren anscheinend nur noch die Millionen-Offerten italienischer Vereine (u. a. Inter Mailand) durch den Kopf. Er findet gar keine Bande, lässt das Spiel völlig teilnahmslos an sich vorüber ziehen.

Wie immer bei schlechten Leistungen wird die Schuld bei anderen gesucht. »Der Schiedsrichter hat mit einigen falschen Entscheidungen das Spiel beeinflusst. Außerdem sind meine Spieler beleidigt worden. Das hat Auswirkungen auf unsere Leistung«, strickt Türken-Trainer Mustafa Denizli an einer Verschwörungstheorie. Dabei will er wohl nur von eigenen Schwächen ablenken. Ohne Not tauscht er nahezu das komplette Mittelfeld aus. Selbst Spielmacher Sergen muss eine knappe Stunde auf der Bank schmoren.

Trotzdem rechnen sich beide noch immer Chancen auf das Viertelfinale aus. Türken-Manager Erdal Keser glaubt: »Wir haben uns die Tür zu einem großen Finale gegen Belgien offen gehalten.« Schwedens diesmal gesperrter Abwehrchef Patrik Andersson versichert: »Auch Italien ist zu besiegen. Unsere Taschen sind noch nicht gepackt.«

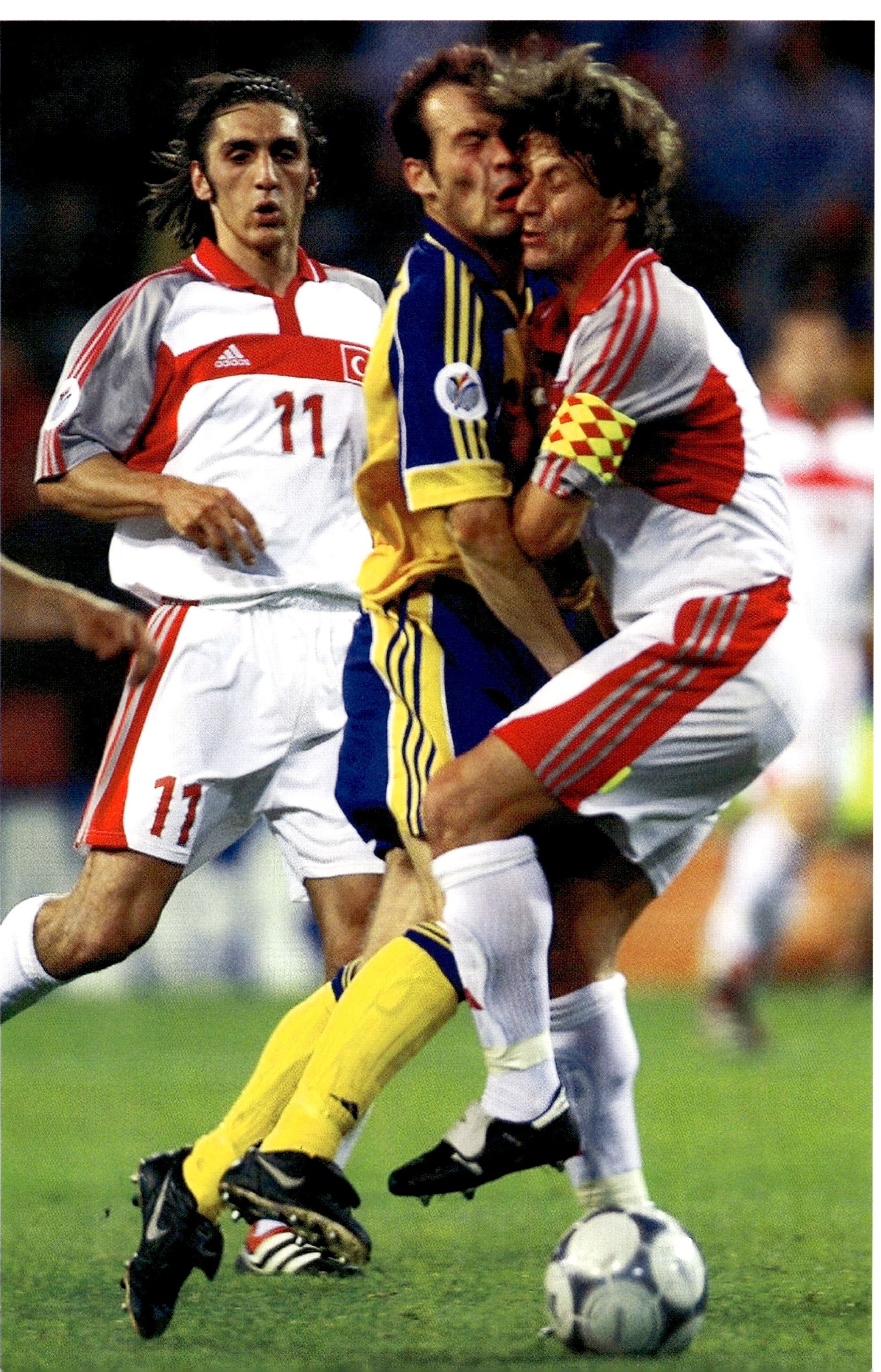
11
11

Aufstieg ins Paradies, Absturz in die Hölle

Belgien am Boden. Die Roten Teufel sind gestartet mit dem Traum, ins Paradies aufzusteigen. Gelandet sind sie nach dem 0:2 gegen die Türken in den Flammen der Hölle. Ihr Spiel ist zwar hübsch anzusehen, letztlich aber brotlose Kunst. Mit Belgiens frühem Aus hat erstmals in der WM- und EM-Historie ein Gastgeber nicht die Vorrunde überstanden. Ähnliches hatte Marc Wilmots kürzlich schon einmal erlebte: »Das war wie die Saison mit Schalke 04 – eigentlich ganz gut gespielt, aber am Ende gescheitert.« Deshalb flüchtet der »Oberteufel« ganz schnell aus der Hölle: »Nur alles schnell vergessen. Und morgen ist ja wieder ein neuer Tag.« Auf den kann sich mit Emile Mpenza ein anderer Schalker gar nicht so richtig freuen. Chancen in Hülle und Fülle lässt er ungenutzt, er verschleudert sie regelrecht. Der Traum von »seinem« Turnier platzt nach nur drei Spielen. »Ich war noch nie so enttäuscht«, meint der Jung-Star. »Das war der schlimmste Abend meines Lebens.« Sagt sich auch Filip de Wilde. Belgiens Torhüter ist der wahre Buhmann des Spiels. Zuerst greift er sich nicht den Ball von Hakan Sükürs Kopf, sondern daneben – 0:1 (45.). Zerknirscht stellt er fest: »Wenn später jemand an diese EM denkt, dann denkt er nur an dieses Tor.« Später senst de Wilde auch noch Arif um – Notbremse und Rot (84.). Weil das Auswechselkontingent längst ausgeschöpft ist, gibt es eine Premiere bei EM-Endrunden: Mit Eric Deflandre muss ein Feldspieler zwischen die Pfosten. Zu halten braucht er nichts mehr, lange vorher ist der belgische K.o. besiegelt.

Den feiert ein Mann ganz besonders: Hakan Sükür, der »Bulle vom Bosporus«. Als ob es für die Türken nie ein anderes Ziel hätte geben können, plaudert Sükür ohne jede Bescheidenheit los: »Jetzt wollen wir ins Halbfinale und dann ins Finale.« Für einen, der ins Finale will, ist die EM leider auch zu Ende. Beim guten dänischen Schiedsrichter Kim Milton Nielsen reißen die Adduktoren. Auch hier gibt´s eine EM-Premiere: In Minute 42 übergibt Nielsen die Pfeife an seinen österreichischen Ersatz Günter Benkö.

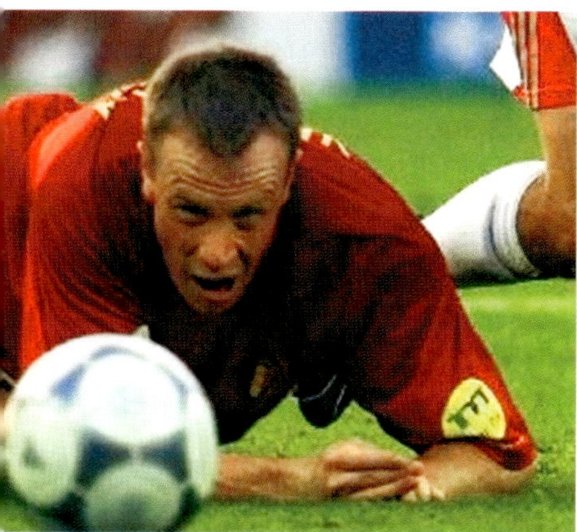

Der Fehlgriff des Abends: Hakan Sükür hat bereits eingeköpft, als Belgiens Torhüter de Wilde sich zum Hochsteigen entschließt (rechts). Jos Valgaeren und der davon donnernde EM-Zug Richtung Viertelfinale, auf dem überglückliche türkische Fans sitzen (links von oben).
Linke Seite: Was die Gastgeber, hier Nico van Kerckhoven gegen Tayfun Korkut (rechts), auch versuchen, das türkische Bollwerk bleibt unüberwindbar.

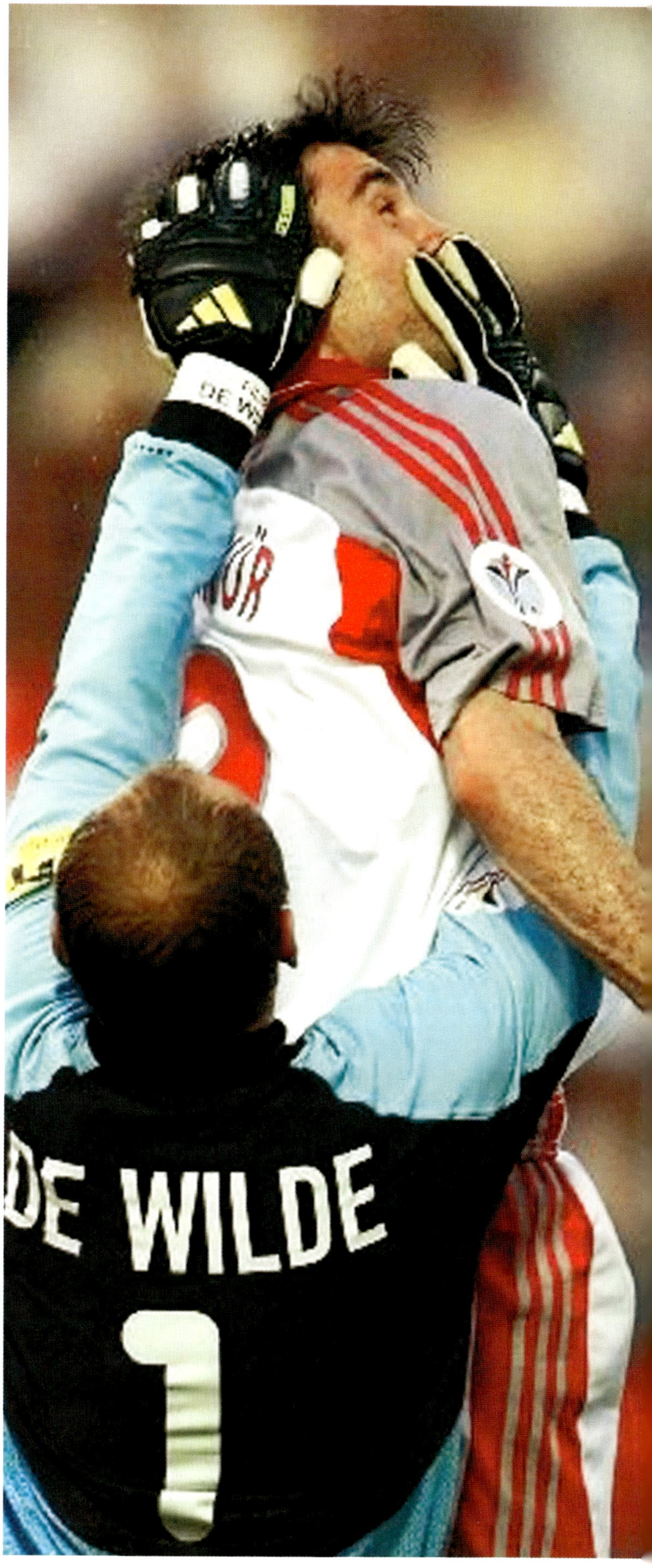

»Teufel zurück zu Frau und Kindern, Türken nach Amsterdam.«

HET VOLK (Brüssel)

»Peinlicher Abmarsch. Das Undenkbare ist passiert.«

GAZET VAN ANTWERPEN (Antwerpen)

»Was für ein Schlag! Ein armseliges Pünktchen hatten die Roten Teufel nötig. Der ultimative Kater.«

HET LAATSTE NIEUWS (Brüssel)

»Danke schön. Der Bulle vom Bosporus hat Belgien zertrampelt.«

STAR (Istanbul)

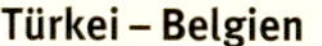

Türkei – Belgien 2:0 (1:0)
Brüssel, 19. Juni, 20.45 Uhr

Türkei: Rüstü – Ogün – Alpay, Fatih – Tayfun, Okan (77. Ergün), Tugay (37. Tayfur), Suat, Abdullah – Arif (87. Osman), Hakan Sükür
Belgien: de Wilde – Deflandre, Valgaeren, Staelens, van Kerckhoven – Verheyen (63. Strupar), Vanderhaeghe, Wilmots, Goor (59. Hendrikx) – Nilis (77. de Bilde), E. Mpenza
Tore: 1:0, 2:0 Hakan Sükür (45., 70.).
Ecken: 2:10. Schiedsrichter: Kim Milton Nielsen (Dänemark) ab 42. Günter Benkö (Österreich). **Zuschauer:** 50 000 (ausverkauft). **Gelbe Karten:** Tayfun, Osman – Vanderhaeghe, E. Mpenza. **Gelb-Rote Karten:** keine. **Rote Karten:** de Wilde (84./Notbremse)

Zoff und sein Luxusproblem

Tore gegen das Joker-Dasein: Alessandro del Piero schießt die Schweden aus dem Turnier. Rechte Seite: Luigi di Biagio, Torschütze zum 1:0, versucht Henrik Larsson, Torschütze zum 1:1, zu stoppen.

Italien – Schweden 2:1 (1:0)
Eindhoven, 19. Juni, 20.45 Uhr

Italien: Toldo – Ferrara, Negro, Iuliano (46. Cannavaro) – Pessotto, Di Livio (64. Fiore), Di Biagio, Ambrosini, Maldini (41. Nesta) – Montella, Del Piero
Schweden: Hedman – Mellberg, P. Andersson,. Björklund, Gustafsson (75. K. Andersson) – Mild, Mjällby (56. D. Andersson), Ljungberg, Svensson (52. Alexandersson) – Osmanovski, Larsson
Tore: 1:0 Di Biagio (39.), 1:1 Larsson (77.), 2:1 Del Piero (88.). **Ecken:** 3:12. Schiedsrichter: Vitor Manuel Melo Pereira (Portugal). **Zuschauer:** 25 000. **Gelbe Karten:** keine. **Gelb-Rote Karten:** keine. **Rote Karten:** keine

»Ein tödliches Italien schlägt auch die Schweden. Ein Urschrei von del Piero und ein fantastisches Tor erleuchten die Nacht mit azurblauen Stichflammen.«

GAZZETTA DELLO SPORT (Rom)

»Danke – und gute Nacht. Die Mannschaft hat die Herzen im Königreich berührt. Es war eine Orgie der vergebenen Chancen.«

AFTONBLADET (Stockholm)

»Festival der vergebenen Chancen. Das Wunder hat nicht stattgefunden.«

DAGENS NYHETER (Stockholm)

Schweden verlässt die EM auf Krücken. Sinnbild dafür ist Tomas Gustafsson und sein kaputtes linkes Knie. »Es ist vielleicht sogar ein Riss«, sagt der 27-Jährige und ist ein Bild des Jammers. So wie das gesamte Team der »Tre Kronors«. Als Geheimfavoriten sind sie gekommen, am Boden zerstört nehmen sie nach dem 1:2 gegen Italien Abschied. Abwehrchef Patrik Andersson bringt das Aus auf den Nenner: »Wir haben alles versucht und sind zuletzt auf dem Zahnfleisch gekrochen. Es hat eben nicht gereicht.« Mehr geht einfach nicht. Selbst der zweite Anzug der Italiener – weil sie vorzeitig im Viertelfinale stehen, haben sie ihre Mannschaft auf acht Positionen verändert – ist für die Konkurrenz eine Nummer zu groß.

Dagegen hat Dino Zoff, der Trainer der »Squadra Azzurra«, ein Luxusproblem. Das trägt einen Namen und heißt Alessandro del Piero. Dieses Problem wird um so größer, je mehr Tore er schießt. So wie den Siegtreffer gegen die Schweden (88.). Allerdings gesteht del Piero: »Dieses Tor hätte ich schon eher schießen sollen.« Schließlich ist es sein erstes Tor für die »Squadra« aus dem Spiel heraus seit 20 Monaten. Trotzdem lieben ihn die Tifosi abgöttisch. Denn dieser Stürmer personifiziert den italienischen Lebensstil. Er bewegt sich mit provozierender Lässigkeit. Einer wie er muss nicht 90 Minuten lang malochen, weil er ohnehin dort ist, wo es wichtig ist. Mit zwölf Millionen Mark netto Jahresgehalt ist er der bestbezahlte Fußballer der Welt. Nur: Bei Zoff ist der Angreifer von Juventus Turin nicht erste Wahl. Immerhin gesteht »Dino Nazionale« für del Piero »positive Zweifel« ein: »Alessandro war eine positive Erscheinung. Aber ob er im Viertelfinale von Anfang an dabei ist, darüber werde ich nicht reden.«

GRUPPE C

ERGEBNISSE

13.6. in Rotterdam:	Spanien – Norwegen	0:1
13.6. in Charleroi:	Jugoslawien – Slowenien	3:3
18.6. in Amsterdam:	Slowenien – Spanien	1:2
18.6. in Lüttich:	Norwegen – Jugoslawien	0:1
21.6. in Brügge:	Jugoslawien – Spanien	3:4
21.6. in Arnheim:	Slowenien – Norwegen	0:0

ABSCHLUSSTABELLE

	Sp.	G	U	V	Tore	Pkte
1. Spanien	3	2	0	1	6:5	6
2. Jugoslawien	3	1	1	1	7:7	4
3. Norwegen	3	1	1	1	1:1	4
4. Slowenien	3	0	2	1	4:5	2

Das große Aufatmen

Der Name Zubizarreta jagt den spanischen Fußballfans auch noch zwei Jahre nach der Weltmeisterschaft in Frankreich kalte Schauer über den Rücken. Damals, bei der 2:3-Niederlage in Nantes gegen Nigeria, erlaubte sich der Torwart einen katastrophalen Fehler, der letztlich zum Ausscheiden nach der Vorrunde führte und die Spanier in ein Tal der Tränen stürzte. Nun kommen die Fußballer von der Iberischen Halbinsel als Geheimfavorit zu dieser Europameisterschaft, beflügelt durch die großen Triumphe der spanischen Vereine in der Champions League.

Doch schon im ersten Gruppenspiel fühlen sich die Skeptiker bestätigt, die Spanien nicht als Turniermannschaft sehen. Und wieder ist es ein schwerer Torwartfehler, der die 0:1-Niederlage gegen Norwegen in Rotterdam einleitet. Diesmal trifft es José Molina, der sich von Steffen Iversen düpieren läßt. Schon schwant den Spaniern Schreckliches, zumal auch der nachfolgende 2:1-Sieg gegen Slowenien in Amsterdam eher auf Sand als auf Beton gebaut ist. Doch erst der dritte Gruppenspieltag soll für die Spanier im Spiel gegen Jugoslawien den Härtetest für die arg strapazierten Nerven bringen.

Es wird zum vorerst dramatischsten Spiel der Europameisterschaft. Die Spanier müssen in Brügge gewinnen, die Jugoslawen bei einer günstigen Konstellation des parallel laufenden Spiels in Arnheim zwischen Slowenien und Norwegen nicht unbedingt. Für den spanischen Trainer Jose Antonio Camacho ist dies die Nagelprobe schlechthin, ein ständiges Auf und Ab der Gefühle, ein Drahtseiltanz über dem Abgrund. Mit dem Ablauf der regulären Spielzeit schafft Gaizka Mendieta vom FC Valencia mit einem Foulelfmeter den Ausgleich, dem in der fünften Minute der Nachspielzeit der spanische Siegtreffer durch Alfonso folgt. Die Spanier können ihr spätes Glück kaum fassen. »Viva Espana« – in den Metropolen des Landes tanzen die Fans auf den Straßen.

Jugoslawische Männerfreude. Sie stehen fest auf dem Boden, fast alle auf dem Platz und sie danken dem Himmel – kraftvoll wie ihr Spiel. Trotz einer Niederlage sind sie weitergekommen, ins Viertelfinale.

Die Jugoslawen, die sich bereits sicher im Viertelfinale wähnen, durchleiden bange Minuten, ehe die Kunde vom torlosen Remis zwischen Slowenien und Norwegen eintrifft. Auch der Verlierer kommt also weiter – aber er klagt lautstark. »Niemand mag uns«, beschwert sich Sinisa Mihajlovic und auch darüber, dass die Schiedsrichter gegen die Jugoslawen bei diesem Turnier die harte Welle praktizieren würden. In jedem der drei Gruppenspiele wird ein Jugoslawe des Feldes verwiesen.

Auch im Spiel gegen die Slowenen. Die Jugoslawen offenbaren in diesem politisch brisanten Duell viele taktische Defizite, liegen bereits 0:3 zurück, um dann in einem furiosen Schlussspurt in der letzten Viertelstunde noch das 3:3 zu erzielen. Die Slowenen, nach dem großen Erfolg der Qualifikation als krasse Außenseiter angereist, überraschen durch ihr kompaktes System und ihre kämpferischen Tugenden. An beidem scheitern die Jugoslawen fast. Die Slowenen kommen dank der internationalen Erfahrung ihres Trainers Srecko Katanec rechtzeitig in Form, es fehlt nicht am Esprit und an der Motivation, doch mit Kampfbereitschaft allein ist der Konkurrenz in dieser Gruppe letztlich nicht beizukommen.

Die Norweger haben mit den Deutschen nach drei Gruppenspielen etwas gemeinsam – auch sie treffen nur einmal ins Schwarze. Und das gleich im ersten Spiel, dem besagten gegen Spanien und dank der gnädigen Unterstützung des gegnerischen Torwarts. »Wir können mit jeder Mannschaft auf der Welt mithalten«, hat Trainer Nils Johan Semb gesagt, der nach der WM 1998 den legendären Egil »Drillo« Olsen abgelöst hatte. Doch den großen Worten folgen weniger große Taten – die Norweger gehen, wie sie kamen, still und ohne Spuren zu hinterlassen …

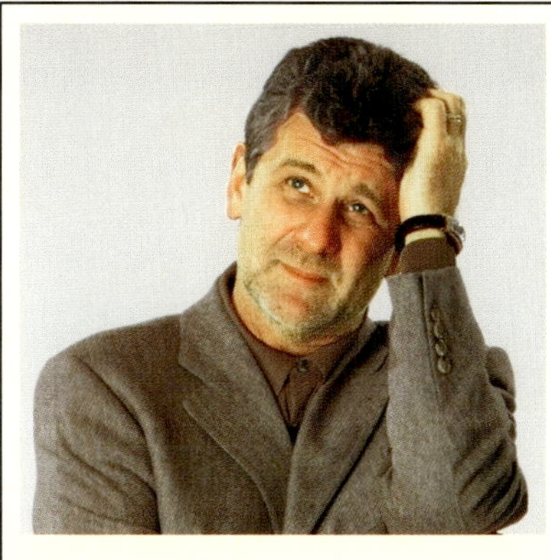

Spanien? Spät erwacht!

Die jugoslawische Mannschaft liebt das Chaos auf dem Platz. Davon hatte sie mit drei Platzverweisen, allerlei Theatralik und Nickeligkeiten bei einer dramatischen Aufholjagd und einer Niederlage in den Schlussminuten genug angerichtet. Aber ihr anarchischer Fußball, das muss man ihnen zugestehen, ist mit einem fast brasilianischen Geschick am Ball versehen. Dass es zum Gruppensieg nicht reichte, lag am späten Erwachen der Spanier. Die hatte ich vorher als großen Favoriten genannt, dann zum Geheimfavoriten degradiert und schließlich so leise zum ganz geheimen Geheimfavoriten werden lassen, dass man ihren Namen kaum noch hören konnte. Sie verfügen über Klasse, aber alle Einwände stimmten, die vorher gemacht worden waren: Sie hatten in ihrer Liga und der Champions League zuvor die meisten Spiele absolviert, so dass ihnen in der Vorrunde vor allem Kraft fehlte. Wer jedoch solch hanebüchene Abwehrschwächen zu kaschieren hat, wie die Mannschaft von Camacho, braucht umso mehr davon für eigene Treffer. Eindeutiger war der Fall bei den Norwegern, deren Fans mit ihren Wikingerhelmen gewohnt sympathisch daherkamen. Ich hatte nur den Eindruck, dass die Mannschaft mit Wikingerschiffen angereist war, jedenfalls spielte sie einen Fußball aus ungefähr dieser Zeit. Wenn sich zehn nordische Hünen am Strafraum versammeln und den Ball so hoch und weit wie möglich nach vorne dreschen, erübrigt sich jede Diskussion. Dagegen hat die slowenische Mannschaft, der einzige wirkliche Außenseiter der EM, einen liebenswürdigen Eindruck hinterlassen. Ihr 3:3 gegen Jugoslawien war sogar herzerfrischend. Das hatte etwas Olympisches und es war hübsch anzuschauen, dass die Slowenen nicht zum Prügelknaben ihrer Gruppe wurden. Zu mehr als einer Fußnote dieses Turniers reichte es für sie allerdings nicht.

Team Spanien

Mit Raul zurück zur Erotik des Spiels

Große Namen sind in Spanlen »ewig brennende Kerzen auf dem Altar der Volkshoffnung«, meint der Schriftsteller Omar Santis und fragt: »Spielt etwa Alfredo di Stefano, der blonde Pfeil, in den Erinnerungen der Spanier fast ein halbes Jahrhundert nach seinem letzten Match nicht perfekter denn je?« Alfredo di Stefano, der gebürtige Argentinier, führte Real Madrid als genialer Choreograf und unerbittlicher Vollstrecker zwischen 1956 und 1960 zu fünf europäischen Meistertiteln und begründete mit ganz entscheidenden Toren den Weltruf des »weißen Balletts«. Für Real schoss er 466 Tore, für Spaniens Nationalteam 31. Und gleich drei in den Achtelfinalspielen zur ersten EM 1960 in Frankreich. 3:0 und 4:2 hieß es gegen Polen. Doch bedauerlicherweise verwehrte die Franco-Regierung di Stefano und den Seinen den Viertelfinaltrip nach Moskau. Vier Jahre später war Luis Suarez, ein Ratio-Typ in Diensten Inter Mailands, der technisch perfekte Regisseur. Suarez hatte dle Rechenschiebertaktik seines Zuchtmeisters Helenio Herrera verinnerlicht und diese ins Nationalteam Spaniens übertragen. Das Credo: »1:0. Das zählt. Sonst nichts.« Trotzdem produzierte Spanien beim 2:1-Finalsieg zumindest zwei Tore. Pereda und Marcellino überlisteten den großen Lew Jaschin. Es sollte die einzige Trophäe bleiben, die Spanien je ergattern konnte. Sechsunddreißig Jahre danach setzt Spaniens Fangemeinde wieder auf einen Poesietypen, auf den 22-jährigen Raul vom Champions-League-Gewinner Real Madrid. Beim Fußballer des Jahres 1997 und Torschützenkönig von 1998 ist der Ball kein »lebloses Folterinstrument«, wie der Schriftsteller Javier Marias notiert, sondern »Lustobjekt. Raul bringt Erotik ins Spiel. Seine Tore, ein Orgasmus.« Und Eros Raul hat in der Qualifikation immerhin elf mal einen solchen herbeigeführt ...

Fernandez A. Abelardo

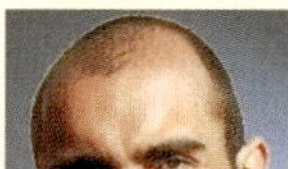

Rückennummer: 5
Geb.: 19. März 1970
Position: Abwehr
Verein: FC Barcelona
Länderspiele: 47
Länderspieltore: 3

Alfonso Perez

Rückennummer: 11
Geb.:26. Sept. 1972
Position: Angriff
Verein: Betis Sevilla
Länderspiele: 39
Länderspieltore: 10

Agustin Aranzaba

Rückennummer: 3
Geb.: 15. März 1973
Position: Abwehr
Verein: Real San Sebastian
Länderspiele: 18
Länderspieltore: 0

Fernando Hierro

Rückennummer: 6
Geb.: 23. März 1968
Position: Abwehr
Verein: Real Madrid
Länderspiele: 74
Länderspieltore: 23

Gaizka Mendieta

Rückennummer: 16
Geb.:17. März 1974
Position: Mittelfeld
Verein: FC Valencia
Länderspiele: 15
Länderspieltore: 4

Jose F. Jimenez Moli

Rückennummer: 22
Geb.: 8. August 1970
Position: Tor
Verein: Atletico Madr
Länderspiele: 5
Länderspieltore: 0

Real Federación Espanola de Fútbol

Anschrift: Calle Alberto Bosch 13, Apartado postal 347, E-28014 Madrid
Telefon: ++34-9-14 20 13 62
Telefax: ++34-9-14 20 20 94
Internet: www.sportec.com
Präsident: Angel Maria Villar Llona
Registrierte Spieler: 508 970
Registrierte Vereine: 16 049
FIFA-Mitglied seit: 1904
UEFA-Mitglied seit: 1954
Größte EM-Erfolge: Europameister 1964, Zweiter 1984
Größte WM-Erfolge: Vierter 1950

Trainer Jose Antonio Camacho

Geb.: 8. Juni 1955
Länderspiele: 81
Klubtrainer bei: Rayo Vallecano, FC Sevilla, Espanyol Barcelona, Real Madrid
Teamchef seit: 15. September 1998
Größte Erfolge: Mit Real Madrid zweimal Sieger im UEFA-Cup (1985, 86), zehnmal Meister, fünfmal Cupsieger

antiago Canizares

ckennummer: 1
.: 18. Februar 1969
ition: Tor
ein: FC Valencia
derspiele: 25
derspieltore: 0

Iker Casillas

Rückennummer: 13
Geb.: 20. Mai 1981
Position: Tor
Verein: Real Madrid
Länderspiele: 2
Länderspieltore: 0

Vicente Engonga

Rückennummer: 15
Geb.: 20. Oktober 1965
Position: Mittelfeld
Verein: Real Mallorca
Länderspiele: 11
Länderspieltore: 1

Joseba Etxeberria

Rückennummer: 17
Geb.: 5. Sept. 1977
Position: Angriff
Verein: Athletic Bilbao
Länderspiele: 30
Länderspieltore: 7

F. »Fran« Gonzales

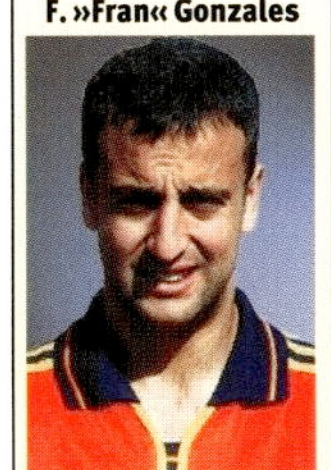

Rückennummer: 8
Geb.: 14. Juli 1969
Position: Mittelfeld
Verein: Deportivo La Coruna
Länderspiele: 5
Länderspieltore: 0

Gerard Lopez

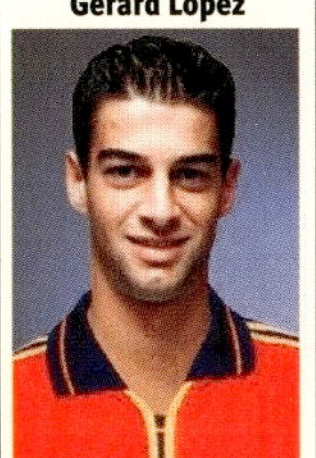

Rückennummer: 14
Geb.: 12. März 1979
Position: Mittelfeld
Verein: FC Valencia
Länderspiele: 3
Länderspieltore: 0

Josep Guardiola

Rückennummer: 4
Geb.: 18. Januar 1971
Position: Mittelfeld
Verein: FC Barcelona
Länderspiele: 37
Länderspieltore: 5

Ivan Helguera

Rückennummer: 7
Geb.: 28. März 1975
Position: Mittelfeld
Verein: Real Madrid
Länderspiele: 9
Länderspieltore: 0

Pedro Munitis

ckennummer: 9
.: 19. Juni 1975
ition: Angriff
ein: Racing
tander
derspiele: 11
derspieltore: 2

F. »Paco« J. Martin

Rückennummer: 18
Geb.: 18. April 1970
Position: Abwehr
Verein: Real Saragossa
Länderspiele: 12
Länderspieltore: 0

Raul Gonzalez

Rückennummer: 10
Geb.: 27. Juni 1977
Position: Angriff
Verein: Real Madrid
Länderspiele: 36
Länderspieltore: 17

Michel Salgado

Rückennummer: 2
Geb.: 22. Oktober 1975
Position: Abwehr
Verein: Real Madrid
Länderspiele: 17
Länderspieltore: 0

Sergi Barjuan Esclusa

Rückennummer: 12
Geb.: 28. Dez. 1971
Position: Abwehr
Verein: FC Barcelona
Länderspiele: 50
Länderspieltore: 1

Ismael Urzaiz

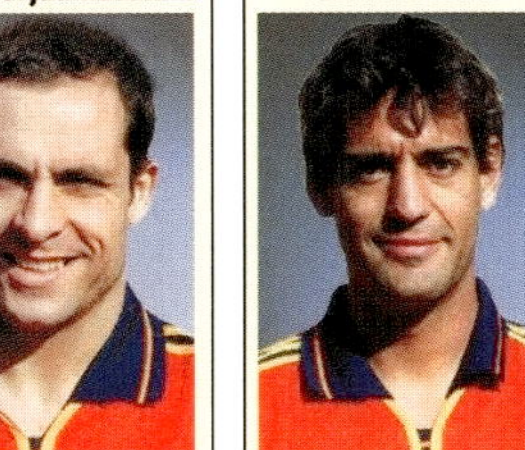

Rückennummer: 20
Geb.: 7. Oktober 1971
Position: Angriff
Verein: Athletic Bilbao
Länderspiele: 17
Länderspieltore: 8

Juan Carlos Valeron

Rückennummer: 21
Geb.: 17. Juni 1975
Position: Mittelfeld
Verein: Atletico Madrid
Länderspiele: 13
Länderspieltore: 0

Juan Velasco

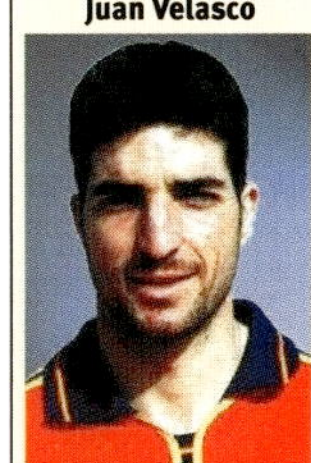

Rückennummer: 19
Geb.: 17. Mai 1971
Position: Abwehr
Verein: Celta Vigo
Länderspiele: 1
Länderspieltore: 0

Teamtrikot

Ausweichtrikot

Team Norwegen

Die Schuhputzer vom Polarkreis

Björn Dählie? Ein Skiheld in Norwegen. Johan Olav Koss? Ein Eislaufkönig im Land der Fjorde. Aber Ole Gunnar Solskjaer? Genau, das ist doch der Luxusjoker von Manchester United, der den Bayern am 26. Mai 1999 in Barcelona in der Nachspielzeit des verrückten Champions-League-Finals den Todesstoß versetzte. Deshalb gleich ein Volksheld? An die Götter im Schnee und auf dem Eis kommen im hohen Norden weder Ole Gunnar Solskjaer noch Tore Andre Flo heran. Doch in der traditionsbewussten Wintersportnation hat sich ein unübersehbarer Stolz entwickelt, dass die norwegischen Fußballexporte bei Topklubs wie Manchester United oder Chelsea begehrt sind. Allein 89 Profis aus dem Land mit nur fünf Millionen Einwohnern (der DFB hat allein 6,3 Millionen Mitglieder) vermitteln auf dem Kontinent, dass die Norges nicht nur Skilaufen und Lachse fangen können. Das Erfolgsgeheimnis ist vor allem auf die kreative Neugier einer Gruppe von Trainern zu Beginn der siebziger Jahre zurückzuführen. Ehemalige Erstligaspieler reisten um die Welt, um neue Spielsysteme zu studieren. Als einer der kreativen Querdenker gilt vor allem Ex-Nationalspieler Egil »Drillo« Olsen. Der Statistikfanatiker hielt In seiner Diplomarbeit »Tore« fest: »Nicht häufiger Ballbesitz und schönes Passspiel sind der Schlüssel. 80 Prozent aller Tore fallen nach schnellen Spielzügen mit maximal drei Ballberührungen.« Zunächst erntete der kauzige Trainer, der auch in der Sommerglut wegen eines rheumatischen Leidens Gummistiefel trägt, Spott und Häme. Doch der Konkurrenz verging das Lachen. Unter Olsen qualifizierte sich Norwegen für die WM in den USA 1994 und vier Jahre später bei den Titelkämpfen in Frankreich wurde gar Brasilien 2:1 besiegt. Jener irrt allerdings, der glaubt, die www.com-Generation in Norwegen profitiert in erster Linie nur von nüchterner Computeranalyse und taktischer Rafinesse. Rune Bratseth, der »Elch« aus Bremer Zeiten und heutige Manager des Vorzeigeklubs Rosenborg Trondheim: »Nirgendwo trainieren Jugendliche mehr als bei uns und putzen ihre Schuhe noch selbst.«

Trond Andersen

Rückennummer: 5
Geb.: 6. Januar 1975
Position: Abwehr
Verein: FC Wimbledon
Länderspiele: 8
Länderspieltore: 0

Eirik Bakke

Rückennummer: 19
Geb.: 13. Sept. 1977
Position: Mittelfeld
Verein: Leeds United
Länderspiele: 8
Länderspieltore: 0

Morten Bakke

Rückennummer: 13
Geb.: 16. Dez. 1968
Position: Tor
Verein: Molde FK
Länderspiele: 3
Länderspieltore: 0

Steffen Iversen

Rückennummer: 18
Geb.: 10. Nov. 1976
Position: Angriff
Verein: Tottenham Hotspur
Länderspiele: 18
Länderspieltore: 5

Thomas Myhre

Rückennummer: 1
Geb.: 16. Oktober 1973
Position: Tor
Verein: FC Everton
Länderspiele: 13
Länderspieltore: 0

Erik Mykland

Rückennummer: 7
Geb.: 21. Juli 1971
Position: Mittelfeld
Verein: Panathinaik Athen
Länderspiele: 75
Länderspieltore: 2

Teamtrikot

Ausweichtrikot

Norges Fotballforbund

Anschrift:	Postboks 3823, Ulleval Stadion, Sognsveien 75 H, N-0805 Oslo
Telefon:	++47-2-10 29 30 0
Telefax:	++47-2-10 29 30 1
Internet:	www.fotball.no
Präsident:	Per Ravn Omdal
Registrierte Spieler:	387 560
Registrierte Vereine:	1828
FIFA-Mitglied seit:	1908
UEFA-Mitglied seit:	1954
Größte EM-Erfolge:	keine
Größte WM-Erfolge:	keine

Trainer Nils Johan Semb

Geb.: 24. Februar 1959
Länderspiele: keine
Klubtrainer bei: Eik Tönsberg
Teamchef seit: 1. August 1998
Größte Erfolge: Mit Norwegens U 23-Auswahl EM-Dritter 1998

Henning Berg

kennummer: 4
.: 1. Sept. 1969
ition: Abwehr
ein: Manchester
ed
derspiele: 72
derspieltore: 8

Andre Bergdölmo

Rückennummer: 2
Geb.: 13. Oktober 1971
Position: Abwehr
Verein: Rosenborg Trondheim
Länderspiele: 27
Länderspieltore: 0

Stig Inge Björnebye

Rückennummer: 22
Geb.: 11. Dez. 1969
Position: Abwehr
Verein: Bröndby IF
Länderspiele: 73
Länderspieltore: 1

Björn Otto Bragstad

Rückennummer: 3
Geb.: 5. Januar 1979
Position: Abwehr
Verein: Rosenborg Trondheim
Länderspiele: 14
Länderspieltore: 0

John Carew

Rückennummer: 17
Geb.: 5. Sept. 1979
Position: Angriff
Verein: Rosenborg Trondheim
Länderspiele: 16
Länderspieltore: 3

Dan Eggen

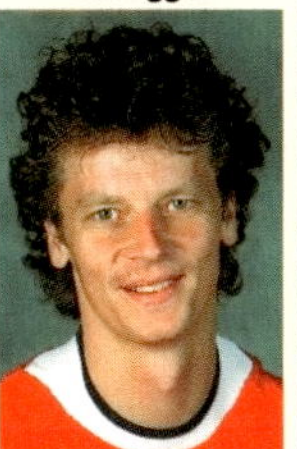

Rückennummer: 16
Geb.: 13. Januar 1970
Position: Abwehr
Verein: Deportivo Alaves
Länderspiele: 21
Länderspieltore: 2

Tore Andre Flo

Rückennummer: 9
Geb.: 15. Juni 1973
Position: Angriff
Verein: FC Chelsea London
Länderspiele: 51
Länderspieltore: 21

Vegard Heggem

Rückennummer: 14
Geb.: 13. Juli 1975
Position: Abwehr
Verein: FC Liverpool
Länderspiele: 20
Länderspieltore: 1

Frode Olsen

kennummer: 12
.: 12. Oktober 1967
ition: Tor
ein: FC Sevilla
derspiele: 14
derspieltore: 0

Kjetil Rekdal

Rückennummer: 10
Geb.: 6. Nov. 1968
Position: Mittelfeld
Verein: Valerengen Oslo
Länderspiele: 83
Länderspieltore: 17

John Arne Riise

Rückennummer: 15
Geb.: 24. Sept. 1980
Position: Mittelfeld
Verein: AS Monaco
Länderspiele: 6
Länderspieltore: 1

Vidar Riseth

Rückennummer: 21
Geb.: 21. April 1972
Position: Mittelfeld
Verein: Celtic Glasgow
Länderspiele: 27
Länderspieltore: 2

Bent Skammelsrud

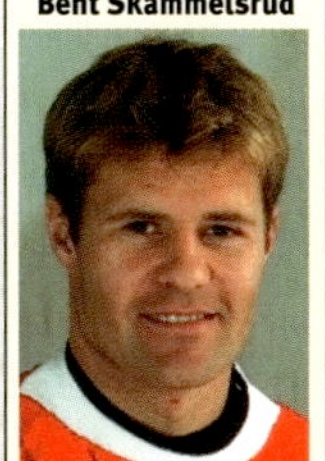

Rückennummer: 11
Geb.: 18. Mai 1966
Position: Mittelfeld
Verein: Rosenborg Trondheim
Länderspiele: 37
Länderspieltore: 6

Stale Solbakken

Rückennummer: 8
Geb.: 27. Februar 1968
Position: Mittelfeld
Verein: Aalborg BK
Länderspiele: 58
Länderspieltore: 9

Ole Gunnar Solskjaer

Rückennummer: 20
Geb.: 26. Februar 1973
Position: Angriff
Verein: Manchester United
Länderspiele: 34
Länderspieltore: 13

Roar Strand

Rückennummer: 6
Geb.: 2. Februar 1970
Position: Mittelfeld
Verein: Rosenborg Trondheim
Länderspiele: 26
Länderspieltore: 4

Team Jugoslawien

Die Jugos und das Spektakel

»Bin i Radi, bin i König.« Wer erinnert sich nicht noch an das frohe Geständnis von Petar Radenkovic auf über 100 000 Schallplatten? Petar Radenkovic, der Clown, der Komödiant, der Showmaster im Tor der Münchner Löwen, der es mit Jugoslawien zu olympischem Silber in Melbourne 1956 brachte, aber nicht zur Nr. 1 des Finalisten beim 1. Europacup der Nationen 1960 In Paris. Doch die Jugos hatten genügend andere Protagonisten, die gut für das Spektakel waren. Im Halbfinale lagen die Balkankicker mit Zebec und Jusufi gegen Gastgeber Frankreich nach 62 Minuten mit 2:4 im Rückstand. Dann die sensationelle Wende: Zunächst verkürzte Knez auf 3:4. Dann kam der große Auftritt von Jure Jerkovic. Zwei Tore in 120 Sekunden. Innerhalb von drei Minuten hatten die Jugos aus dem 2:4 einen 5:4-Triumph gemacht. Das torreichste Spiel der EM-Geschichte. Erst im Finale unterlagen sie in der Verlängerung der Sowjetunion mit dem legendären Jaschin 1:2. Das positive Spektakel … Bei der EM-Endrunde 1976 im eigenen Land führten die »Blauen« Titelverteidiger Deutschland vor 70 000 im Belgrader Halbfinale eine halbe Stunde lang mit Zauberfußball vor. Der Braunschweiger Danilo Popivoda und Jugoslawiens Weltklasse-Linksaußen Dragan Dzajic spielten das DFB-Team mit Maier, Beckenbauer, Vogts in der ersten halben Stunde dermaßen schwindlig, dass man ein Desaster befürchten musste. Doch in dem Maße, wie sich die Gastgeber mit Oblak und Buljan am eigenen Spiel berauschten, verloren sie die Kontrolle und Helmut Schön konterte mit dem Joker Dieter Müller aus Köln: 3 Tore in 38 Minuten, dazu eins vom Klubkollegen Flohe. Vom 2:0 zum 2:4. Das negative Spektakel … Bin i Radi, bin i König – am nächsten waren Radenkovics Erben 1968 dem Thron, als sie erst im Wiederholungsspiel den Italienern mit 0:2 unterlagen.

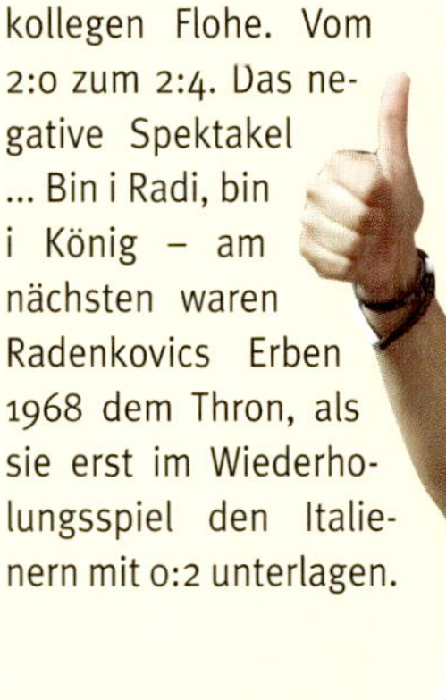

Goran Bunjevcevic

Rückennummer: 15
Geb.: 17. Februar 1973
Position: Abwehr
Verein: Roter Stern Belgrad
Länderspiele: 4
Länderspieltore: 0

Zeljko Cicovic

Rückennummer: 12
Geb.: 16. Sept. 1970
Position: Tor
Verein: DU Las Palmas
Länderspiele: 3
Länderspieltore: 0

Goran Djorovic

Rückennummer: 3
Geb.: 11. Nov. 1971
Position: Abwehr
Verein: Celta Vigo
Länderspiele: 43
Länderspieltore: 0

Milorad Korac

Rückennummer: 1
Geb.: 10. März 1969
Position: Tor
Verein: FK Obilic Belgrad
Länderspiele: 0
Länderspieltore: 0

Darko Kovacevic

Rückennummer: 18
Geb.: 18. Nov. 1973
Position: Angriff
Verein: Juventus Turin
Länderspiele: 36
Länderspieltore: 5

Ivica Kralj

Rückennummer: 2
Geb.: 26. März 197
Position: Tor
Verein: PSV Eindho
Länderspiele: 36
Länderspieltore: 0

Teamtrikot

Ausweichtrikot

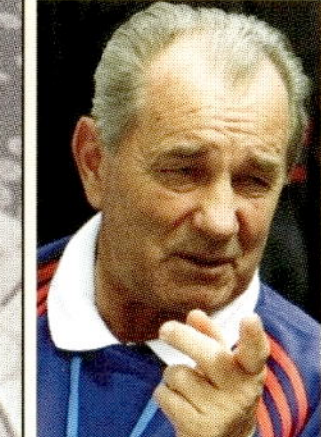

Trainer Vujadin Boskov

Geb.: 15. Mai 1931
Länderspiele: 57
Klubtrainer bei: Vojvodina Novi Sad, Sampdoria Genua, Young Fellows Zürich, FC Den Haag, Feyenoord Rotterdam, Real Saragossa, Real Madrid, Sporting Gijon
Teamchef seit: 1. Mai 1998
Größte Erfolge: Mit Genua 1990 Gewinn des Europapokals der Pokalsieger.

Miroslav Djukic

ckennummer: 5
b.: 19. Februar 1966
sition: Abwehr
ein: FC Valencia
nderspiele: 41
nderspieltore: 1

Ljubinko Drulovic

Rückennummer: 17
Geb.: 11. Sept. 1968
Position: Mittelfeld
Verein: FC Porto
Länderspiele: 30
Länderspieltore: 3

Ivan Dudic

Rückennummer: 2
Geb.: 13. Februar 1977
Position: Abwehr
Verein: Roter Stern Belgrad
Länderspiele: 2
Länderspieltore: 0

Dejan Govedarica

Rückennummer: 16
Geb.: 2. Oktober 1969
Position: Mittelfeld
Verein: RKC Waalwijk
Länderspiele: 20
Länderspieltore: 2

Slavisa Jokanovic

Rückennummer: 4
Geb.: 16. August 1968
Position: Mittelfeld
Verein: Deportivo La Coruna
Länderspiele: 53
Länderspieltore: 8

Vladimir Jugovic

Rückennummer: 7
Geb.: 30. August 1969
Position: Mittelfeld
Verein: Inter Mailand
Länderspiele: 37
Länderspieltore: 3

Mateja Kezman

Rückennummer: 20
Geb.: 12. April 1974
Position: Angriff
Verein: Partizan Belgrad
Länderspiele: 3
Länderspieltore: 1

Slobodan Komljenovic

Rückennummer: 13
Geb.: 2. Januar 1971
Position: Abwehr
Verein: 1. FC Kaiserslautern
Länderspiele: 20
Länderspieltore: 3

Sinisa Mihajlovic

ckennummer: 11
b.: 20. Februar 1969
sition: Abwehr
ein: Lazio Rom
nderspiele: 47
nderspieltore: 6

Predrag Mijatovic

Rückennummer: 8
Geb.: 19. Januar 1969
Position: Angriff
Verein: AC Florenz
Länderspiele: 51
Länderspieltore: 22

Savo Milosevic

Rückennummer: 9
Geb.: 2. Sept. 1973
Position: Angriff
Verein: Real Saragossa
Länderspiele: 49
Länderspieltore: 25

Albert Nadj

Rückennummer: 21
Geb.: 29. Oktober 1974
Position: Mittelfeld
Verein: Real Oviedo
Länderspiele: 34
Länderspieltore: 3

Nisa Saveljic

Rückennummer: 14
Geb.: 7. März 1970
Position: Abwehr
Verein: Girondins Bordeaux
Länderspiele: 30
Länderspieltore: 1

Dejan Stankovic

Rückennummer: 6
Geb.: 11. Sept. 1978
Position: Mittelfeld
Verein: Lazio Rom
Länderspiele: 21
Länderspieltore: 6

Jovan Stankovic

Rückennummer: 19
Geb.: 4. März 1971
Position: Mittelfeld
Verein: Real Mallorca
Länderspiele: 8
Länderspieltore: 0

Dragan Stojkovic

Rückennummer: 10
Geb.:3. März 1965
Position: Mittelfeld
Verein: Nagoya Grampus Eight
Länderspiele: 80
Länderspieltore: 15

Fudbalski Savez Jugoslavije

Anschrift:	Terazije 35, CP 263, YU-11000 Belgrad
Telefon:	++38-1-11 32 33 44 7
Telefax:	++38-1-11 32 33 43 3
Internet:	www.fsj.co.yu
Präsident:	Miljan Miljanic
Registrierte Spieler:	125 107
Registrierte Vereine:	2799
FIFA-Mitglied seit:	1921
UEFA-Mitglied seit:	1954
Größte EM-Erfolge:	Zweiter 1960 und 1968
Größte WM-Erfolge:	Vierter 1930 und 1962

Team Slowenien

Zlatko mit Big-Brother-Effekt

Zlatko? Ein Naturtalent mit Superausstrahlung, ein brillanter Jongleur und frischer Typ, eine ehrliche Haut und ein selbstbewusster Bursche. Obwohl aus der Gemeinschaft weggemobbt, lieben ihn seine Fans. Zlatko? Nein, hier ist nicht von jenem die Rede, der in einer umstrittenen TV-Sendung aus dem Nichts zum gefeierten Idol wurde. Dennoch gibt's zwischen dem mazedonischen Schwaben Zlatko aus der »Big Brother«-Serie und dem slowenischen Superstar Zlatko in Diensten von Olympiakos Piräus vage Parallelen. Seine natürliche Begabung ließ Zlatko Zahovic schon als 16-jähriger Teenie bei Partizan Belgrad erkennen. In den Wirren des Balkankonflikts flüchtete er nach Portugal und fiel bei Vitoria Guimares schnell als brillanter Techniker und selbstbewusster Torjäger auf. Beim FC Porto reifte der Feinmotoriker zum Superstar. Mit dem Brasilianer Jardel bildete der 29-jährige Slowene ein Traumpaar. In der Saison 1998/99 erzielte der Ausnahmekönner in der Champions-League in sechs Gruppenspielen sieben Treffer! Danach wechselte der 1,80 m große und nur 76 Kilogramm wiegende Slowene für eine Ablöse von 30 Millionen Mark zu Olympiakos Piräus und erlebte die Hölle. Ähnlich wie Big-Brother-Zlatko wurde der kickende Zlatko schon bald aus der (Fußball spielenden) Gemeinschaft herausgewählt. Nachdem ihn der italienische Trainer Alberto Bigon vorzeitig aus dem »Fußball-Container« von Piräus entfernt hatte, beschimpfte ihn Zlatko Zahovic aufs Übelste. Er wurde von der Chefetage bis Saisonende auf die Tribüne verbannt und mit einer Geldstrafe von 120 000 Mark belegt. Doch wie im TV-Leben halten die Fans in seiner Heimat weiter zu Zlatko, der mit seinen 9 von insgesamt 15 Toren in der Qualifikation das kleine Land mit nur knapp 2 Millionen Einwohnern in einen kollektiven Rausch versetzte. Danach schlug der Rebell forschere Töne an: »Jetzt wollen wir auch bei der Endrunde Unmögliches möglich machen.« Wie? Zlatko Zahovic setzt ebenfalls auf die Big-Brother-Taktik, die schlicht und ergreifend heißt: Länger im Wettbewerb bleiben als die Konkurrenz ...

Milenko Acimovic

Rückennummer: 18
Geb.: 15. Februar 1977
Position: Mittelfeld
Verein: Roter Stern Belgrad
Länderspiele: 23
Länderspieltore: 5

Spasoje Bulajic

Rückennummer: 2
Geb.: 24. Nov. 1975
Position: Abwehr
Verein: 1. FC Köln
Länderspiele: 8
Länderspieltore: 1

Ales Ceh

Rückennummer: 8
Geb.: 7. April 1968
Position: Mittelfeld
Verein: Grazer AK
Länderspiele: 52
Länderspieltore: 1

Dejan Nemec

Rückennummer: 22
Geb.: 1. März 1977
Position: Tor
Verein: NK Murska Sobota
Länderspiele: 0
Länderspieltore: 0

Djoni Novak

Rückennummer: 7
Geb.: 4. Sept. 1969
Position: Mittelfeld
Verein: CS Sedan
Länderspiele: 50
Länderspieltore: 3

Milan Osterc

Rückennummer: 20
Geb.: 4. Juli 1975
Position: Angriff
Verein: Olimpija Ljubljana
Länderspiele: 23
Länderspieltore: 5

Nogometna Zveza Slovenije

Anschrift:	Cerinova 4, P.P. 3986, SLO-1001 Ljubljana
Telefon:	++38-6-61 53 00 40 0
Telefax:	++38-6-61 53 00 41 0
Internet:	www.nzs.si
Präsident:	Rudi Zavrl
Registrierte Spieler:	25 794
Registrierte Vereine:	229
FIFA-Mitglied seit:	1993
UEFA-Mitglied seit:	1992
Größte EM-Erfolge:	keine
Größte WM-Erfolge:	keine

Trainer Srecko Katanec

Geb.: 16. Juli 1963
Länderspiele: 31 (5 Tore) für Jugoslawien, 5 für Slowenien
Klubtrainer bei: HIT Nova Gorica
Teamchef seit: 1. Juli 1998
Größte Erfolge: Als Spieler mit Sampdoria Genua 1990 Gewinn des Europapokals der Pokalsieger

laden Dabanovic

ckennummer: 12
b.: 13. Sept. 1971
sition: Tor
ein: SC Lokeren
nderspiele: 14
nderspieltore: 0

Sasa Gajser

Rückennummer: 14
Geb.: 11. Februar 1974
Position: Mittelfeld
Verein: AA Gent
Länderspiele: 6
Länderspieltore: 1

Marinko Galic

Rückennummer: 5
Geb.: 22. April 1970
Position: Abwehr
Verein: NK Maribor
Länderspiele: 50
Länderspieltore: 0

Rudi Istenic

Rückennummer: 15
Geb.: 10. Januar 1971
Position: Mittelfeld
Verein: KFC Uerdingen
Länderspiele: 17
Länderspieltore: 0

Amir Karic

Rückennummer: 19
Geb.: 31. Dez. 1973
Position: Mittelfeld
Verein: NK Maribor
Länderspiele: 27
Länderspieltore: 1

Alaksandar Knavs

Rückennummer: 6
Geb.: 5. Dez. 1975
Position: Abwehr
Verein: FC Tirol Innsbruck
Länderspiele: 23
Länderspieltore: 1

Darko Milanic

Rückennummer: 4
Geb.: 18. Dez. 1967
Position: Abwehr
Verein: Sturm Graz
Länderspiele: 42
Länderspieltore: 0

Zeljko Milinovic

Rückennummer: 3
Geb.: 12. Januar 1976
Position: Abwehr
Verein: Linzer ASK
Länderspiele: 19
Länderspieltore: 0

Miran Pavlin

ckennummer: 11
b.: 8. Oktober 1971
sition: Mittelfeld
ein: Karlsruher SC
nderspiele: 26
nderspieltore: 3

Zoran Pavlovic

Rückennummer: 21
Geb.: 27. Juni 1976
Position: Mittelfeld
Verein: Dinamo Zagreb
Länderspiele: 5
Länderspieltore: 0

Mladen Rudonja

Rückennummer: 13
Geb.: 26. Juli 1971
Position: Angriff
Verein: VV St. Truiden
Länderspiele: 39
Länderspieltore: 0

Ermin Siljak

Rückennummer: 17
Geb.: 11. Mai 1973
Position: Angriff
Verein: Servette Genf
Länderspiele: 20
Länderspieltore: 4

Marko Simeunovic

Rückennummer: 1
Geb.: 6. Dez. 1967
Position: Tor
Verein: NK Maribor
Länderspiele: 24
Länderspieltore: 0

Saso Udovic

Rückennummer: 9
Geb.: 13. Dez. 1968
Position: Angriff
Verein: Linzer ASK
Länderspiele: 39
Länderspieltore: 15

Zlatko Zahovic

Rückennummer: 10
Geb.: 1. Februar 1971
Position: Angriff
Verein: Olympiakos Piräus
Länderspiele: 49
Länderspieltore: 25

Anton Zlogar

Rückennummer: 16
Geb.: 24. Nov. 1977
Position: Mittelfeld
Verein: HIT Nova Gorica
Länderspiele: 1
Länderspieltore: 0

Teamtrikot

Ausweichtrikot

Keine Fiesta, nur Siesta!

Traumdebüt für stramme Norweger! Nur als Geheimtipp werden sie gehandelt, die Spanier dagegen als Geheimfavorit. Mit dem goldenen Köpfler von Steffen Iversen (65.) versetzen die Wikinger gleich in ihrem ersten EM-Endrundenspiel den Pannen-Toreros einen ganz herben Dämpfer. Norwegens Trainer Nils Johan Semb hebt in der Sieges-Euphorie die Sperrstunde auf, läßt seine Helden ein Gläschen über den Durst trinken.

Immer wieder lassen die Norweger den Gegner mit ihrem 4-4-2-System in die Taktik-Falle laufen. An dem Riegel beißen sich die Spanier die Zähne aus. Stolze 42 Tore haben sie in acht Qualifikationsspielen erzielt – nichts ist davon zu sehen. Keine Fiesta, nur Siesta! Nicht einmal Wunderstürmer Raul von Champions-League-Sieger Real Madrid ist zu sehen. Nur ein einziges Mal taucht er gefährlich vor dem Kasten von Norwegens Torhüter Thomas Myhre auf (41.). In Grund und Boden schämt sich Myhres spanischer Kollege Jose Molina. Er hat das einzige Tor auf dem Gewissen. Bei einer harmlosen Eingabe eilt der Torhüter bis fast an die Strafraumgrenze hinaus, kommt aber gegen Iversen zu spät. Der glückliche Schütze schwärmt vom »besten Tor meiner Karriere«. Ganz anders Molina. Der ist ohnehin umstritten, hat in Spaniens Primera Division 51 Gegentore hinnehmen müssen und ist mit Atletico Madrid abgestiegen. Spaniens »AS« macht den Grund für die Pleite so aus: »Das konnte nicht gut gehen: Dienstag, der 13. – und Molina im Unglück bringenden gelben Hemd.«

Linke Seite: Steffen Iversen zeigt die Faust: So wird ein spanischer Stier bei den Hörnern gepackt! Spaniens Stürmerstar Raul kann nur verdutzt dreinschauen. Unten: An der Festung der Wikinger verpuffen alle spanischen Angriffe, was hier beim Freistoß Hierro und Valeron (21) ebenso zu spüren bekommen wie Fran gegen Carew (rechts).

»Jetzt fürchtet uns der ganze Balkan!«

AFTENPOSTEN (Oslo)

»Fußball ist Fußball – ein Spiel, das man gewinnen oder verlieren kann.«

JOSE ANTONIO CAMACHO (Trainer Spaniens)

Spanien – Norwegen 0:1 (0:0)
Rotterdam, 13. Juni, 18.00 Uhr

Spanien: Molina – Salgado, Hierro, Paco, Aranzabal – Etxeberria (72. Alfonso), Guardiola, Valeron (81. Helguera), Fran (72. Mendieta) – Raul, Urzaiz
Norwegen: Myhre – Heggem, Bragstad, Berg (59. Eggen), Bergdölmo – Solskjaer, Mykland, Skammelsrud, E. Bakke, Iversen (90. Riseth) – Flo (70. Carew)
Tor: 0:1 Iversen (66.). **Ecken:** 6:2.
Schiedsrichter: Gamal El Ghandour (Ägypten). **Zuschauer:** 50 000 (ausverkauft). **Gelbe Karten:** Etxeberria, Salgado – Bergdölmo. **Gelb-Rote Karten:** keine.
Rote Karten: keine

Mit zehn Mann ein 0:3 gedreht

Der Aufstand der Zwerge! Sie haben den Riesen schon am Boden, erschrecken dann aber vor der eigenen Courage. 3:0 führt Slowenien im »Bruderkampf« gegen Jugoslawien, hat nach der Ampelkarte für Mihajlovic sogar in der letzten halben Stunde einen Spieler mehr auf dem Platz, bekommt dann aber noch das große Zittern. Für Trainer Srecko Katanec ist's schließlich nicht einmal ein Teilerfolg: »Eigentlich haben wir verloren. Innerhalb von nur 15 Minuten hat sich das Spiel gewendet.« Hilflos muss der ehemalige Bundesliga-Spieler (VfB Stuttgart) und mit 36 Jahren jüngste EM-Trainer mit ansehen, wie sein Team völlig einbricht. Ganz so schwarz sieht es der zweifache Torschütze Zlatko Zahovic aber nicht: »Auch wenn uns die Jugoslawen am Ende noch eine bittere Lektion erteilt haben, mit dieser Leistung haben wir uns in Europa Respekt verschafft.« Um ein Haar wäre Zahovic zum Volkshelden geworden. Dabei hat ihn Trainer Alberto Bigon bei Olympiakos Piräus wegen persönlicher Differenzen ausgemustert.

In diesem verrückten Spiel sind die Jugoslawen »von den Toten auferstanden«, wie Ljubinko Drulovic sagt, der mit seinem Tor gemeinsam mit dem Doppel-Pack von Savo Milosevic das Match noch aus dem Feuer reißt. Auf himmlischen Beistand beruft sich gar Dejan Stankovic: »Der liebe Gott hat uns geholfen.« Kurios, dass gerade der Platzverweis für Sinisa Mihajlovic eine Motivationsspritze ist. Der Italien-Legionär von Lazio Rom macht eines seiner schwächsten Länderspiele, schenkt dem Gegner mit einem katastrophalen Fehlpass sogar das dritte Tor. Die Blamage schien unausweichlich. Die Belgrader »Glas javnosti«: »Es war ein denkbar schlechtes Spiel. Aber Jugoslawien hat den Schiffbruch überlebt.« Warum sich die Jugoslawen in diesem Spiel so schwer taten, verrät Trainer Vujadin Boskov: »Wir haben gedacht, das wird ein Spaziergang.« Hochmut kommt immer vor dem Fall. Gegen Spanien und gegen Norwegen wird sein Team diesen fatalen Fehler wohl nicht noch einmal machen.

Jugoslawiens Trainer Vujadin Boskov im Wechselbad der Gefühle: Dem Freudenausbruch nach dem Ausgleich zum 3:3 war tiefe Bestürzung vorausgegangen (Fotos rechts), wie seine Mannschaft teilweise vom lauf- und kampfstarken Außenseiter vorgeführt wurde. Linke Seite: Ceh behauptet sich gegen Nadj. Mihajlovic (links) sieht Rot.

Jugoslawien – Slowenien 3:3 (0:1)
Charleroi, 13. Juni, 20.45 Uhr

Jugoslawien: Kralj – Dudic, Djukic, Mihajlovic, Nadj – Stankovic (36. Stojkovic), Jokanovic, Jugovic, Drulovic – Mijatovic (82. Kezman), Kovacevic (51. Milosevic)
Slowenien: Dabanovic – Galic – Milanic, Milinovic – Novak, Ceh, Pavlin (74. Pavlovic), Karic (78. Osterc) – Zahovic – Udovic (65. Acimovic), Rudonja
Tore: 0:1 Zahovic (23.), 0:2 Pavlin (52.), 0:3 Zahovic (57.), 1:3 Milosevic (67.), 2:3 Drulovic (70.), 3:3 Milosevic (73.). **Ecken:** 6:5. **Schiedsrichter:** Victor Melo Pereira (Portugal). **Zuschauer:** 15 000. **Gelbe Karten:** Milanic. **Gelb-Rote Karten:** Mihajlovic (59./wiederholtes Foulspiel). **Rote Karten:** keine

»Wenn wir so weiterspielen, dann fahren wir schnell nach Hause. Jetzt muss es eine Aussprache geben, in der alles knallhart angesprochen wird.«

SAVO MILOSEVIC (zweifacher Torschütze Jugoslawiens)

Raul & Co. wie elf kleine Camachos

Spaniens Olé kommt ganz leise. Mühevoll fällt der 2:1-Sieg über Neuling Slowenien aus. Nur halbseiden wird Wiedergutmachung betrieben nach dem Fehlstart. An Ausreden für die erneut glanzlose Vorstellung ist José Antonio Camacho, der Trainer, nicht verlegen. »Wir haben Spieler, die in dieser Saison schon 85 Spiele gemacht haben. Da fehlt logischerweise die Frische.« Gerade zum Saisonhöhepunkt geht seinen »Marathonmännern«, die in den Monaten zuvor mit gleich drei Vereinen ins Halbfinale der Champions League stürmen, die Luft aus. Negativ fällt das Echo in der Heimat aus. »Spanien schlägt Slowenien mit Fußball, der keinen überzeugt«, schreibt »Marca«. Aber Camacho bürstet die Kritiker nach dem armseligen Auftritt ab: »Das Wichtigste ist zu gewinnen, und wir haben gewonnen. Wenn man gut spielt und verliert, zählt es nichts. Wer das nicht akzeptiert, versteht nichts vom Fußball.« Auf einen Schönheitspreis legt der einstige »Terrier« keinerlei Wert. Er fordert Torjäger Raul und seine Mitspieler auf: »Ihr müsst auftreten wie elf kleine Camachos.« Das tun sie auch, sind aber selbst nicht zufrieden damit. »Es fehlt noch einiges«, gesteht Kapitän Fernando Hierro. Nur Camacho ist seinem Minimalziel nah: »Noch ein Sieg und wir sind im Viertelfinale.«

Enttäuscht krauchen die Slowenen in ihre Betten. »Es

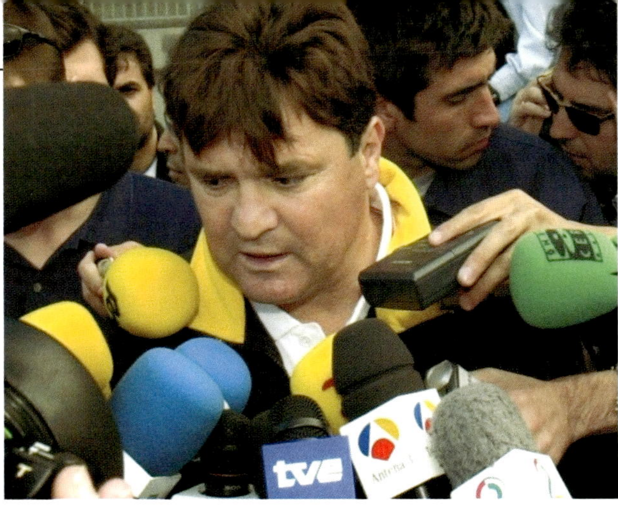

Ganz unten: Kein Spaziergang für die erneut nicht überzeugenden Spanier. Das gilt vor allem auch für Regisseur Guardiola – hier im Bodenkampf mit Ceh.
Rechts: Stürmerstar Raul, von Milanic in die Zange genommen, lässt lediglich bei seinem Treffer Klasse aufblitzen. Trainer Camacho (links) hat viele Fragen zu beantworten …

ist schade, dass wir wieder Lehrgeld zahlen mussten«, findet Miran Pavlin. Besonders ärgern sich die Underdogs über den prompten Rückstand, nachdem Torjäger Zlatko Zahovic mit seinem dritten Turniertor (58.) die spanische Führung durch Raul (4.) ausgleicht. »Die Tore sind nicht wichtig für mich, sondern nur die Mannschaft«, gibt sich Zahovic als Diener des Teams. »Ich bin sehr enttäuscht. Aber wir haben bewiesen, dass wir international bestehen können.« An einen Abschied mag Trainer Srecko Katanec aber noch nicht denken: »Die Spanier waren in keinem Bereich besser als wir. Gegen Norwegen ist alles noch möglich.«

»Spanien fehlt der brillante Fußball und lädt nicht zum Optimismus ein. Die Zweifel bleiben.«

SPORT (Barcelona)

»Der Sieg hat uns am Leben gelassen, aber so zu siegen nimmt uns die Hoffnung.«

MARCA (Madrid)

»Verloren, aber wir sind stolz.«

EKIPA (Ljubljana)

»Amsterdam war slowenisch.«

SLOWENSKE NOVICE (Ljubljana)

»Drei Verbeugungen nach dem Ausgleich.«

DNEVNIK (Ljubljana)

Slowenien – Spanien 1:2 (0:1)
Amsterdam, 18. Juni, 18 Uhr

Slowenien: Dabanovic – Galic, Milonovic, Milanic (68. Knavs), Karic – Novak, Ceh, Pavlin (82. Acimovic), Rudonja – Zahovic, Udovic (46. Osterc)
Spanien: Canizares – Salgado, Hierro, Abelardo, Aranzabal – Etxeberria, Guardiola (81. Helguera), Valeron (89. Engonga), Mendieta – Raul, Alfonso (71. Urzaiz)
Tore: 0:1 Raul (4.), 1:1 Zahovic (58.), 1:2 Etxeberria (60.). **Ecken:** 4:2. **Schiedsrichter:** Dr. Markus Merk (Deutschland). **Zuschauer:** 40 000. **Gelbe Karten:** Milanic (2), Pavlin, Novak, Karic – Aranzabal, Helguera. **Gelb-Rote Karten:** keine. **Rote Karten:** keine

Mit zwei Rekorden zum Sieg

Er kann es nicht fassen: Sekunden nach seiner Einwechslung sieht Mateja Kezman die Rote Karte (links). Rechte Seite: Nicht gerade regelgerecht geht es auch zwischen Saveljic (links) und Solskjaer zu.

Norwegen – Jugoslawien 0:1 (0:1)
Lüttich, 18. Juni, 20.45 Uhr

Norwegen: Myhre – Heggem (35. Björnebye), Eggen, Bragstad, Bergdölmo – E. Bakke (75. Strand), Skammelsrud, Mykland – Iversen (70. Carew), Solskjaer – Flo
Jugoslawien: Kralj – Komljenovic, Djukic, Jokanovic (88. Govedarica), Djorovic – Saveljic, Jugovic, Drulovic, Stojkovic (83. Nadj) – Mijatovic (87. Kezman), Milosevic
Tor: 0:1 Milosevic (8.). **Ecken:** 6:5.
Schiedsrichter: Hugh Dallas (Schottland).
Gelbe Karten: E. Bakke – Drulovic, Jokanovic, Jugovic, Nadj. **Gelb-Rote Karten:** keine. **Rote Karten:** Kezman (88./grobes Foulspiel)

»Norwegen verlor ein schweinisch ausgetragenes Match. Jetzt geht es wieder an unsere Nerven.«

DAGBLADET (Oslo)

»Es war ein Sieg der Technik und Eleganz über die Kraft.«

POLITICA (Belgrad)

»Die Hörner der Wikinger sind im Sack. Endlich ein überzeugendes Jugoslawien.«

GLAS (Belgrad)

»Was Spanien nicht gelungen ist, das hat Jugoslawien geschafft. Es besiegte eine ebenso steinharte wie langweilige Mannschaft.«

AS (Madrid)

Es knallt so richtig zwischen beiden. Norweger und Jugoslawen werden auf absehbare Zeit wohl keine Freunde mehr. »Die haben fast nur gefoult und das Spiel verzögert. Das war eine einzige Katastrophe«, flucht der norwegische Verteidiger Dan Eggen im Kabinengang. Noch krasser sieht es Trainer Nils-Johan Semb: »Ihre Art zu spielen ist schlicht und einfach Sabotage.« Gegen die Anschuldigungen des Rivalen haben die Jugoslawen nur ein müdes Lächeln übrig. »Was kratzt mich, was die sagen. Wir haben super und fair gespielt«, findet Mittelfeldmann Ljubinko Drulovic. Jugoslawiens Trainer Vujadin Boskov empfiehlt seinen hartnäckigen Kritikern, sich gefälligst »neue Brillengläser mit höherer Dioptrienzahl« zuzulegen. Am Ende wird der Jugoslawe zynisch: »Wir haben diszipliniert gespielt. Hauptsache, wir haben keine Verletzten.«

Zwei Rekorde werden in dem an kleinen Gehässigkeiten reichen Spiel registriert. Für den einen sorgt der jugoslawische Joker Mateja Kezman, als er nach einem rüden Foul nur 37 Sekunden nach seiner Einwechslung schon wieder vom Platz fliegt. Zumindest für eine EM-Endrunde ist das Rekord. Die andere Bestmarke hat Norwegen-Trainer Semb ausgemacht: Durch die Verzögerungen der Jugoslawen sei der Ball »höchstens 15 Minuten im Spiel« gewesen. »Das ist Weltrekord!«, empört sich der Coach. Den Vorwurf, nach kleinen Remplern theatralische Liegepausen eingelegt zu haben, lassen sich die Jugoslawen nicht unterstellen. »Mijatovic hat eine Platzwunde am Kopf, ich habe eine im Mund«, erklärt Slobodan Komljenovic. »Das ist doch keine Schauspielerei.« Das alles ficht Matchwinner Savo Milosevic nicht an. Für seinen Tor-Riecher hat ihn »L`Equipe« bereits geadelt: »Milosevic – das Gift.«

Fair Play

Ballermann 4 – die Stiere sind los!

Sie haben sich nichts geschenkt, doch am Ende gibt's für beide Teams, hier die Kontrahenten Jokanovic und Raul (vorn), ein Happy-End. Rechte Seite: Abpfiff! Spanischer Jubel-Berg, dem Abelardo (vorn links) gerade so entfliehen kann. Unten: Etxeberria reklamiert vergebens, Komljenovic bringt seine Mannschaft zum dritten Mal in Führung.

Wahnsinn! Jugoslawien-Spiele gucken macht verdammt viel Spaß. Da gibt's was auf die Socken, da gibt's Männer, die sich vor Schmerzen auf dem Rasen krümmen, da gibt's Rote Karten und da gibt's vor allem mindestens ein halbes Dutzend Tore! Jugoslawien contra Spanien – der Jungbrunnen zu den Deutschland-Spielen. Dramatik pur in einem Spiel um alles oder nichts, das bei dieser EM kaum mehr zu toppen sein dürfte. Die Dramaturgie dieses Thrillers: Die 90. Minute, es werden fünf Minuten Nachspielzeit angezeigt. Die Spanier liegen 2:3 hinten, nur ein Sieg bringt sie ins Viertelfinale. Abpfiff in Arnheim beim Parallelspiel in Gruppe C. Die Norweger jubeln, das 0:0 gegen Slowenien reicht. 92. Minute. Abelardo wird im Strafraum umgerissen. Elfmeterpfiff. Mendieta läuft an, verwandelt eiskalt. 3:3. Das reicht aber immer noch nicht. 95. Minute, nur noch Sekunden sind zu spielen. Spanien wirft alles nach vorn, hat mittlerweile fünf Stürmer auf dem Platz. Dauerbelagerung. Plötzlich kommt Alfonso an der Strafraumgrenze unbedrängt an den Ball. Fackelt keine Sekunde und hämmert die Kugel, fast schon am Boden liegend, in die Maschen. 4:3! Jubel, Anstoß, Abpfiff, Jubel. Ein Berg Leiber türmt sich vor der spanischen Bank. Aufgebrachte jugoslawische Fans attackieren Schiedsrichter Veissiere, treffen ihn mit einer Münze am Kopf. Finale eines Spiels, in dem die Iberer in allerletzter Sekunde ihre Chance bei den Hörnern gepackt haben. Dabei muss der Stier erst gehörig gereizt werden, ehe er auf Touren kommt. Aber wie die Spanier die dreimalige Führung der erneut nicht zimperlichen Jugoslawen wegstecken, wie sie mit fighten und immer wieder aufstehen, das macht sie nun vielleicht doch wieder zu einem der möglichen Titelkandidaten. Ein guter Tag für Spanien – genau 36 Jahre nach dem Triumph im eigenen Land. Ein guter Tag auch für die Jugoslawen, die trotz Niederlage im Turnier bleiben.

»Diese 104 Sekunden werden wir niemals vergessen. Spaniens Elf glaubte bis zum letzten Atemzug an sich selbst.«

MARCA (Madrid)

»In einer Minute aus der Hölle zum Ruhm.«

ABC (Madrid)

»Bravo, Blau. Trotz schlimmer Schiedsrichter weiter: Gott sieht, was sie pfeifen.«

SPORT (Belgrad)

Jugoslawien – Spanien **3:4 (1:1)**
Brügge, 21. Juni, 18.00 Uhr

Jugoslawien: Kralj – Djorovic (19. J. Stankovic), Djukic, Mihajlovic, Komljenovic – Jokanovic, Drulovic, Stojkovic (69. Saveljic), Jugovic (46. Govedarica) – Mijatovic, Milosevic
Spanien: Canizares – Salgado (46. Munitis), Paco (65. Urzaiz), Abelardo, Sergi – Mendieta, Guardiola, Helguera, Fran (23. Etxeberria) – Raul, Alfonso
Tore: 1:0 Milosevic (31.), 1:1 Alfonso (39.), 2:1 Govedarica (51.), 2:2 Munitis (53.), 3:2 Komljenovic (75.), 3:3 Mendieta (92., Foulelfmeter), 3:4 Alfonso (95.). **Ecken:** 2:6.
Schiedsrichter: Gilles Veissiere (Frankreich).
Zuschauer: 25 000. **Gelbe Karten:** Komljenovic, Stojkovic, J. Stankovic, Saveljic – Sergi. **Gelb-Rote Karten:** Jokanovic (63./wiederholtes Foulspiel). **Rote Karten:** keine

Wer sich auf andere verlässt …

15 000 Norweger unter 25 000 Zuschauern machen die Arena in Arnheim zum Tollhaus. Toll ist das allerdings nicht, was die Akteure auf dem Rasen zeigen. Die Norweger wollen nicht ins offene Messer der unbekümmerten Slowenen laufen. Nervosität regiert, denn ein Unentschieden könnte für die Norweger reichen, muss aber nicht. Doch auf Sieg spielen sieht anders aus. Mal eine gefährlich herein gezogene Ecke, mal ein Rieseneinwurf von Bergdölmo – die Mittel der Wikinger bleiben bescheiden. Der Freistoß-Lupfer von Mykland, an dem Iversen knapp vorbei schlittert, ist in Halbzeit 1 der einzige Anlass zum Aufschrei aus 15 000 Kehlen. Vor allem die hochdotierten Stürmer der Nordländer, Tore Andre Flo von Chelsea London und Ole Gunnar Solskjaer von Manchester United, bleiben erneut den Beweis ihrer sicher unbestrittenen Klasse schuldig. Flo hat im Nationaltrikot sogar seit 740 Minuten nicht mehr getroffen. Auch ein Grund, warum die Norweger als Minimalisten von diesem Turnier scheiden – und mit einem einzigen Törchen beinahe noch im Rennen geblieben wären. Beinahe. Denn während die Fans mit dem Abpfiff die Jubelgesänge anstimmen, kriechen die spanischen Presseleute auf der Tribüne förmlich in ihre Handys, um sich über das Spielgeschehen im belgischen Brügge auf dem Laufenden zu halten. Norweger-Coach Nils-Johan Semb: »Als die spanischen Journalisten zu feiern begannen, habe ich gewusst, es ist vorbei. Im Endeffekt haben uns nur zwölf Sekunden für das Viertelfinale gefehlt.« Schon richtig. Aber wer sich auf andere verlässt …

Linke Seite und oben: Die Fans sowie Erik Mykland (links) und John Arne Riise warten auf das Ergebnis des Spanien-Spiels. Links Zahovic und Solbakken (rechts).

»Die norwegischen Spieler bekamen die gerechte Strafe nach einer Demonstration von Anti-Fußball. Ein mieser Abschied.«

AFTENPOSTEN (Oslo)

Slowenien – Norwegen 0:0
Arnheim, 21. Juni, 18.00 Uhr

Slowenien: Dabanovic – Milinovic, Galic (83. Acimovic), Knavs – Ceh, Pavlin – Novak, Karic – Zahovic, Rudonja – Siljak (86. Osterc)
Norwegen: Myhre – Bergdölmo, Eggen, Bragstad, Björnebye – Solbakken – Iversen, Mykland – Carew (61. E. Bakke/83. Strand), Solskjaer, Flo
Ecken: 4:11. **Schiedsrichter:** Graham Poll (England). **Zuschauer:** 25 000. **Gelbe Karten:** Pavlin – Mykland, Solskjaer. **Gelb-Rote Karten:** keine. **Rote Karten:** keine

2
PUMA

GRUPPE D

ERGEBNISSE

11.6. in Brügge:	Frankreich – Dänemark	3:0
11.6. in Amsterdam:	Niederlande – Tschechien	1:0
16.6. in Brügge:	Tschechien – Frankreich	1:2
16.6. in Rotterdam:	Dänemark – Niederlande	0:3
21.6. in Lüttich:	Dänemark – Tschechien	0:2
21.6. in Amsterdamm:	Frankreich – Niederlande	2:3

ABSCHLUSSTABELLE

	Sp.	G	U	V	Tore	Pkte
1. Niederlande	3	3	0	0	7:2	9
2. Frankreich	3	2	0	1	7:4	6
3. Tschechien	3	1	0	2	3:3	3
4. Dänemark	3	0	0	3	0:8	0

Frankreich und Holland schielen schon aufs Finale

Nach der Auslosung in Brüssel waren sich alle einig: In dieser Gruppe D mit Gastgeber Holland, Weltmeister Frankreich, den starken Tschechen, die so munter durch die Qualifikation getanzt waren, und den unberechenbaren Dänen wird es heiß hergehen. Doch es kommt anders – bereits am ersten Spieltag wird in Brügge und Amsterdam die Spreu vom Weizen getrennt. Die Favoriten behaupten sich, teils mit Geschick, teils mit Glück.

Die Franzosen sind in der glücklichen Lage, zwei Jahre nach ihrem überragenden Triumph beim WM-Turnier im eigenen Land nun noch einmal das Gerippe der Erfolgself von St. Denis ins Rennen schicken zu können. Acht Spieler aus dem Finale gegen Brasilien sind im Eröffnungsspiel gegen Dänemark noch dabei. Und diese fußballerische Substanz genügt, um die Dänen sicher zu kontrollieren. Nur in den ersten Minuten sieht das in Brügge nicht so aus, doch dann findet der Favorit zu seinem Spiel, legt ein Tor vor und begnügt sich danach mehr und mehr mit einem Konterspiel. Am Ende springt gegen die sich tapfer wehrenden Dänen ein deutlicher 3:0-Sieg heraus. Ein Starterfolg, der eigentlich Sicherheit geben sollte, doch davon ist im zweiten Spiel gegen die Tschechen eine Stunde lang so gut wie nichts zu spüren. Erst Youri Djorkaeff bringt den Champion auf die Siegerstraße.

Bei den nicht nur im eigenen Land hoch gehandelten

Holländern sieht das im Verlauf der Gruppenspiele etwas anders aus. Gegen Tschechien schrammt der Gastgeber nur haarscharf an einer Blamage vorbei. Die Tschechen werden für ihre taktisch wie technisch ausgezeichnete Leistung nicht belohnt – sie stehen am Ende mit leeren Händen da. Vor allem deshalb, weil der kahlhäuptige italienische Schiedsrichter Pierluigi Collina eine Minute vor Schluss auf den Elfmeterpunkt zeigt. Er legt die Regeln so aus, wie sie von der FIFA vorgegeben sind. Jiri Nemec hat Ronald de Boer am Trikot gezupft. Der Bankangestellte aus Viareggio reagiert konsequent, worauf ihm die »Bild«-Zeitung den Beinamen »Glatze Gnadenlos« verpasst.

Die zwei Großen zweier großen Mannschaften. Sie waren die Starken in einer starken Gruppe und ließen die anderen hinter sich. Ihr Anspruchsdenken zielt eindeutig Richtung Finale. Der Erfolgsdruck ist groß, bei den einen als Weltmeister, bei den anderen als Gastgeber. Gemeinsam ist ihnen, dass sie einfach schön spielen können. Wenn alles klappt.

Nach anfänglichem Stottern kommt der holländische Motor dann in Schwung. Auch die Fußballer aus dem Land der Tulpen gewinnen, wie die Franzosen, 3:0 gegen Dänemark. Damit ist der Sprung ins Viertelfinale getan. Frankreich und die Niederlande begegnen sich in Amsterdam »in aller Freundschaft«. Für die Holländer steht mehr auf dem Spiel als für die Franzosen. Sie wollen Gruppen-Erster werden und im Lande bleiben, denn aus Belgien waren Signale zu vernehmen, die im Falle holländischer Gastspiele eine Antistimmung befürchten lassen.

Zur Freude von Königin Beatrix und Kronprinz Willem steigern sich die Holländer im Laufe der zweiten Halbzeit enorm, während sich der Weltmeister im eigenen System verstrickt. Der 3:2-Sieg der Holländer ist verdient. Die beiden besten Mannschaften der Gruppe C erreichen das Viertelfinale. Aber sie haben beide nicht in allen Spielen überzeugt. Wie schon die Holländer verraten auch die Franzosen Schwächen gegen die spielstarken Tschechen, die sich zuletzt mit einem 2:0-Sieg gegen Dänemark von diesem Turnier verabschieden.

Also sind sich die Experten uneins, was sie von diesen beiden Favoriten zu halten haben, deren Anspruchsdenken eindeutig in Richtung Finale zielt. Hollands Nationalspieler beschweren sich nach ihrem Gruppensieg vor allem über die geharnischte Kritik ihres einstigen Weltstars Johan Cruyff, der eklatante Defizite im Team ausgemacht hat. »Wir lassen uns von ihm nicht kaputt machen«, sagt Johan Neeskens, heute Assistenzcoach und einst Weggefährte von Johan Cruyff.

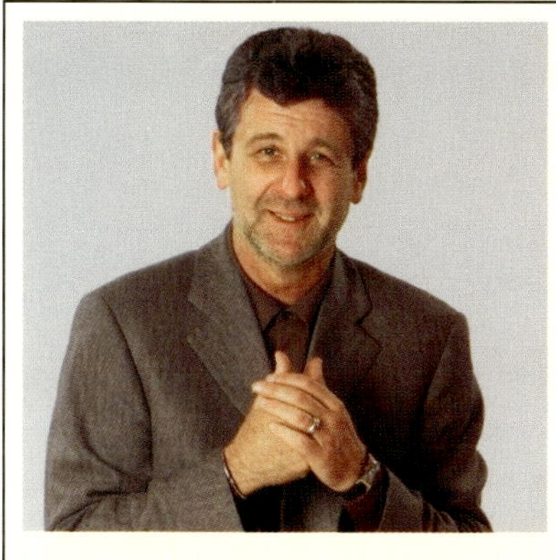

Holland? Erfolgshungrig!

Mit den Tschechen war ich am traurigsten und würde sie beim Bier gerne trösten wollen. Nur sollten sie nicht weiter mit Schiedsrichter Collina hadern, denn es war hinlänglich bekannt, dass am Trikot nicht mehr gezogen werden darf. Dass trotzdem fast alle Beobachter über den Elfmeter für Holland geschimpft haben, ist das größte Lob für die Tschechen gewesen, denn jeder empfand die späte Niederlage als ungerecht. Schließlich hatten sie schön gespielt, und mit Jan Koller ein Fußballwunder im Team. Ich hätte nie gedacht, dass ein so großer Mensch so gut mit dem Ball umgehen kann. Die Dänen hingegen haben mich nostalgisch gemacht, obwohl sie längst nicht so gut waren wie einst. Sie machten nicht viel Aufhebens um sich, weil sie schon vorher wussten, dass keine Laudrups mehr im Team stehen. Es hat nicht gereicht, aber sie haben niemanden enttäuscht und sich selber offensichtlich auch nicht. Sie hatten keine irrsinnigen Ansprüche und unterlagen keinen Fehleinschätzungen über ihre vermeintliche Stärke – und so etwas verdient Respekt. Die französischen Weltmeister hatten es endlich geschafft, ihre Medaillen und Ehrenkränze abzulegen und stellten dabei fest, dass sie einfach sehr gut spielen können. Das war für sie enorm wichtig, denn je länger die Vorrunde dauerte, desto mehr zählten ihre Qualitäten und nicht vergangene Meriten. Der Druck als Weltmeister ins Turnier zu gehen, wurde nur noch von dem der Holländer übertroffen. Ein ganzes Land war in Orange gepinselt und wartete auf das Ideal vom holländischen Fußball. Das Publikum wollte nicht nur den Sieg, sondern auch einen hinreißenden Entwurf des Spiels. Das hat früher meistens nicht geklappt, weshalb sich Rijkaard von dieser Idee verabschiedete. Er wollte zunächst nur den Erfolg – wie wackelig auch immer.

Team Niederlande

Große Titel braucht das Land

Eine Frage beschäftigt die Experten seit den Zeiten, als ein Johan Cruyff, Johan Neeskens oder die van de Kerkhoffs auf den Plan getreten sind: Wann wird dieser mitreißende Fußball einmal belohnt? Die Antwort ließ lange auf sich warten. Bis 1988. Da war es soweit. Und Bondscoach Rinus Michels, der »eiserne General«, sorgte gleich noch für ein zweites Novum in der holländischen Fußball-Historie: Die dominierenden Figuren seines Teams waren zwei dunkelhäutige Männer, deren Väter der ehemaligen Kolonie Surinam entstammen. Frank Rijkaard war der eine, Ruud Gullit der andere. Beide setzten Michels' Philosophie vom »Uhrwerk Orange« hundertprozentig auf den Rasenparzellen um. Den Rest besorgten sie selber oder Marco van Basten. Das Resultat: Endlich ein Titel nach zwei verlorenen WM-Endspielen! Endlich auch konnte man sich mit dem Sieg im 88er EM-Halbfinale gegen Gastgeber Deutschland für die Final-Niederlage 1974 revanchieren! Dieser Stachel hatte tief gesessen im orangefarbenen Fußball-Herz und im Prinzip die nicht immer friedfertig ausgetragene Dauerfehde zwischen den Fans der beiden fußballverrückten Nationen begründet. Beim 88er Pokal blieb's. Als Frank Rijkaard als Bondscoach das Ruder übernahm, suchte er Typen, die sich zerreißen und gleichzeitig die typisch holländische Lust am Spiel verbreiten. Typen wie Edgar Davids, Clarence Seedorf, Michael Reiziger, Patrick Kluivert, die in den neunziger Jahren, aus der Ajax-Schule kommend, in die Auswahl drängten und als »Surinam-Fraktion« mehr und mehr das Zepter übernahmen. Mit ihnen will Rijkaard auf den Thron Europas, indem er ihnen Führungsrollen anvertraut. Wohl wissend, wie die Jung-Millionäre mit ihren Star-Allüren zu nehmen sind. Und er lässt die Öffentlichkeit spüren, dass ein Bergkamp, ein Overmars oder ein Zenden nur so gut sind, wie ihnen Antreiber Davids oder Ideengeber Seedorf Beine machen.

Dennis Bergkamp

Rückennummer: 10
Geb.: 10. Mai 1969
Position: Angriff
Verein: Arsenal London
Länderspiele: 79
Länderspieltore: 37

Paul Bosvelt

Rückennummer: 15
Geb.: 26. März 1970
Position: Mittelfeld
Verein: Feyenoord Rotterdam
Länderspiele: 5
Länderspieltore: 0

Phillip Cocu

Rückennummer: 7
Geb.: 29. Oktober 197
Position: Mittelfeld
Verein: FC Barcelona
Länderspiele: 46
Länderspieltore: 4

Marc Overmars

Rückennummer: 11
Geb.: 29. März 1973
Position: Angriff
Verein: Arsenal London
Länderspiele: 60
Länderspieltore: 12

Michael Reiziger

Rückennummer: 2
Geb.: 3. Mai 1973
Position: Abwehr
Verein: FC Barcelona
Länderspiele: 42
Länderspieltore: 1

Clarence Seedorf

Rückennummer: 6
Geb.: 1. Januar 1976
Position: Mittelfeld
Verein: Inter Mailand
Länderspiele: 51
Länderspieltore: 7

Teamtrikot

Ausweichtrikot

Koninklijke Nederlandse Voetbalbond

Anschrift: Woudenbergseweg 56-58, Postbus 515, NL-3700 AM Zeist
Telefon: ++0031-3-43 49 92 11
Telefax: ++0031-3-43 49 91 89
Internet: www.knvb.nl
Präsident: Mathieu Sprengers
Registrierte Spieler: 1 020 202
Registrierte Vereine: 4041
FIFA-Mitglied seit: 1904
UEFA-Mitglied seit: 1954
Größte EM-Erfolge: Europameister 1988
Größte WM-Erfolge: Zweiter 1974 und 1978

Trainer Frank Rijkaard

Geb.: 30. September 1962
Länderspiele: 73 (10 Tore)
Klubtrainer bei: ohne
Teamchef seit: 16. Juli 1998; Rücktritt am 29. Juni 2000
Größte Erfolge: Als Spieler Europameister mit den Niederlanden 1988, Gewinn des europäischen Meistercups 1990 mit dem AC Mailand, 1995 mit Ajax Amsterdam

Edgar Davids

:kennummer: 8
).: 13. März 1973
sition: Mittelfeld
ein: Juventus Turin
derspiele: 35
derspieltore: 4

Frank de Boer

Rückennummer: 4
Geb.: 15. Mai 1970
Position: Abwehr
Verein: FC Barcelona
Länderspiele: 81
Länderspieltore: 9

Ronald de Boer

Rückennummer: 16
Geb.: 15. Mai 1970
Position: Mittelfeld
Verein: FC Barcelona
Länderspiele: 61
Länderspieltore: 13

Ed de Goey

Rückennummer: 18
Geb.: 20. Dez. 1966
Position: Tor
Verein: FC Chelsea London
Länderspiele: 31
Länderspieltore: 0

Patrick Kluivert

Rückennummer: 9
Geb.: 1. Juli 1976
Position: Angriff
Verein: FC Barcelona
Länderspiele: 45
Länderspieltore: 27

Bert Konterman

Rückennummer: 13
Geb.: 14. Januar 1971
Position: Abwehr
Verein: Feyenoord Rotterdam
Länderspiele: 11
Länderspieltore: 0

Roy Makaay

Rückennummer: 21
Geb.: 3. Sept. 1975
Position: Angriff
Verein: Deportivo La Coruna
Länderspiele: 8
Länderspieltore: 0

Arthur Numan

Rückennummer: 19
Geb.: 14. Dez. 1969
Position: Abwehr
Verein: Glasgow Rangers
Länderspiele: 40
Länderspieltore: 0

Jaap Stam

:kennummer: 3
).: 17. Juli 1972
sition: Abwehr
ein: Manchester
ted
derspiele: 36
derspieltore: 3

G. van Bronckhorst

Rückennummer: 12
Geb.: 5. Februar 1975
Position: Mittelfeld
Verein: Glasgow Rangers
Länderspiele: 19
Länderspieltore: 1

Edwin van der Sar

Rückennummer: 1
Geb.: 29. Oktober 1970
Position: Tor
Verein: Juventus Turin
Länderspiele: 50
Länderspieltore: 0

Pierre van Hooijdonk

Rückennummer: 17
Geb.: 29. Nov. 1969
Position: Angriff
Verein: Vitesse Arnheim
Länderspiele: 20
Länderspieltore: 7

Peter van Vossen

Rückennummer: 14
Geb.: 21. April 1968
Position: Angriff
Verein: Feyenoord Rotterdam
Länderspiele: 31
Länderspieltore: 9

Sander Westerveld

Rückennummer: 22
Geb.: 23. Oktober 1974
Position: Tor
Verein: FC Liverpool
Länderspiele: 5
Länderspieltore: 0

Aaron Winter

Rückennummer: 20
Geb.: 1. März 1967
Position: Mittelfeld
Verein: Ajax Amsterdam
Länderspiele: 84
Länderspieltore: 6

Boudewijn Zenden

Rückennummer: 5
Geb.: 15. August 1976
Position: Mittelfeld
Verein: FC Barcelona
Länderspiele: 26
Länderspieltore: 5

Team Tschechien

Was macht der Schwejk Panenka?

Jahre danach kam der Tag, an dem sie darüber witzeln konnten. Bei einem Promi-Kick in Pilzen duellierten sich der schlitzohrige Prager Antonin Panenka und der bayerische Fangkünstler Sepp Maier emeut am Elfmeterpunkt. Der passionierte Spaßmacher und Supermann im deutschen Tor setzte all sein gesammeltes komisches Talent ein: »Toni, lass es sein. Ich hab seitdem eh jede Unverschämtheit von dir gespeichert ...« Panenka, inzwischen etwas fülliger, aber immer noch mit Schnauzbart und wachen, listigen Augen: »Wart's mal ab, mein Lieber ...« Es funktionierte nicht mehr wie im EM-Finale 1976 in Belgrad, als der 27-jährige »Schwejk« von der Moldau mit dem »frechsten Elfer aller Zeiten« die Europameisterschaft entschied und in die Geschichtsbücher einging. Die »Katze von Anzing« ließ sich nicht noch einmal zu einem verfrühten Satz in eine Ecke verführen. Panenkas diabolischer Effekt, das Spielgerät mit böhmischer Bierruhe und raffiniertem Bogenlampendrall in die Tormitte zu zirkeln, war aufgebraucht. »Der Sepp revanchierte sich«, sagt Panenka, der vor einem Vierteljahrhundert nach dem 120-Minuten-Drama zum 5:3-Sieg einlochte. Lange sei der »Sepp mächtig sauer« gewesen, erzählt der heute 51-jährige Assistenztrainer vom Erstligisten Bohemians Prag. Doch bei einem »gemütlichen Stündchen mit ein paar Pils« habe man alles aufgearbeitet. Inzwischen seien die Protagonisten eines der berühmtesten Duelle in der EM-Historie »richtig gute Freunde«. Bevor sich der Kunstschütze Panenka mit seiner Kreation auf die große Bühne begab, übte er die Elfmeterversion anderthalb Jahre mit seinem Klubkeeper Zdenek Hruska. Nicht ohne Anreiz: »Mal ging's um Schokolade, mal ein Bier oder einen Schnaps.« Schließlich übertölpelte der 59-malige Nationalspieler, der 1980 Fußballer des Jahres wurde, die Konkurrenz in 44 von 45 Versuchen mit dem legendären Panenka-Elfmeter. Später auch »bei Rapid Wien im Europacup gegen Besiktas Istanbul«. Was sich seine Nachfolger ausdenken, von Nedved bis Berger, das will Antonin Panenka mit Sohn Tomas »in aller Ruhe zu Hause am TV anschauen«, in Prag 2, in der ulica Moravska 36 ...

Ceskomoravsky Fotbalovy Svaz

Anschrift: Diskarska 100, CZ-169 00 Praha 6 - Strahov
Telefon: ++420-2-330 29 111
Telefax: ++420-2-33 35 31 07
Internet: www.fotbal.cz
Präsident: Frantisek Chvalovsky
Registrierte Spieler: 480 068
Registrierte Vereine: 3891
FIFA-Mitglied seit: 1907
UEFA-Mitglied seit: 1954
Größte EM-Erfolge: Europameister 1976, Zweiter 1996
Größte WM-Erfolge: Zweiter 1934 und 1962

Trainer Jozef Chovanec

Geb.: 7. März 1960
Länderspiele: 52 (4 Tore)
Klubtrainer bei: Sparta Prag
Teamchef seit: 1. Januar 1998
Größte Erfolge: Als Spieler mit Sparta Prag siebenmal Meister in der CSSR, mit PSV Eindhoven zweimal Meister der Niederlande

Milan Fukal

ickennummer: 5
eb.: 16. Mai 1975
osition: Abwehr
erein: Sparta Prag
nderspiele: 7
nderspieltore: 1

Petr Gabriel

Rückennummer: 21
Geb.: 17. Mai 1973
Position: Abwehr
Verein: Sparta Prag
Länderspiele: 10
Länderspieltore: 1

Pavel Horvath

Rückennummer: 14
Geb.: 22. April 1975
Position: Mittelfeld
Verein: Slavia Prag
Länderspiele: 10
Länderspieltore: 0

Marek Jankulovski

Rückennummer: 15
Geb.: 9. Mai 1977
Position: Mittelfeld
Verein: Banik Ostrava
Länderspiele: 3
Länderspieltore: 0

Jan Koller

Rückennummer: 10
Geb.: 30. März 1973
Position: Angriff
Verein: RSC Anderlecht
Länderspiele: 17
Länderspieltore: 12

Pavel Kuka

Rückennummer: 9
Geb.: 19. Juli 1968
Position: Angriff
Verein: VfB Stuttgart
Länderspiele: 82
Länderspieltore: 26

Radoslav Latal

Rückennummer: 3
Geb.: 6. Januar 1970
Position: Mittelfeld
Verein: FC Schalke 04
Länderspiele: 55
Länderspieltore: 3

Vratislav Lokvenc

Rückennummer: 12
Geb.: 27. Sept. 1973
Position: Angriff
Verein: Sparta Prag
Länderspiele: 31
Länderspieltore: 3

Jiri Novotny

ickennummer: 18
eb.: 7. April 1970
osition: Abwehr
erein: Sparta Prag
nderspiele: 24
nderspieltore: 2

Karel Poborsky

Rückennummer: 8
Geb.: 30. März 1972
Position: Mittelfeld
Verein: Benfica Lissabon
Länderspiele: 58
Länderspieltore: 3

Karel Rada

Rückennummer: 19
Geb.: 2. März 1972
Position: Abwehr
Verein: Slavia Prag
Länderspiele: 37
Länderspieltore: 4

Tomas Repka

Rückennummer: 2
Geb.: 2. Januar 1974
Position: Abwehr
Verein: AC Florenz
Länderspiele: 39
Länderspieltore: 1

Tomas Rosicky

Rückennummer: 11
Geb.: 4. Oktober 1980
Position: Mittelfeld
Verein: Sparta Prag
Länderspiele: 6
Länderspieltore: 0

Vladimir Smicer

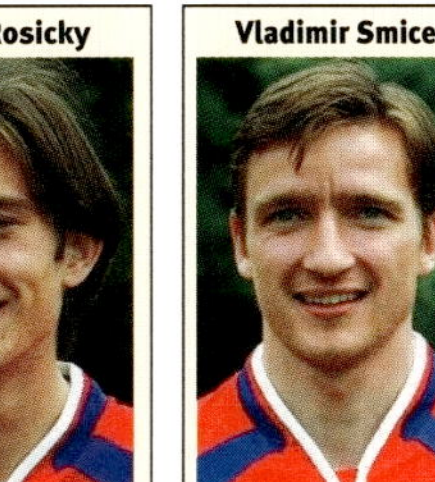

Rückennummer: 17
Geb.: 24. Mai 1973
Position: Angriff
Verein: FC Liverpool
Länderspiele: 44
Länderspieltore: 18

Pavel Srnicek

Rückennummer: 1
Geb.: 10. März 1968
Position: Tor
Verein: Sheffield Wednesday
Länderspiele: 34
Länderspieltore: 0

Petr Vlcek

Rückennummer: 6
Geb.: 18. Oktober 1973
Position: Abwehr
Verein: Slavia Prag
Länderspiele: 15
Länderspieltore: 0

Teamtrikot

Ausweichtrikot

Team Frankreich

Drei Himmelsstürmer

Wozu braucht eine französische Nationalmannschaft Stürmer? Beim Gewinn der Europameisterschaft 1984 im eigenen Land war Michel Platini »Monsieur Plus«, der Zauberer, der Dirigent und der Torjäger. Der geniale Alleinunterhalter war in dem legendären »carre megique« mit Tigana, Giresse und Fernandez derjenige, der sich mit 9 Toren (Rekord für eine Endrunde) in die Herzen aller Franzosen spielte. Hochzeiten und Beerdigungen wurden verschoben, um einen Auftritt »des letzten Mohikaners des klassischen Fußballballetts« (Franz Beckenbauer) zu genießen. Ob sie nun Six, Bellone oder Rocheteau hießen – König Platini machte alle Stürmer zu austauschbaren Komparsen. Beim Triumph zur Weltmeisterschaft 1998 war es Zinedine Zidane, der potenztielle Nachfolger Platinis, der den Franzosen mit zwei zielsicheren Kopfbällen »die Tür zum Himmel« öffnete, wie »L'Equipe« euphorisch nach dem 3:0-Finalsieg gegen Brasilien titelte. Zuvor waren es die Abwehrspieler Laurent Blanc und Lilian Thuram, die den »Blauen« mit wichtigen Törchen zur überschäumenden Feier am 12. Juli verhalfen. Dass die jungen Wilden, Thierry Henry und David Trezeguet, gerade 20 Jahre alt, gegen Fußball-Entwicklungsländer wie Südafrika oder Saudi-Arabien insgesamt viermal getroffen hatten, ging im kollektiven Rausch unter. Und Guivarc'h, Diomede, Dugarry? Stürmer, die zu marginalen Figuren wurden. Der Wind hat sich beim Nachbam gedreht. »France Football« schwärmt von stürmischen Zeiten. Thierry Henry, David Trezeguet, Nicolas Anelka – gleich im Dreierpack drängen sich die einstigen Milchgesichter dem Coach Roger Lemerre auf. Der ungemein schnelle Henry gehörte mit 17 Treffern für Arsenal zu den Topangreifern auf der Insel. Sein einstiger Spezie von Monaco, David Trezeguet, sicherte dem Verein mit 22 Toren ganz entscheidend den Titel und der bei Real Madrid zunächst getürmte und nach den Toren gegen Bayern München angehimmelte Nicolas Anelka schaffte über Galaauftritte in der Champions League noch den Sprung in den EM-Kader Frankreichs. Alle drei hockten vor Jahren noch im Internat zusammen, in Clairfontaine, in der Kaderschmiede des nationalen Verbandes. Roger Lemerre hat wohl erstmals seit den Zeiten von Fontaine, Kopa, Piantoni wieder bei den Angreifern die Qual der Wahl.

Nicolas Anelka

Rückennummer: 9
Geb.: 14. März 1979
Position: Angriff
Verein: Real Madrid
Länderspiele: 16
Länderspieltore: 4

Fabien Barthez

Rückennummer: 16
Geb.: 28. Juni 1971
Position: Tor
Verein: AS Monaco
Länderspiele: 38
Länderspieltore: 0

Laurent Blanc

Rückennummer: 5
Geb.: 19. Nov. 1965
Position: Abwehr
Verein: Inter Mailand
Länderspiele: 95
Länderspieltore: 16

Frank Leboeuf

Rückennummer: 18
Geb.: 22. Januar 1968
Position: Abwehr
Verein: FC Chelsea London
Länderspiele: 30
Länderspieltore: 3

Bixente Lizarazu

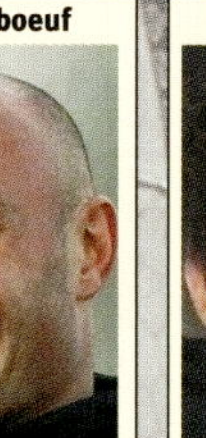

Rückennummer: 3
Geb.: 9. Dez. 1969
Position: Abwehr
Verein: FC Bayern München
Länderspiele: 58
Länderspieltore: 2

Johan Micoud

Rückennummer: 14
Geb.: 24. Juli 1973
Position: Mittelfeld
Verein: Girondins Bordeaux
Länderspiele: 7
Länderspieltore: 0

Fédération Française de Football

Anschrift:	60 Bis Avenue d`léna, F-75783 Paris Cedex 16
Telefon:	++33-1-44 31 73 00
Telefax:	++33-1-47 20 82 96
Internet:	www.fff.fr
Präsident:	Claude Simonet
Registrierte Spieler:	2 790 261
Registrierte Vereine:	19 755
FIFA-Mitglied seit:	1904
UEFA-Mitglied seit:	1954
Größte EM-Erfolge:	Europameister 1984, 2000
Größte WM-Erfolge:	Weltmeister 1998, Dritter 1958, 1986

Trainer Roger Lemerre

Geb.: 18. Juni 1941
Länderspiele: 6
Klubtrainer bei: Red Star Paris, Racing Lens, Racing Strasbourg, FC Paris, L´Esperance Tunis
Teamchef seit: 20. Juli 1998
Größte Erfolge: Als Spieler mit CS Sedan und dem FC Nantes französischer Pokalsieger

Vincent Candela

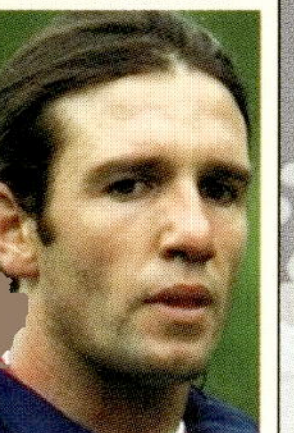

ückennummer: 2
eb.: 24. Oktober 1973
osition: Abwehr
erein: AS Rom
änderspiele: 23
änderspieltore: 1

Marcel Desailly

Rückennummer: 8
Geb.: 7. Sept. 1968
Position: Abwehr
Verein: FC Chelsea London
Länderspiele: 72
Länderspieltore: 2

Didier Deschamps

Rückennummer: 7
Geb.: 15. Oktober 1968
Position: Mittelfeld
Verein: FC Chelsea London
Länderspiele: 101
Länderspieltore: 4

Youri Djorkaeff

Rückennummer: 6
Geb.: 9. März 1968
Position: Mittelfeld
Verein: 1. FC Kaiserslautern
Länderspiele: 67
Länderspieltore: 26

Christophe Dugarry

Rückennummer: 21
Geb.: 24. März 1972
Position: Angriff
Verein: Girondins Bordeaux
Länderspiele: 42
Länderspieltore: 7

Thierry Henry

Rückennummer: 12
Geb.: 17. August 1977
Position: Angriff
Verein: Arsenal London
Länderspiele: 22
Länderspieltore: 7

Christian Karembeu

Rückennummer: 19
Geb.: 3. Dez. 1970
Position: Abwehr
Verein: Real Madrid
Länderspiele: 44
Länderspieltore: 1

Bernard Lama

Rückennummer: 1
Geb.: 7. April 1963
Position: Tor
Verein: Paris St. Germain
Länderspiele: 43
Länderspieltore: 0

Emmanuel Petit

ückennummer: 17
eb.: 22. Sept. 1970
osition: Mittelfeld
erein: Arsenal London
änderspiele: 40
änderspieltore: 3

Robert Pires

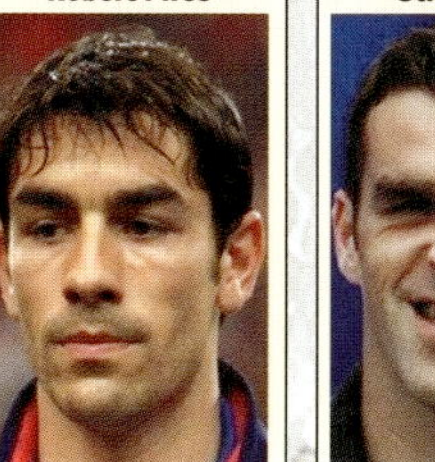

Rückennummer: 11
Geb.: 29. Januar 1973
Position: Angriff
Verein: Olympique Marseille
Länderspiele: 38
Länderspieltore: 5

Ulrich Rame

Rückennummer: 22
Geb.: 19. Sept. 1972
Position: Tor
Verein: Girondins Bordeaux
Länderspiele: 2
Länderspieltore: 0

Lilian Thuram

Rückennummer: 15
Geb.: 1. Januar 1972
Position: Abwehr
Verein: AC Parma
Länderspiele: 62
Länderspieltore: 2

David Trezeguet

Rückennummer: 20
Geb.: 15. Oktober 1977
Position: Angriff
Verein: AS Monaco
Länderspiele: 21
Länderspieltore: 8

Patrick Vieira

Rückennummer: 4
Geb.: 23. Juni 1976
Position: Mittelfeld
Verein: Arsenal London
Länderspiele: 30
Länderspieltore: 0

Sylvain Wiltord

Rückennummer: 13
Geb.: 10. Mai 1974
Position: Angriff
Verein: Girondins Bordeaux
Länderspiele: 18
Länderspieltore: 5

Zinedine Zidane

Rückennummer: 10
Geb.: 23. Juni 1972
Position: Mittelfeld
Verein: Juventus Turin
Länderspiele: 59
Länderspieltore: 16

Teamtrikot

Ausweichtrikot

Team Dänemark

Schmeichelhaftes auf Vaters Piano

Er selbst saß oft am Piano des Vaters, der Jazzmusiker ist: Peter Boleslaw Schmeichel. Nein, doch nicht jener Schmeichel, der mit seinen Pranken und seinem massigen Körper Gegner und Kollegen gleichermaßen Furcht einjagt? Doch. Dies tat er auch beim Champions-League-Gewinner Manchester United. Der einstige Kapitän Steve Bruce hat's noch nicht verdrängt: »Er kam 1991 zu uns. Gleich im ersten Match faltete er mich zusammen wie einen kleinen Jungen. Später haben sich alle daran gewöhnt.« In seinen acht Jahren am Old Trafford wurde .Der »große Blonde« mit dieser Erfolgsvita zur Kultfigur: Fünf mal Englischer Meister, drei mal englischer Cupgewinner und Champions-League-Sieger 1999. Dazwischen lag das Fußball-Märchen von 1992, als Peter Schmeichel und Teamgefährten aus dem Urlaub gerufen wurden und mit hohem Spaßfaktor sensationell den EM-Titel gewannen. Es war auch eine EM-Endrunde, als der 1,91 m lange und 98 kg schwere Powerman sein Länderspiel-Debüt gab. 1988 in Deutschland stellte Coach Sepp Piontek den damals 24-Jährigen von Bröndby in dle Kiste – und der überzeugte. Bei seiner vierten EM-Endrunde ist der Welttorhüter von 1992 und 1993 mit über 120 Länderspielen Rekordmann des klelnen Dänemark, das so große Spieler wie Allan Simonsen (Udo Lattek: »genialer Dribbler«), Sören Lerby (Uli Hoeneß: »schuftender Künstler«) oder Michael Laudrup (Marcel Reif: »Tricks zum Niederknien«) hervorbrachte. Trotzdem: Peter Boleslaw Schmelchel, Sohn eines polnischen Jazz-Pianisten und einer dänischen Krankenschwester, liegt in den (Länderspiel-) Charts seiner Landsleute unangefochten auf Platz 1 – der 36-jährige Hobby-Pianist vom portugiesischen Meister Sporting Lissabon trug sich jüngst auch mit einem Elfmeter-Tor gegen Belgien endlich in den illustren Chilavert-Club der Tore schießenden Torhüter ein ...

Mikkel Beck

Rückennummer: 21
Geb.: 12. Mai 1973
Position: Mittelfeld
Verein: Derby County
Länderspiele: 19
Länderspieltore: 3

Morten Bisgaard

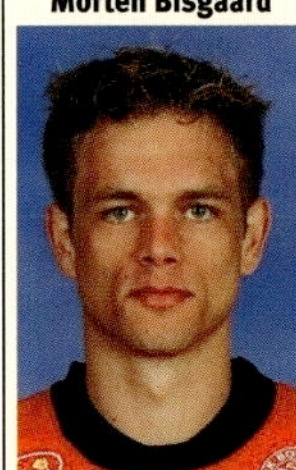

Rückennummer: 19
Geb.: 25. Juni 1974
Position: Mittelfeld
Verein: Udinese Calcio
Länderspiele: 5
Länderspieltore: 0

Sören Colding

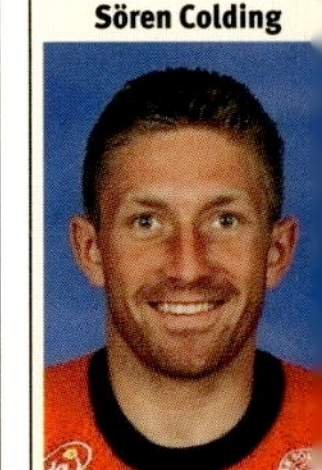

Rückennummer: 12
Geb.: 2. Sept. 1972
Position: Abwehr
Verein: Bröndby IF
Länderspiele: 25
Länderspieltore: 1

Peter Kjaer

Rückennummer: 22
Geb.: 5. November 1965
Position: Tor
Verein: Silkeborg IF
Länderspiele: 0
Länderspieltore: 0

Martin Laursen

Rückennummer: 13
Geb.: 26. Juli 1977
Position: Abwehr
Verein: Hellas Verona
Länderspiele: 3
Länderspieltore: 0

Miklos Molnar

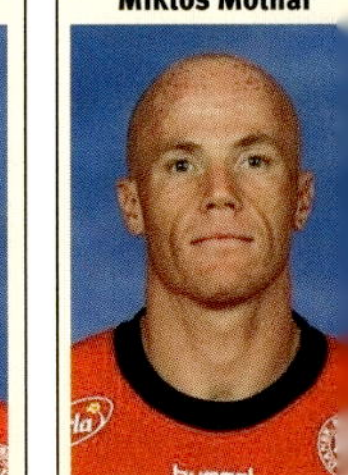

Rückennummer: 18
Geb.: 10. April 1970
Position: Angriff
Verein: Kansas City Wizards
Länderspiele: 18
Länderspieltore: 2

Teamtrikot

Ausweichtrikot

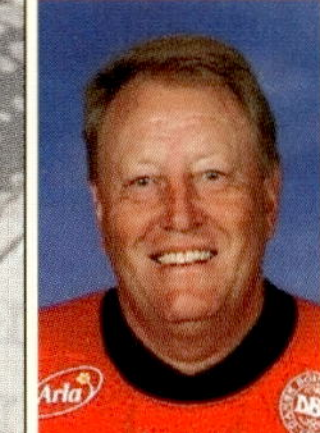

Trainer Bo Johansson

Geb.: 22. November 1942
Länderspiele: 0
Klubtrainer bei: Kalmar FF, Silkeborg IF
Teamchef seit: 1. Juli 1996
Größte Erfolge: Dänischer Meister 1994 mit Silkeborg IF

Bjarne Goldbaek

ickennummer: 17
eb.: 6. Oktober 1968
osition: Mittelfeld
erein: FC Fulham
inderspiele: 24
inderspieltore: 0

Thomas Gravesen

Rückennummer: 20
Geb.: 11. März 1976
Position: Mittelfeld
Verein: Hamburger SV
Länderspiele: 8
Länderspieltore: 0

Jesper Grönkjaer

Rückennummer: 8
Geb.: 12. August 1977
Position: Angriff
Verein: Ajax Amsterdam
Länderspiele: 12
Länderspieltore: 0

Jan Heintze

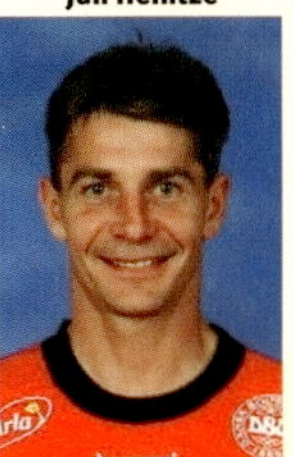

Rückennummer: 5
Geb.: 17. August 1963
Position: Abwehr
Verein: PSV Eindhoven
Länderspiele: 65
Länderspieltore: 2

Thomas Helveg

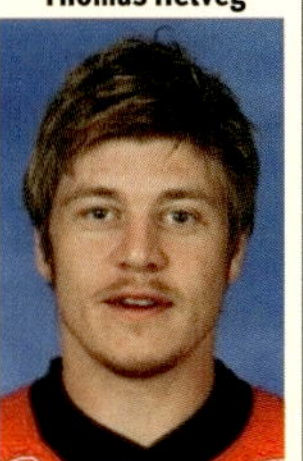

Rückennummer: 6
Geb.: 24. Juni 1971
Position: Abwehr
Verein: AC Mailand
Länderspiele: 52
Länderspieltore: 2

Rene Henriksen

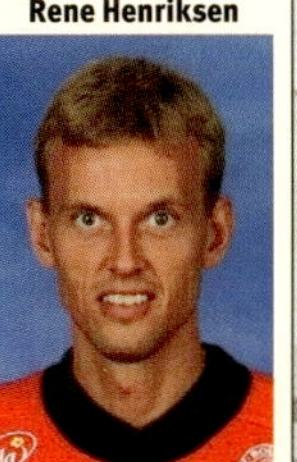

Rückennummer: 3
Geb.: 27. August 1969
Position: Abwehr
Verein: Panathinaikos Athen
Länderspiele: 20
Länderspieltore: 0

Jes Hoegh

Rückennummer: 4
Geb.: 7. Mai 1966
Position: Abwehr
Verein: FC Chelsea London
Länderspiele: 57
Länderspieltore: 1

Martin Jörgensen

Rückennummer: 10
Geb.: 6. Oktober 1975
Position: Angriff
Verein: Udinese Calcio
Länderspiele: 24
Länderspieltore: 3

Allan Nielsen

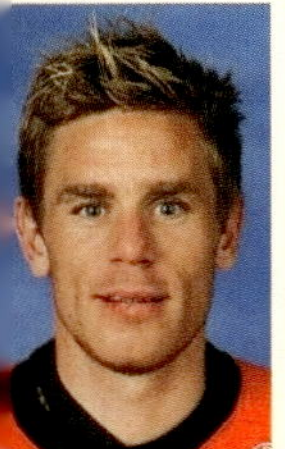

ickennummer: 7
eb.: 13. März 1971
osition: Mittelfeld
erein: Tottenham otspur
inderspiele: 35
inderspieltore: 7

Brian Steen Nielsen

Rückennummer: 14
Geb.: 28. Dez. 1968
Position: Mittelfeld
Verein: AB Kopenhagen
Länderspiele: 55
Länderspieltore: 2

Ebbe Sand

Rückennummer: 11
Geb.: 19. Juli 1972
Position: Angriff
Verein: FC Schalke 04
Länderspiele: 26
Länderspieltore: 5

Michael Schjönberg

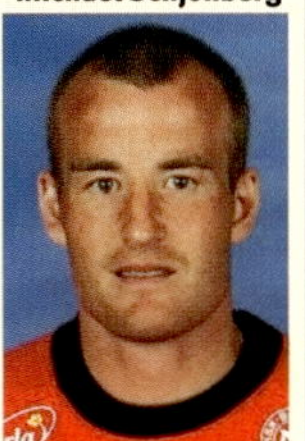

Rückennummer: 2
Geb.: 19. Januar 1967
Position: Abwehr
Verein: 1. FC Kaiserslautern
Länderspiele: 44
Länderspieltore: 0

Peter Schmeichel

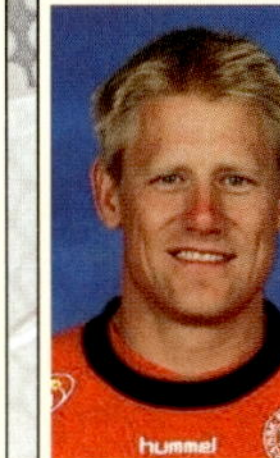

Rückennummer: 1
Geb.: 18. Nov. 1963
Position: Tor
Verein: Sporting Lissabon
Länderspiele: 124
Länderspieltore: 1

Thomas Sörensen

Rückennummer: 16
Geb.: 12. Juni 1976
Position: Tor
Verein: FC Sunderland
Länderspiele: 1
Länderspieltore: 0

Stig Töfting

Rückennummer: 15
Geb.: 14. August 1969
Position: Mittelfeld
Verein: Aarhus GF
Länderspiele: 22
Länderspieltore: 2

Jon Dahl Tomasson

Rückennummer: 9
Geb.: 29. August 1976
Position: Angriff
Verein: Feyenoord Rotterdam
Länderspiele: 21
Länderspieltore: 8

Dansk Boldspil Union

Anschrift:	Idraettens Hus, Bröndby Stadion 20, DK-2605 Bröndby
Telefon:	++45-4-3 26 22 22
Telefax:	++45-4-3 26 22 45
Internet:	www.dbu.dk
Präsident:	Poul Hyldgaard
Registrierte Spieler:	416 347
Registrierte Vereine:	1615
FIFA-Mitglied seit:	1904
UEFA-Mitglied seit:	1954
Größte EM-Erfolge:	Europameister 1992
Größte WM-Erfolge:	keine

»Diese Stürmer sind einfach fantastisch«

Fußball macht Spaß! »Diese Stürmer sind nicht nur schnell, sondern auch äußerst geschickt und wendig. Sie sind einfach fantastisch. Wenn man am Rand sitzt und einen Spieler wie Zidane beobachtet, dann macht Fußball Spaß.« Selbst Bo Johansson, der Trainer der unterlegenen Dänen, kann seine Bewunderung über die Darbietung der Weltmeister nicht verhehlen. In der Tat, wie sich Zidane und die beiden »jungen Wilden«im Sturm, Henry und Anelka, streckenweise zum »magischen Dreieck« finden, das ist einfach grandios. Nationalcoach Lemerre stellt fest, was an diesem Tag für alle spürbar ist: »Diese Weltmeister wollen einen weiteren Titel als Bestätigung. Das haben sie mit ihrer Moral bewiesen.« Dass jedoch zunächst gar nichts auf diese Titelambitionen hinweist, liegt an den Dänen, die loslegen wie die Feuerwehr und eine gehörige Portion »Danish Dynamite« auspacken. Und wer weiß, wie es ausgegangen wäre, hätte der frei vor Barthez auftauchende Tomasson die Nerven bewahrt und sein Team in Führung geschossen. Statt dessen platzt mitten in den dänischen Drang das 1:0 durch Laurent Blanc, und sofort löst sich die allgemeine Verkrampfung beim Weltmeister. Italien-Legionär Zinedine Zidane schwingt sich zum Herrscher über Freund und Feind auf und füttert seine Mitspieler serienweise mit gestochenen Pässen. 81 Ballkontakte zählt die Statistik am Ende für den Juve-Star, darunter jene Vorlage, mit der er in der 64. Minute Henry auf die Reise zum vorentscheidenden 2:0 schickt.

Kaum zu bändigen sind die »jungen Wilden« Henry (Foto rechts) und Anelka, der hier Schjönberg und Torhüter Schmeichel umkurvt (linke Seite). Spiel mit Köpfchen demonstriert der Weltmeister, allen voran Zinedine Zidane, der seine Mannschaft perfekt führt (unten).

»Jetzt geht es wieder los wie 1998. Auch damals gewann Frankreich sein Auftaktspiel mit 3:0 gegen Südafrika.«

L'EQUIPE (Paris)

»Die Dänen hätten mehr verdient, sie haben uns anfänglich vor eine Menge Probleme gestellt. Aber als Weltmeister hat man den außergewöhnlichen Willen, gut zu sein.«

ROGER LEMERRE (Trainer Frankreichs)

Frankreich – Dänemark 3:0 (1:0)
Brügge, 11. Juni, 18.00 Uhr

Frankreich: Barthez – Thuram, Blanc, Desailly, Lizarazu - Deschamps, Petit - Djorkaeff (58. Vieira), Zidane - Henry, Anelka (82. Wiltord)
Dänemark: Schmeichel – Colding, Henriksen, Schjönberg, Heintze – Bisgaard (72. Jörgensen), A. Nielsen, Töfting (72. Gravesen), Grönkjaer – Sand, Tomasson (80. Beck)
Tore: 1:0 Blanc (16.), 2:0 Henry (64.), 3:0 Wiltord (90.). **Ecken:** 5:9. **Schiedsrichter:** Günter Benkö (Österreich). **Zuschauer:** 27 000. **Gelbe Karten:** Schjönberg. **Gelb-Rote Karten:** keine. **Rote Karten:** keine

Der Riese wankt, er fällt aber nicht

Alle Stoßgebete von Pavel Nedved (links) helfen nicht – ein fragwürdiger Elfmeter lässt die Tschechen leer ausgehen und die Holländer aus dem Häuschen geraten. Die Mannen um den Zwei-Meter-Mann Jan Koller (rechte Seite gegen Edgar Davids) haben den Gastgebern gehörig das Fürchten gelehrt. Mehr aber auch nicht.

Collina sei Dank! Hollands Fußball-Idol Johan Cruyff drückt nach Spielende aus, was Millionen Zuschauer empfinden müssen: »Schickt dem Schiedsrichter einen Strauß Blumen. So einen Elfmeter gibt man nicht.« Dennoch wird auch Cruyff hörbar durchgeatmet haben, als Frank de Boer in der 89. Minute den vom italienischen Unparteiischen Pierluigi Collina verhängten Strafstoß sicher verwandelt. Vorausgegangen war ein Zupfen vom Schalker Jiri Nemec am Trikot von Ronald de Boer. Da die Referees bei diesem Turnier angehalten sind, auch derartige Aktionen strikt als Foulspiel zu ahnden, ist Collinas Entscheidung durchaus vertretbar. Dass sie förmlich einen ganzen Spielverlauf auf den Kopf stellt, macht die Sache so schmerzhaft für den Verlierer. Radoslav Latal, der kurz vor Schluss – bereits ausgewechselt – noch auf der Ersatzbank wegen Schiedsrichterbeleidigung die Rote Karte sieht, ist fassungslos: »Ich habe zum ersten Mal in meinem Leben auf diese Weise ein Spiel verloren.« Während die Tschechen mit sich und der Welt hadern – ganz klar, auch mit dem holländischen Torgestänge –, macht sich beim erklärten Titelanwärter derweil so etwas wie Ratlosigkeit breit. Zum Beispiel darüber, warum der Gastgeber völlig die Kontrolle über Spiel und Gegner verlieren konnte. »Wir haben einfach nicht die Geduld gehabt«, versucht Clarence Seedorf eine Erklärung. Vor allem er, Cocu und Davids sind zu keiner Zeit mit dem Druck des Gewinnenmüssens fertig geworden. Hinzu kommt der doch überraschend starke Auftritt des Vizeeuropameisters von 1996, der dem Favoriten derart die Zügel anlegt, dass Stars wie Patrick Kluivert oder Dennis Bergkamp nur das Scharren mit den Hufen bleibt. Keine Frage, in dieser Form sind die Tschechen nach wie vor ein Kandidat für das Viertelfinale.

Niederlande – Tschechien **1:0 (0:0)**
Amsterdam, 11. Juni, 20.45 Uhr

Niederlande: van der Sar – Reiziger, Stam (Kontermann), F. de Boer, van Bronckhorst – Seedorf (57. R. de Boer), Cocu, Davids, Zenden (78. Overmars) – Kluivert, Bergkamp
Tschechien: Srnicek – Repka, Rada, Gabriel – Latal (70. Bejbl), Poborsky, Rosicky, Nemec – Nedved (90. Lokvenc) – Smicer (83. Kuka), Koller
Tor: 1:0 F. de Boer (89./Foulelfmeter).
Ecken: 9:4. **Schiedsrichter:** Pierluigi Collina (Italien). **Zuschauer:** 50 000 (ausverkauft). **Gelbe Karten:** F. de Boer, van Bronckhorst – Nedved, Poborsky, Repka.
Gelb-Rote Karten: keine. **Rote Karten:** Latal (90./Schiedsrichterbeleidigung)

Aus – trotz eines geschenkten Elfmeters

Lebe wohl, Tschechien! Der Vize-Europameister von 1996 ist nach der zweiten Niederlage schon draußen. Stürmer-Riese Jan Koller beschreibt die Stimmung in der Kabine nach dem 1:2 gegen Frankreich so: »Am liebsten hätte ich geweint.« Denn den Tschechen fehlt wie schon gegen die Niederländer das letzte Quäntchen Glück. Koller trifft in der Schlussphase mit einem Kopfball wieder nur die Latte. »Fußball ist manchmal grausam und schmerzhaft«, urteilt Trainer Jozef Chovanec enttäuscht. »Wir haben zum zweiten Mal Pech gehabt. In meinem Herzen fühle ich große Trauer.« Dabei hätten seine Männer den Weltmeister in die Knie zwingen können. Ausgerechnet Pavel Nedved, der beste Spieler seines Teams, vergibt kurz nach der Pause mit einer dicken Möglichkeit die sichere Führung. »Aus zehn solcher Chancen mache ich neun Tore. Leider war heute die zehnte«, so der Pechvogel. Da nutzt selbst ein geschenkter Elfmeter nichts, den Karel Poborsky nach einem Foul von Didier Deschamps an Nedved sicher verwandelt.

Nur kurz lassen sich die Franzosen davon irritieren. Wieder haben sie in Stürmer Thierry Henry den besten Mann auf dem Platz. Er schaltet sich nicht nur in einen katastrophalen Fehlpass von Petr Gabriel ein und schießt die schnelle Führung, er ist auch sonst nicht zu stellen. Allein er selbst sieht seine Leistung etwas kritisch: »Ich hätte noch ein Tor mehr schießen müssen. Damit habe ich das Team in Bedrängnis gebracht.« Dafür legt Henry blendend für Youri Djorkaeff zum Siegtreffer auf. Der bedankt sich artig und findet sogar einen wesentlichen Vorzug gegenüber 1998, als die »Equipe tricolore« immerhin Weltmeister wird: »Heute sind wir im Angriff stärker. Das ist unser größter Fortschritt.« Sieht nicht jeder Spieler des Siegers so. Zinedine Zidane, der geniale Spielmacher, warnt trotz des schnellen Erreichens der nächsten Runde: »Das Problem ist, dass es Phasen gibt, in denen wir abwesend sind. Wir müssen aufmerksamer und besser werden, um im Viertelfinale nicht ausgebremst zu werden.«

Linke Seite: Der Moment vor dem Elfmeterpfiff: Didier Deschamps stürzt nach seinem Foul an Pavel Nedved an der Strafraumgrenze über den tschechischen Spielmacher. Rechte Seite, oben: Den Strafstoß verwandelt Karel Poborsky (links) sicher gegen Fabien Barthez. Freude bei Youri Djorkaeff, der in der 60. Minute die Entscheidung besorgt.

»Lange mussten sich die tschechischen Spieler wie Bergsteiger fühlen, die den schwersten Berg besteigen – und auf einmal reißt ihnen das Seil.«

MF DNES (Prag)

»Frankreich auf dem Königsweg! Es war ein schwieriger, aber schöner Sieg gegen exzellente Tschechen. Barthez war wie eine Vollkaskoversicherung für uns.«

LE PARISIEN (Paris)

Traurige Nachricht für den französischen Trainer Roger Lemerre. In der Nacht zum 17. Juni, nur Stunden nach dem Sieg gegen Tschechien, stirbt sein Vater im heimischen Cherbourg. Obwohl sich Roger Lemerre sofort nach dem Spiel im Auto auf den Weg zu seinem sterbenden Vater macht, kommt er nicht mehr rechtzeitig an. Die besondere Tragik: Der Sohn wird am Tag darauf, am 18. Juni, 59 Jahre alt. An Feiern ist trotz des vorzeitigen Einzugs ins Viertelfinale nicht zu denken.

Tschechien – Frankreich 1:2 (1:1)
Brügge, 16. Juni, 18.00 Uhr

Tschechien: Srnicek – Repka, Rada, Gabriel (46. Fukal) – Poborsky, Rosicky (62. Jankulovski), Bejbl (49. Lokvenc), Nedved, Nemec – Koller, Smicer
Frankreich: Barthez – Thuram, Blanc, Desailly, Candela – Vieira, Deschamps, Petit (46. Djorkaeff) – Zidane – Anelka (55. Dugarry), Henry (90. Wiltord)
Tore: 0:1 Henry (7.), 1:1 Poborsky (35., Foulelfmeter), 1:2 Djorkaeff (60.).
Ecken: 4:4. **Schiedsrichter:** Graham Poll (England). **Zuschauer:** 30 000 (ausverkauft). **Gelbe Karten:** Gabriel, Nemec, Jankulovski – Thuram. **Gelb-Rote Karten:** keine. **Rote Karten:** keine

Standpauke und Kopfwäsche

Nichts mehr los mit »Danish Dynamite«! Das Pulver ist den Dänen nass geworden. Nicht einmal einen Elfmeter bringt Michael Schjönberg im Kasten des Oranje-Teams unter (81.). Dieser Fehlschuss hat nichts mehr am Aus des Europameisters von 1992 geändert. Deshalb nimmt´s der Pechvogel ziemlich locker: »Künstlerpech. Ich habe den Ball nicht optimal getroffen.« Da hat Thomas Gravesen schon mehr Grund zum Hadern. Kurz vor der Pause landet ein gefühlvoller Drehschuss auf der Stange des niederländischen Tores. Später aber stellt Trainer Bo Johansson ernüchtert fest: »Nach der Pause sind wir regelrecht eingebrochen. Wir hatten nicht mehr die Mittel, die Holländer in Gefahr zu bringen.« Ex-Nationalspieler Sören Lerby haut noch mehr drauf: »Es fehlte einfach an Qualität. Mit dieser Mannschaft kommt Dänemark international nicht weiter.«

Aber auch die Oranjes müssen erst geweckt werden. Und zwar durch eine Standpauke ihres Trainers Frank Rijkaard. Der staucht sein Team in der Pause völlig zusammen, dass die Kabinentür im Stadion »de Kuip« wackelt. Rijkaard fordert nach dem Schlafwagen-Kick endlich mehr Tempo. Später ist er gern bereit, wieder die Samthandschuhe überzustreifen. Sein Fazit danach: »Ich muss der Mannschaft ein Kompliment machen, weil sie in der zweiten Halbzeit Einsatz und Einstellung gezeigt hat.« Trotzdem etwas wenig für den ausgemachten Turnierfavoriten. Der braucht sehr viel Glück und anderthalb Spiele, um halbwegs auf Touren zu kom-

Linke Seite: Overmars (rechts) und Bergkamp drehen nach dem 2:0 jubelnd ab, während Sören Colding mit seinem Torhüter Peter Schmeichel motzt.
Michael Reiziger (links oben mit Patrick Kluivert, darunter im Zweikampf mit Grönkjaer) als einer der auffälligsten Akteure. Edwin van der Sar hätte sich nicht so zu strecken brauchen, Schjönberg setzt den Strafstoß neben das Tor.

men. Patrick Kluivert, der sein Team mit seinem ersten Turniertor (1:0/57.) auf die Siegerstraße bringt und den Weg zu den weiteren Treffern durch Ronald de Boer (66.) und Boudewijn Zenden (77.) ebnet, bleibt auf dem Teppich und sagt: »Die Standpauke des Trainers hat Wirkung gezeigt.« Dagegen mosert Stürmer Dennis Bergkamp: »Ein Tor mehr und gegen die Franzosen hätte uns ein Remis zu Platz 1 in der Gruppe gereicht. Das ärgert mich.« Nicht einverstanden trotz des noch deutlichen Erfolges ist auch Idol Johan Cruyff. Der lässt als TV-Co-Kommentator des Senders NOS an seinen Landsleuten kaum ein gutes Haar: »Unvorstellbare Fehler der Dänen haben uns geholfen. Wir können schrecklich froh sein, das Viertelfinale erreicht zu haben.«

»Oranje ist in Schwung gekommen. Der Löwe ist im brodelnden de Kuip endlich aufgewacht.«

ALGEMEEN DAGBLAD (Amsterdam)

»Schneller ging es nicht ins Viertelfinale – aber besser. Trotzdem: Oranje blüht zur rechten Zeit auf.«

HAAGSCHE COURANT (Den Haag)

»Zwei hässliche 0:3-Niederlagen unterstreichen dick, dass die dänische Mannschaft einfach nicht gut genug für die Dynamit-Gruppe D ist.«

BERLINGSKE TIDENDE (Kopenhagen)

»Scheiße! Die Niederlage gegen die Niederlande ist peinlich, aber nicht so peinlich wie gegen Frankreich.«

BT (Kopenhagen)

Dänemark – Niederlande 0:3 (0:0)
Rotterdam, 16. Juni, 20.45 Uhr

Dänemark: Schmeichel – Colding, Henriksen, Schjönberg (82. Helveg), Heintze – Bisgaard, A. Nielsen (61. Töfting), Gravesen (67. B.S. Nielsen), Grönkjaer – Tomasson, Sand
Niederlande: Van der Sar (90. Westerveld) – Reiziger, Konterman, F. de Boer, van Bronckhorst – Zenden, Cocu, Davids, Overmars (61. R. de Boer) – Bergkamp (76. Winter), Kluivert
Tore: 0:1 Kluivert (57.), 0:2 R. de Boer (66.), 0:3 Zenden (77.). **Ecken:** 3:3. **Schiedsrichter:** Urs Meier (Schweiz). **Zuschauer:** 50 000 (ausverkauft). **Gelbe Karten:** A. Nielsen – van Bronckhorst (2), Reiziger, Konterman, Van der Sar. **Gelb-Rote Karten:** keine. **Rote Karten:** keine

Ein Königreich für einen Torschützen ...

Es ist ein Spiel für die Statistik, 10 000 Zuschauer nur wollen es sehen, keine der beiden Mannschaften kann noch etwas reißen, man ist bereits aus dem Turnier ausgeschieden. Entsprechend wenig ist zu notieren: Patrik Berger vom FC Liverpool macht sein erstes und letztes EM-Spiel, da er für die vorhergehenden Partien noch eine Rot-Sperre abzusitzen hatte. Berger enttäuscht. Dafür läuft Doppeltorschütze Vladimir Smicer zu später Hochform auf. Peter Schmeichel macht sein 124. Länderspiel. Der 34-jährige Jiri Nemec vom FC Schalke 04 will nach 82 Spielen im Nationaltrikot aufhören ... Was also bleibt? »Von Frankreich und den Niederlanden haben wir Lektionen erhalten«, bilanziert Smicer, »aus denen wir unsere Lehren ziehen können. Früher oder später kehren wir in den Kreis der Spitzenteams Europas zurück.« Eine solche Prognose wie für die bei der EM unter Wert geschlagenen Tschechen scheint bei den Dänen ziemlich gewagt. Angesichts einer noch schlechteren Bilanz – 0 Tore, 0 Punkte – als die des DFB fordert Kapitän Schmeichel einen radikalen Schnitt: »Wir müssen jetzt die gleiche Debatte führen wie die Deutschen und uns über die Zukunft und die Entwicklung junger Spieler Gedanken machen.« Er selbst, der einzige »Überlebende« aus der Erfolgsära der Laudrup-Brüder, will »noch so lange spielen, wie ich laufen kann«. Und das dann unter dem neuen Trainer-Duo Morten Olsen und Michael Laudrup, die als Nachfolger von Bo Johansson bereits vor der EM feststehen. Mit diesen drei Lichtgestalten des dänischen Fußballs an der Spitze, so glaubt man in unserem Nachbarland, sollte es möglich sein, der Konkurrenz bald wieder mit »Danish Dynamite« das Fürchten zu lehren.

Linke Seite, links: Nedved und Fukal freuen sich über Smicers Treffer (v.l.). Peter Schmeichel mit seinem scheidenden Trainer Bo Johansson. Rechts: Nur selten ist richtig Pfeffer im Spiel, wie hier zwischen Jan Koller (links) und Brian Steen Nielsen. Unten: Pavel Nedved (rechts, neben ihm Michael Schjönberg) ist der beste Mann im leider frühzeitig ausscheidenden tschechischen Team.

»Eine Null-Truppe. Gegen drei Klasse-Nationen wollten wir positiven Fußball spielen und sind mit einem solchen Knall auf die Nase gefallen, dass unser kleines Land ohne jeden Zweifel das Schlusslicht dieser EM geworden ist.«

B.T. (Kopenhagen)

»Das dänische EM-Fiasko ist vollendet. Uns fehlte es total an Konterstärke und Torgefährlichkeit.«

BERLINGSKE TIDENDE (Kopenhagen)

»Wenigstens am Ende ein Sieg. Smicers Tore sichern Tschechien einen würdevollen Abgang.«

PRAVO (Prag)

Dänemark – Tschechien 0:2 (0:0)
Lüttich, 21. Juni, 20.45 Uhr

Dänemark: Schmeichel – Helveg, Henriksen, Schjönberg, Heintze (68. Colding) – Töfting, B. Nielsen – Goldbaek, Grönkjaer – Beck (74. Molnar), Tomasson
Tschechien: Srnicek – Fukal, Rada, Repka – Bejbl (61. Jankolovski), Nemec – Poborsky – Nedved, Berger – Smicer (79. Lokvenc), Koller (74. Kuka)
Tore: 0:1 Smicer (64.), 0:2 Smicer (67.).
Ecken: 12:4. **Schiedsrichter:** Gamal El Ghandour (Ägypten). **Zuschauer:** 10 000.
Gelbe Karten: Grönkjaer, Molnar, Töfting – Fukal, Poborsky, Rada. **Gelb-Rote Karten:** keine. **Rote Karten:** keine

Auch der zweite Anzug ist vom Designer

Fußball-Herz, was willst du mehr! Es ist die Leichtigkeit des Seins, die vielleicht die beiden besten Teams zusammen führt. Sie beflügelt Niederländer und Franzosen gleichermaßen. In einem lockeren Kick, in dem es »nur« darum geht, ob die Oranjes im Viertelfinale zu Hause bleiben dürfen oder ins Exil nach Belgien müssen. Dort aber fühlt sich wiederum die »Equipe Tricolore« wohler. Am Ende erreichen beide Mannschaften ihr Ziel, wahren zudem ihr Gesicht und legen auch noch ein Spiel auf den Rasen der Amsterdam ArenA, an dem niemand auch nur in leisesten Tönen zu kritteln wagt. Und das hüben wie drüben mit Spielern, die sonst nicht zur ersten Wahl gehören. Die Franzosen ändern ihre Mannschaft sogar auf acht Positionen. Trainer Roger Lemerre stapelt tief, indem er sagt: »Wir haben gezeigt, dass wir ein großes Reservoir an Spielern haben.« Bondscoach Frank Rijkaard ist davon nicht überrascht: »Da waren einige Spieler auf dem Platz, die ihrem Trainer zeigen wollten, dass sie in die erste Elf gehören.« Die Franzosen merken: Auch ihr zweiter Anzug ist vom Designer, nicht von der Stange. Nach dem »B-Gipfel« ist Lemerre voll des Lobes über seine Reservisten: »Es war eine Begegnung mit hoher Spielkultur in einer fantastischen Atmosphäre in Blau und Orange.«

Dem Niveau schaden die vielen Umstellungen überhaupt

nicht. Im Gegenteil. Mit-Gastgeber und Weltmeister zelebrieren die hohe Schule von technischen Kabinettstückchen. Beide finden enormen Spaß daran, unbekümmert aufzutrumpfen und keine Rücksicht auf taktische Finessen nehmen zu müssen. Erstaunliche 63 Minuten effektive Spielzeit werden gemessen – das liegt immense zehn Minuten über dem Durchschnitt. Trotzdem sind beide mit vollster Konzentration bei der Sache, wenngleich sie sich gedanklich fast schon mit einem möglichen Endspiel gegeneinander beschäftigen. Oranjes Mittelfeld-Star Edgar Davids wünscht sich von den Franzosen, »dass wir sie im Finale wiedersehen«.

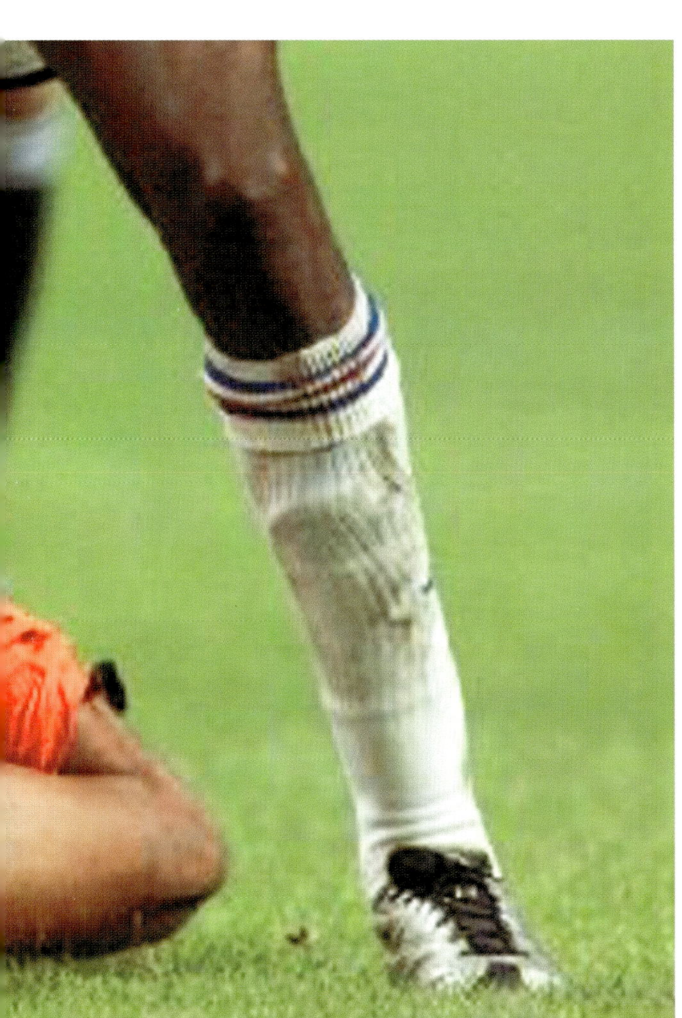

Foto unten: Edgar Davids, der Wühler und Antreiber im holländischen Team.
Links: Spaßfußball mit Spaßfaktor Fallrückzieher, hier dargeboten von Philip Cocu (rechts Desailly und Frank de Boer).
Zenden, der das spielentscheidende Tor macht, wird von Kluivert beglückwünscht.

»Dieses Ergebnis der französischen ›B‹-Mannschaft wird nicht viele ärgern. Die Niederländer können weiterhin zu Hause spielen, die Franzosen meiden bei einem Sieg über Spanien im Halbfinale Italien.«

LIBERATION (Paris)

»Oranje schafft alles und jagt immer beeindruckender nach dem Hauptpreis bei EURO 2000.«

DE TELEGRAAF (Amsterdam)

»Das war zum Genießen. Oranje schlägt den Weltmeister.«

ALGEMEEN DAGBLAD (Amsterdam)

Frankreich – Niederlande 2:3 (2:1)
Amsterdam, 21. Juni, 20.45 Uhr

Frankreich: Lama – Karembeu, Leboeuf, Desailly, Candela – Dugarry (69. Djorkaeff), Vieira (90. Deschamps), Pires, Micoud – Trezeguet, Wiltord (80. Anelka)
Niederlande: Westerveld – Bosvelt, Stam, F. de Boer, Numan – Overmars (90. van Vossen), Cocu, Davids, Zenden – Kluivert (61. Makaay), Bergkamp (77. Winter)
Tore: 1:0 Dugarry (8.), 1:1 Kluivert (14.), 2:1 Trezeguet (30.), 2:2 F. de Boer (51.), 2:3 Zenden (59.). **Ecken:** 6:3. **Schiedsrichter:** Anders Frisk (Schweden). **Zuschauer:** 51 300 (ausverkauft). **Gelbe Karten:** Dugarry, Desailly, Vieira – Davids, Cocu. **Gelb-Rote Karten:** keine. **Rote Karten:** keine

6
6

VIERTEL-FINALE

ERGEBNISSE

24.6. in Amsterdam:	Türkei – Portugal	0:2
24.6. in Brüssel:	Italien – Rumänien	2:0
25.6. in Rotterdam:	Jugoslawien – Niederlande	1:6
25.6. in Brügge:	Spanien – Frankreich	1:2

Die Welt schaut zu und alle schwärmen

Weltmeisterlich, Fußballrausch, Brasilianer Europas, erstklassige Mixtur! Europa schwärmt von diesem Viertelfinale. Es bringt Rasse, Klasse und viele Tore. Weltmeister Frankreich spielt seine ganze Routine und Ballsicherheit im schweren Spiel mit den Spaniern aus, die Holländer ziehen wie ein Tornado über die zum Schluss entnervten Jugoslawen. Portugal stoppt cool und clever und dank einer harmonischen Vorstellung die Türkei. Und Italiens Fußball-Strategen, die das Spiel mit dem Ball aufziehen, als handele es sich dabei um eine Variante des Schachs, triumphieren aus einer Lauerstellung heraus über die Rumänen. Die Runde der letzten Acht ist gewürzt mit exzellentem Fußball – bei einem WM-Turnier könnte das Niveau kaum höher sein.

Und die Welt schaut zu. In Hongkong fliegt ein illegaler Ring auf, der mit EM-Wettgeschäften rund fünf Millionen Mark umsetzte. In Israel freut sich die Polizei, weil die bösen Buben nicht ausrücken. Dank der Tatsache, dass Hunderttausende fast allabendlich zu Hause bleiben und die Spiele auf ihren Bildschirmen verfolgen, reduziert sind die Zahl der Einbrüche in Haifa, Tel Aviv und anderswo um immerhin vierzehn Prozent.

Haben die Holländer nur geblufft, als sie in ihren ersten Vorrundenspielen sehr mühsam ihre Siege einfuhren? Der Kantersieg gegen Jugoslawien macht im legendären Stadion »De Kuip« in Rotterdam ganz Oranje glücklich. Auch Hollands Prinzen Willem, der im orangefarbenen Pullover vor seinem gepolsterten Sitz steht und sich kaum unterscheidet vom Überschwang seiner Umgebung, und selbst Johan Cruyff, den großen alten Mann des holländischen Fußballs. Er hat gemahnt und den Finger in vermeintliche Wunden der Mannschaft gelegt. Und nun strahlt er, als habe man ihn erhört.

Völlig losgelöst fliegen die Holländer gegen eine eher stolpernde jugoslawische Mannschaft ins Halbfinale. Nicht nur die Zuschauer in Orange haben ihre helle Freude. Dazu französische, italienische und portugiesische Ballkunst – und rauschende Fußballabende sind garantiert.

Die Franzosen wissen nach ihrem Vordringen ins Viertelfinale, dass der Zauber der gealterten Weltmeister noch wirkt. Portugal ergötzt sich an einem neuen Fußball-Nationalbewusstsein, das es seit Eusebios Zeiten kaum mehr gegeben hat, und Italien düpiert alle Experten, die den Exweltmeister schon früh abgeschrieben haben.

Trauer aber herrscht vor allem in Spanien. Wieder ist der Stolz des iberischen Fußballs an den eigenen Nerven zugrunde gegangen. »Zwei Wunder gibt es nicht – adios EM«, formuliert »El Mundo Deportivo«. Raul, der glänzende Techniker und Pechvogel des Elfmeterdramas in der Schlussminute gegen Frankreich, schluchzt vor den Kameras und bittet die Nation um Verzeihung. Und man spürt: Dies alles ist mehr als nur ein Spiel.

Für die Jugoslawen, die aus dem Lande kamen, das nach den Balkan-Kriegen noch immer am Pranger Europas steht, endet das Turnier mit einem Fiasko. Die Torflut der Holländer macht aus dem Trainer-Methusalem Vujadin Boskov einen Rentner. Schon gegen die Slowenen hatten die »Jugos« in den Abgrund geschaut – nun offenbart er sich für diese Mannschaft im Viertelfinale. Das 1:6 ist die zweithöchste Niederlage in der 70-jährigen Historie des Verbandes.

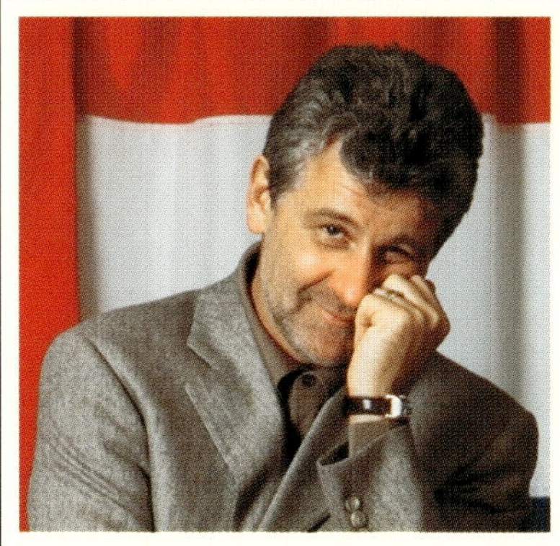

Was noch fehlt? Romantik!

Der Fußballgott, wer immer das ist, scheint aufmerksam über dieser Europameisterschaft zu wachen. Den Spaniern etwa sandte er ein deutliches Zeichen, dass sie es übertrieben hatten. Raul, der von allen Spielern vor diesem Turnier die meisten Partien gespielt hatte, verschoss einen Elfmeter. Weil ihm am Ende die psychische Kraft fehlen musste. Insofern passte das Viertelfinale ins Bild, denn genau jene vier Mannschaften kamen weiter, die weiterkommen mussten. Kein tolles Spiel war das der Holländer, denn dazu gehören zwei große Mannschaften. Die Jugoslawen wirkten, nachdem sie in allen drei Spielen zuvor nicht vollzählig vom Platz gingen, als wären sie gar nicht erst mit elf Mann angetreten – und deshalb hat die oberste Instanz nicht lange gezögert. Bei den Holländern hatte ich vorher immer das Gefühl, als würde ein toller Galopper zu eng am Zügel geführt. Diesmal haben sie sich davon – wenigstens phasenweise – endlich befreit. Dagegen hatte das italienische Spiel auch gegen Rumänien wieder den Charme von Industriearchitektur. Das war nicht heimelig, hatte keine Rüschen und Verzierungen, aber man konnte sich der Faszination nicht entziehen. Schon gar nicht gegen ein richtig gutes rumänisches Team. Gefühlsmäßig ist mir zwar etwas emotionales Durcheinander lieber, aber das Spiel der Italiener ist trotz mangelnder Romantik weder destruktiv noch sonst wie negativ, sondern fügte sich wegen seiner kühlen Klasse in den offenbar vorhandenen großen Plan dieser EM. Die Portugiesen haben mich hingegen Zweifeln lassen. Ihre türkischen Gegner waren unreif und zu emotional, wie der Platzverweis zeigte. Aber wo blieben die Tore? Das kam mir vor wie ein Griff ins alte Töpfchen: Portugiesen treffen nicht. Zwei Tore waren es, wo es hätten mindestens fünf sein müssen. Das trug einen Hauch des möglichen Scheiterns in sich.

Figomenales nach dem Harakiri

Vielleicht wäre alles ganz anders gelaufen im ersten überdachten Spiel der EM-Geschichte, hätten die Türken ihre Nerven im Zaum gehabt. Hätte Alpay nicht nach einem Faustschlag »Rot« gesehen und hätte Arif Sekunden vor dem Halbzeitpfiff den Elfmeter zum Ausgleich verwandelt. Für die türkische Presse ist der Fall klar: »Oh weh, Arif, oh weh! Alpay, was hast du gemacht?«; »Türkisches Harakiri«; »Zwei Amateure haben unser Rückflugticket gebucht«. Das ist allerdings nur die halbe Wahrheit. Zwar scheinen die Türken nach diesen Aussetzern wie zu Eis erstarrt, aber was sie den Portugiesen insgesamt entgegen zu setzen haben, ist keineswegs Halbfinal-würdig. Einfallslos werden die Bälle nach vorn gedroschen, alles ist auf Stürmerstar Hakan Sükür zugeschnitten, der schon irgendwie Kopf oder Fuß an die Kugel bekommen wird. Ganz anders die »Brasilianer Europas«, die, geführt von ihrem »figomenalen« (»Correira da Manha«) Spielmacher Luis Figo, geradezu unwiderstehlich ihr elegantes, variables Angriffsspiel aufziehen. Am Ende reichen die zwei Tore; allein Nuno Gomes hat noch drei, vier nahezu hundertprozentige von einem Dutzend hochkarätiger Chancen. »Naja, dann habe ich mir den Hattrick eben fürs Halbfinale aufgehoben«, blickt Nuno Gomes voraus. Dort, so hofft nicht nur er, würde die »Selecca National« am liebsten mit Weltmeister Frankreich die Klingen kreuzen, um eine alte Rechnung zu begleichen: Vor 16 Jahren, bei der EURO 84, scheiterte Portugal im Halbfinale am späteren Europameister …

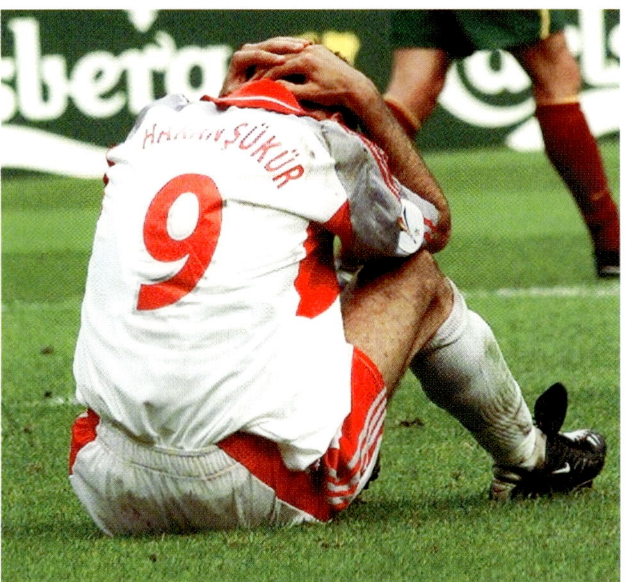

Linke Seite: Lehrmeister Figo und sein Musterschüler Nuno Gomes freuen sich mit Joao Pinto (von rechts). Rechts wird Gomes von Alpay bedrängt, der nach seinem Platzverweis zum Prügelknaben der Nation wird. Bei der EURO 96 in England erhielt eben jener Özalan Alpay den Fairplay-Preis der UEFA weil er gegen Kroatien kurz vor Schluss auf eine Notbremse verzichtete und damit das Siegtor gegen die Türkei ermöglichte. Tore für die Türkei bleibt Hakan Sükür (unten) gegen Portugal schuldig.

»Ruhm für Portugal! Eine Tonnenladung von Talenten erreicht das Halbfinale, was ihr vor vier Jahren versagt blieb.«

DIARIO DE NOTICIAS (Lissabon)

»Figos Magie beendet den Teppichritt der Türken.«

SUNDAY EXPRESS (London)

»Portugal kommt im Spaziergang weiter. Mit derselben Eleganz, die die Elf in den bisherigen Spielen auszeichnete, setzte sich das Team auch über die Türkei hinweg.«

EL PAIS (Madrid)

Türkei – Portugal 0:2 (0:1)
Amsterdam, 24. Juni, 18.00 Uhr

Türkei: Rüstü – Alpay, Ogün (84. Sergen), Fatih – Tayfun, Okan (62. Oktay), Tayfur, Ergün, Hakan Ünsal – Hakan Sükür, Arif
Portugal: Baia – Conceicao, Couto, Jorge Costa, Dimas – Costinha (46. Paulo Sousa), Bento – Joao Pinto, Rui Costa (87. Capucho), Figo – Nuno Gomes (74. Sa Pinto)
Tore: 0:1 Nuno Gomes (44.), 0:2 Nuno Gomes (56.). **Ecken:** 1:11. **Schiedsrichter:** Dick Jol (Niederlande). **Zuschauer:** 44 000. **Gelbe Karten:** Okan, Hakan Ünsal, Ogün – Joao Pinto, Couto, Rui Costa, Costinha, Paulo Sousa. **Gelb-Rote Karten:** keine. **Rote Karten:** Alpay (30./Tätlichkeit)

König Hagis Abgang mit einer »Schwalbe«

Dem Platzen nahe, die Augen funkelnd wie einst Graf Dracula und auf den Lippen einen lauten Fluch – so gibt sich Gheorghe Hagi nach dem 0:2 gegen Italien und dem Aus für die Rumänen. Innerhalb von fünf Minuten nimmt der »König« seinen unrühmlichen Abgang. Zuerst tritt er seinem Gegenspieler Antonio Conte die Bänder im rechten Knöchel kaputt, sieht dafür Gelb (55.). Hagis nächste Aktion ist eine »Schwalbe« im italienischen Strafraum (59.). Der portugiesische Schiedsrichter Melo Pereira versteht keinen Spaß, kennt auch vor dem »Denkmal« keine Ehrfurcht. Rumäniens Rekord-Nationalspieler muss nach der Schwalbe die »Fliege« machen. Abgang nach einer schillernden Karriere. Selbst in der Niederlage zeigt sich der Superstar als genialer Strolch. »Eine Schande! Das war doch ein Elfmeter! Das konnte man sogar aus dem Flugzeug heraus sehen.« Hagis Mitspieler stützen diese Auffassung. Ioan Lupescu: »Das sah zwar bisschen blöd aus, war aber ein Strafstoß.« Trainer Emerich Jenei findet das Ganze höchst ungerecht: »Anstatt Elfmeter kriegen wir eine Gelb-Rote Karte. Das kann ich nicht verstehen.« Nur dass für Conte die EM wegen des bösen Trittes zu Ende ist, darüber verliert Hagi kein einziges Wort.

Stört die Italiener in ihrem Siegesrausch nicht. Sie stürmen nach Toren von Totti (33.) und Inzaghi (43.) erstmals seit 1988 ins Halbfinale. Die wahren Sieger aber stehen in der Defensive. Die bildet nicht nur ein undurchdringliches Bollwerk, sondern ist Schaltzentrale des Spielaufbaus. Weil dieses Erfolgsgeheimnis perfekt umgesetzt wird, kennt die Euphorie keine Grenzen. Verbandspräsident Luciano Nizzola bietet dem eigentlich unbeliebten Trainer Dino Zoff spontan eine Vertragsverlängerung an: »Wir wollen mit Zoff bis zum Jahr 2002 weitermachen. Er ist ein positiver und siegessicherer Mann.« Genau dieser Zoff zieht im Erfolg aber die Notbremse: »Zum Jubel ist es zu früh. Die schweren Gegner kommen erst noch.«

Linke Seite: Inzaghi lässt Stelea keine Chance und baut die Führung der Italiener durch Totti (links oben gegen Galca und unten) auf 2:0 aus. Rechts: Würdeloser Abgang eines der letzten großen Spielgestalter des Weltfußballs. Gheorghe Hagi will einen Elfmeter schinden und sieht »Gelb-Rot«.

»Italien feiert. Ein Triumph für Zoff. Totti und Inzaghi waren tödlich.«

TUTTOSPORT (Turin)

»Das Halbfinale ist das Reich der Großen. Italien ist im Paradies.«

GAZZETTA DELLO SPORT (Mailand)

»Italia bum bum. Die Azzurri sind nicht aufzuhalten.«

IL MESSAGERO (Rom)

»Italien wirft Hagi raus.«

MAIL ON SUNDAY (London)

»Der bittere Abschied des rumänischen Kapitäns.«

MARCA (Madrid)

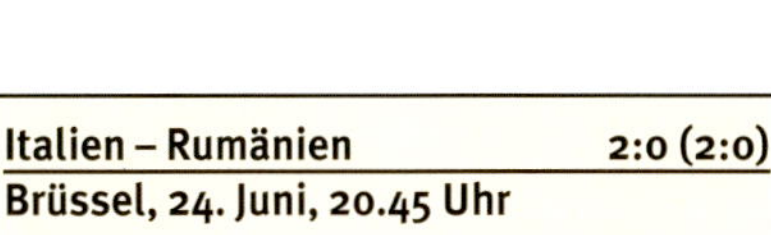

Italien – Rumänien 2:0 (2:0)
Brüssel, 24. Juni, 20.45 Uhr

Italien: Toldo – Cannavaro, Nesta, Iuliano – Albertini, Conte (56. Di Biagio), Zambrotta, Fiore, Maldini (46. Pessotto) – Totti (75. Del Piero), Inzaghi
Rumänien: Stelea – Filipescu, Belodedici, Ciobotariu, Chivu – Galca (68. Lupescu), Hagi, Petre, D. Munteanu – Mutu, Moldovan (54. Ganea)
Tore: 1:0 Totti (33.), 2:0 Inzaghi (43.). **Ecken:** 4:10. **Schiedsrichter:** Vitor Manuel Melo Pereira (Portugal). **Zuschauer:** 35 000. **Gelbe Karten:** Albertini. **Gelb-Rote Karten:** Hagi (59./Unsportlichkeit). **Rote Karten:** keine

Kluivert krönt die »Oranje«-Gala

Die One-Man-Show des Patrick Kluivert verzückt ein ganzes Land (rechte Seite). Nur Vujadin Boskov (links), Jugoslawiens Trainer, kann es nicht mehr mit ansehen.

»Oranje, was für eine Show.«

DE TELEGRAF (Amsterdam)

»Atemberaubend. Oranje jetzt Kandidat für das EM-Finale.«

ALGEMEEN DAGBLAD (Amsterdam)

»Katastrophe in Rotterdam.«

BLIC (Belgrad)

»Erniedrigung ohne Ende. Es war das schlechteste Spiel der Jugoslawen seit mehr als 20 Jahren.«

DANAS (Belgrad)

Hollands Hoffnung trägt einen Namen: Patrick Kluivert. Drei Treffer steuert der Mittelstürmer zum 6:1-Festival der Niederländer gegen Jugoslawien bei. Zunächst wird ihm noch ein viertes Tor angerechnet. Doch Kluivert gibt bescheiden zu: »Wenn ich ehrlich bin, war das 3:0 ein Eigentor.« Vier Tore in einem EM-Endrundenspiel – es wäre ein Rekord gewesen. Den hat Kluivert nicht, nimmt´s aber gelassen: »Ohne meine Kameraden könnte ich die Tore nicht schießen.« Die passen den Ball, so Ersatzkeeper Sander Westerveld, zurück: »Es ist unglaublich, wie Patrick trifft.« Nur noch »wunderbar« findet Bondscoach Frank Rijkaard die Gala seiner Mannschaft und meint: »Wenn du siehst, dass alles passt, dann ist das schon ein tolles Gefühl.« In den Jubel stimmt selbst »König« Johan Cruyff ein, in den Tagen zuvor fast schon brutaler Kritiker des »Oranje«-Teams: »Das war fantastischer Fußball. Wir wollen vergessen, was ich letzte Woche gesagt habe.« Mit Blick auf das Halbfinale sagt Defensivmann Jaap Stam: »Jetzt ist für uns alles angerichtet.«

Für die Jugoslawen ist es ein trister Abschied. Trainer Vujadin Boskov redet sich fast um Kopf und Kragen: »Es ist keine Schande zu verlieren, doch die Höhe der Niederlage kommt einer Blamage gleich.« Der 69-Jährige muss kein Blatt mehr vor den Mund nehmen. Sein Abgang als Trainer steht mit dem Ende der Europameisterschaft fest. In der Mannschaft steht, geht´s nach dem Willen von Verbandspräsident Miljan Miljanic, bereits der Nachfolger. Es ist Dragan Stojkovic (35), das »Herz« des Teams. Diesmal verschont sich der Oldie nicht einmal selbst mit Kritik: »Es war nicht mein Tag.« Die Jugoslawen dürfen sich lediglich über ein winziges Detail freuen: Ihr letztes Spiel bei dieser EM ist nach drei Feldverweisen das erste, das sie mit kompletter Mannschaft beenden.

Jugoslawien – Niederlande 1:6 (0:2)
Rotterdam, 25. Juni, 18 Uhr

Jugoslawien: Kralj – Komljenovic, Djukic, Mihajlovic, Saveljic (56. J. Stankovic) – Govedarica, Stojkovic (53. D. Stankovic), Jugovic, Drulovic (70. Kovacevic) – Mijatovic, Milosevic
Niederlande: van der Sar (65. Westerveld) – Bosvelt, Stam, F. de Boer, Zenden (80. R. de Boer) – Overmars, Davids, Cocu, Numan – Kluivert (60. Makaay), Bergkamp
Tore: 0:1, 0:2 Kluivert (24., 38.), 0:3 Govedarica (51., Eigentor), 0:4 Kluivert (55.), 0:5, 0:6 Overmars (79., 90.), 1:6 Milosevic (90.). **Ecken:** 0:4. **Schiedsrichter:** Jose Garcia-Aranda (Spanien). **Zuschauer:** 51 504 (ausverkauft). **Gelbe Karten:** Bosvelt. **Gelb-Rote Karten:** keine. **Rote Karten:** keine

ro2000

Zwölf-Millionen-Mann Raul ein ganz armer Hund

Links: Das Leibchen des Siegers verdeckt die Schmach des Verlierers. Raul Gonzales stürzt Fußball-Spanien in Agonie.
Rechte Seite: Kapitän Didier Deschamps, hier bedrängt von Alfonso, war in seinem 99. Länderspiel einer der Besten. Christophe Dugarry (unten rechts) eilt auf Zinedine Zidane zu, den Schützen zum 1:0.

»Das große Zittern. Djorkaeff ist unsere Risikoversicherung.«

L´EQUIPE (Paris)

»Die Schlange Youri war Gift für Spanien.«

LE SOIR (Brüssel)

»Raul schoss Spaniens Wunschtraum in die Wolken.«

MARCA (Madrid)

»Raul – ein ausgelaugter Millionär, der mit seinem Fehler Einzug hält in das Pantheon der gefallenen Helden.«

EL MUNDO (Madrid)

Raul Gonzales Blanco ist allein mit seinem Schmerz. In letzter Sekunde liegt Spaniens Schicksal auf dem starken linken Fuß des Jung-Stars von Real Madrid. Elfmeter für die Spanier, der zweite für sie im Spiel gegen Weltmeister Frankreich. Die »Equipe Tricolore« führt durch einen Freistoß-Treffer von Zidane (33.) und Djorkaeff (44.) bei einem Elfmeter-Gegentor von Mendieta (38.) 2:1. Der Ausgleich liegt in der Luft und mit ihm die Verlängerung. Mendieta, der den ersten Elfer eiskalt verwandelt, ist nicht mehr im Spiel. Hat Trainer Antonio Camacho mit ihm den Erfolg ausgewechselt? Keiner geht zum Punkt. Nur Raul traut sich. Aber: Er jagt den Ball in den Nachthimmel von Brügge. Aus, vorbei – die Spanier sind durch den Fehlschuss raus. Raul, mit zwölf Millionen Mark netto Jahresgage ein Krösus, ist plötzlich ein ganz armer Hund. Sein Leid vergräbt er unter einem französischen Trikot. Erst viel später findet er Worte: »Es tut mir Leid, vor allem für unsere Fans und meine Kameraden. Ich war überzeugt, dass ich treffe. Aber ich bin gescheitert.« Vorher weint er hemmungslos über sein Missgeschick. »Für mich ist eine Welt zusammengebrochen«, so der Pechvogel. Kein Vorwurf kommt indes von seinen Mitspielern. »Wir danken Raul, dass er den Mut hatte«, meint Michel Salgado.

So ist Youri Djorkaeff der Tore-Held in einem heiß umkämpften Viertelfinale. Wieder ist sein Tor das »tödliche«. Der Mann vom 1. FC Kaiserslautern atmet nach dem schweren Ritt hörbar auf: »Das war mein wichtigstes Tor.« Es ist sein immerhin 26. Treffer im Trikot der »Blauen«. In einem Atemzug wird Djorkaeff genannt mit Spielmacher Zinedine Zidane. Frankreichs »spiritus rector« hat nach seinem wundervollen Freistoß-Tor jetzt nur noch einen Wunsch: »Ich bin seit dem WM-Gewinn 1998 gereift und jetzt mit 28 Jahren auf dem Gipfel meiner Fußball-Kunst. Ich hoffe, das hält bis zum Ende des Turniers an.«

Spanien – Frankreich 1:2 (1:2)
Brügge, 25. Juni, 20.45 Uhr

Spanien: Canizares – Salgado, Abelardo, Paco, Aranzabal – Mendieta (57. Urzaiz), Helguera (77. Gerard), Guardiola, Munitis (73. Etxeberria) – Alfonso, Raul
Frankreich: Barthez – Thuram, Blanc, Desailly, Lizarazu – Deschamps, Vieira – Dugarry, Zidane, Djorkaeff – Henry (82. Anelka)
Tore: 0:1 Zidane (33.), 1:1 Mendieta (38., Foulelfmeter), 1:2 Djorkaeff (44.).
Ecken: 5:4. **Schiedsrichter:** Pierluigi Collina (Italien). **Zuschauer:** 28 000.
Gelbe Karten: Guardiola, Paco, Alfonso, Salgado – Deschamps. **Gelb-Rote Karten:** keine. **Rote Karten:** keine

HALB-
FINALE

ERGEBNISSE

28.6. in Brüssel:	Portugal – Frankreich	1:2 (n.V.)
29.6. in Amsterdam:	Niederlande – Italien	0:0 (n.v.), 3:1 (n.E.)

adidas
DE BOER

Portugal, Holland? – Mal dem Weltmeister, mal dem zynischen Fußball unterlegen

von Marcel Reif

Im Halbfinale haben sie zum ersten Mal Angst vor der eigenen Courage bekommen. Um die Ecke schaute das kleine taktische Gespenst und mitgebracht hatten es zuerst die Franzosen. Ja, ihre Laufbereitschaft war weltmeisterlich und sorgte für den Eindruck, es wäre immer einer von ihnen mehr auf dem Platz. Sie wollten den Portugiesen zunächst vor allem die Luft nehmen, ohne so sehr auf ein Tor aus zu sein. Trotzdem hatte am Ende die bessere von zwei guten Mannschaften gewonnen. Dass es so enden musste, war schade, aber trotzdem völlig in Ordnung. Mit Fingerspitzengefühl soll man mir nicht kommen, Abel Xavier hatte zu viel davon.

Im anderen Spiel ist mit Markus Merk der Schiedsrichter zur Weltklasse aufgelaufen. Wir sind doch noch wer, möchte man da spotten. Auf jeden Fall haben sich die Referees dem guten Niveau des Turnier nicht nur angepasst, sie haben es mit bestimmt. Das Spiel zwischen Holland und Italien hatte allerdings mit diesem Klassefußball wenig zu tun. Alles, was bei den Italienern zuvor einen vielleicht noch strengen Reiz hatte, wurde zugemauert. Auf diesen Betonklotz haben die Holländer dann 120 Minuten lang, letztlich stereotyp, eingedroschen, wobei man die Grenzen ihres Systems sehen konnte. Und wer fünf Elfmeter verschießt, kann nicht gewinnen. Wer aber so an ein Spiel herangeht wie die Italiener, darf eigentlich nicht siegen. Ich kann den Italienern natürlich nur die erste halbe Stunde vorwerfen, als sie mit elf Mann antraten. Da schien es mir, als wäre der italienische Virus wieder ausgebrochen: Das war zynischer Fußball und so etwas ist eines Halbfinales nicht würdig. Die einen wollten und konnten nicht; die anderen wollten nicht und durften am Ende doch.

Zum ersten Mal bei diesem Turnier hatte ich diesen infantilen Frust, um meinen Spaß betrogen worden zu sein. Deshalb bin ich auch pathetisch: Ein solches Halbfinale war dieser EM nicht würdig.

Gemauert bis zum Ende und dann schon fast Schadenfreude – auf Italienisch.

... dann lieber ein Schrecken ohne Ende

Fußball kann so grausam sein! Eigentlich hätte man es den Portugiesen gewünscht, letztlich verdient – spielanteilmäßig – haben es die Franzosen. Bis zu diesem Elfmeter in der 117. Minute, mit dem der amtierende Weltmeister den kessen Herausforderer endgültig in die Knie zwingt. Ein Strafstoß muss her, der auch noch zum Golden Goal mutiert, um diese bislang so beeindruckend auftrumpfenden Portugiesen vom Finale fernzuhalten. Die Szenerie in jener 117. Minute der Verlängerung im Brüsseler König-Baudouin-Stadion erinnert fatal an jene des 30. Juli 1966, als auch schon mal ein Linienrichter Schicksal spielte und auf Tor für England im WM-Finale gegen Deutschland erkannte. Diesmal sind es ein halbes Dutzend Portugiesen, die in wenig friedvoller Absicht auf den Linienrichter Igor Sramka aus der Slowakei zustürzen, nachdem dieser seinem Chef, Schiri Benkö, Handspiel im Strafraum signalisiert hat. In der Tat, die Fernseh-Zeitlupe trügt nicht: Abel Xaviers linke Hand zuckt nach dem Ball, den Wiltord aus spitzem Winkel und nur 5, 6 Meter Entfernung Richtung Tor feuert. Benkö und sein Assi bleiben hart: Handspiel im Strafraum gibt Elfmeter. Basta! Dass der beim Stand von 1:1 und Golden-Goal-Regelung das sofortige Aus bedeuten kann, macht die Sache nur noch schlimmer. Und Zidane, der Vollstrecker in Weiß, ist kein Raul. Die Kugel schlägt dort ein, wo sie einschlagen soll. Schluss und Ende eines Spiels, das einen solchen »Abpfiff« eigentlich nicht verdient hat. Denn die Partie hat bis dahin

Linke Seite: Das Entsetzen im Gesicht von Abel Xavier über die Entscheidung von Schiedsrichter Benkö in der 117. Minute. Der Pfiff zum Strafstoß, den Zidane (rechts) sicher verwandelt, lässt die Portugiesen aus dem Häuschen (unten Figo und Jorge Costa beim Schiri-Assistenten) und in tiefe Verzweiflung geraten (oben rechts Sergio Conceicao).

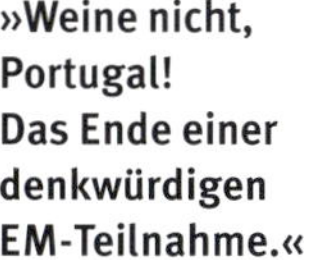

»Weine nicht, Portugal! Das Ende einer denkwürdigen EM-Teilnahme.«

A BOLA (Lissabon)

»Portugal spielte nicht gut, aber Frankreich auch nicht. Das Halbfinale hätte schöneren Fußball verdient gehabt.«

PUBLICO (Lissabon)

»Ouiiiii! Frankreichs Mannschaft hat eine grandiose Maschinerie in Richtung Sieg in Gang gesetzt, mit unvergleichbar guten Spielern, die auch das Glück auf ihrer Seite haben.«

LE PARISIEN (Paris)

»Goldener Elfmeter entscheidet Schach-Duell.«

DE VOLKSKRANT (Amsterdam)

Rasse und Klasse. Einen Fight auf des Messers Schneide sehen die 50 000, bei dem von Anfang an klar wird, Fußball in diesen Sphären kann und sollte nur ein Geniestreich entscheiden. Aber nicht so ein blöder Elfer.

Dass es zu dem kommt, haben sich die Portugiesen – bei späterer nüchterner Rückschau – eigentlich selbst zuzuschreiben. Sie eröffnen die Partie ganz offensichtlich mit dem Vorsatz, den Weltmeister nicht ins Spiel kommen zu lassen. Ein Stürmer, Joao Pinto, bleibt auf der Bank; Costinha und Vidigal werden auf Zidane angesetzt. Und siehe da, die Franzosen haben den selben Plan: Spanien-Matchwinner Djorkaeff wird geopfert für den defensiveren Emmanuel Petit, so dass sich Vieira voll und ganz auf die Socken von Luis Figo stellen kann. Mit der Folge, dass das Spiel in den ersten 20 Minuten mehr einer Hatz auf den anders Bedressten als einer geordneten Vorwärtsbewegung ähnelt. Bis es Nuno Gomes zu bunt wird und der 23-Jährige einfach mal draufhält. Der Jubel auf den Rängen ertönt fast zögerlich, so überraschend für alle Augenzeugen und die Akteure selbst fällt der Treffer in jener Phase. Geburtstagskind Fabien Barthez guckt entsprechend dumm aus der Torwartwäsche. Und auch seine Vorderleute haben fortan mit der Verdauung und ihren Nerven eine Zeitlang zu tun. Siehe Desailly, der sich die 100. Gelbe Karte des Turniers abholen darf, und Vieira, der – ebenso Gelb-gestraft – Figo von den Beinen holt. Nur machen die Portugiesen nichts daraus, vor allem Figo kann sich nicht von seinen Fesseln lösen, Gomes im Sturm wartet vergeblich auf dessen vorher so oft gesehene zentimetergenaue Zuspiele. Und kommt doch mal etwas durch, ist da noch das beste Abwehrbollwerk des Turniers. Es hält.

Das bleibt auch nach der Pause so, nur haben die Franzosen jetzt auch den Sturm und Drang entdeckt und lenken diesen dank Zidane in angriffsorientierte Bahnen. Der Ausgleich fällt fast zwangsläufig, als Anelka in der 51. Minute von der Torauslinie auf Henry zurück passt, der sich kurz dreht und aus 10 Metern vollendet. Im Prinzip der einzige Schnitzer der portugiesischen Verteidigung, die bis zur 90. Minute mit Glück und Geschick die nun variableren Angriffsversuche der Franzosen erfolgreich abwehrt. Und beinahe hätte es noch geklappt mit dem ersten Sieg Portugals über Frankreich seit 1975, mit der Revanche für das 2:3 im EM-Halbfinale 1984: 89. Minute, Flanke Figo, Kopfball-Rakete Xavier – und wie Barthez den halten konnte, weiß er wahrscheinlich selbst nicht …

Es folgt das Ende mit Schrecken für den Deutschland- und England-Bezwinger. Nuno Gomes handelt sich noch beim Abgang die Rote Karte ein und Humberto Coelho, sein Trainer, verkündet in der Nacht danach seinen Rücktritt vom Trainerposten.

Warum eigentlich? Portugal unter den vier Großen Europas anno 2000, das ist doch was! Die WM 2002 kann kommen. Und danach die EURO im eigenen Land …

Foto oben: Luftduell zwischen Anelka (rechts) und Couto, aus dem Hintergrund beobachtet von Jorge Costa. Emmanuel Petit ist auf Tauchstation gegangen (links).
Linke Seite, außen: Vitor Baia kann Henry (rechts), den Schützen zum 1:1, abblocken. Die Bewacher der Spielmacher diesmal unter sich: Costinha (links, zuständig für Zidane) und Vieira (zuständig für Figo).

Portugal – Frankreich 1:2 (1:0) n.V. und Golden Goal

Brüssel, 28. Juni, 20.45 Uhr

Portugal: Baia – Xavier, Couto, Costa, Dimas (91. Rui Jorge) – Conceicao, Costinha, Rui Costa (78. Joao Pinto), Vidigal (61. Bento) – Figo, Nuno Gomes
Frankreich: Barthez – Thuram, Blanc, Desailly, Lizarazu – Vieira, Deschamps, Petit (87. Pires) – Zidane – Anelka (72. Wiltord), Henry (105. Trezeguet)
Tore: 1:0 Nuno Gomes (19.), 1:1 Henry (51.), 1:2 Zidane (117., Handelfmeter). **Ecken:** 12:2.
Schiedsrichter: Günter Benkö (Österreich).
Zuschauer: 50 000. **Gelbe Karten:** Vidigal, Costa, Figo, Dimas, Joao Pinto (2) – Vieira, Desailly. **Gelb-Rote Karten:** keine.
Rote Karten: Nuno Gomes (117./Schiedsrichterbeleidigung)

Mit dem Elfmeter-Fluch ab in die Hölle

Oranje trägt Trauerflor. Nicht verloren, aber draußen! Das 0:0 gegen Italien reicht den Niederländern nicht, sie verlieren das Elfmeterschießen mit 1:3. Auf dem Weg zum zweiten Titel nach 1988 versagen der »Elftal« komplett die Nerven. Nicht erst beim Elfer-Krimi nach 120 torlosen Minuten, sondern schon zuvor. Auch da schon vom ominösen Punkt. Zweimal haben sie die riesige Chance, die Partie für sich zu entscheiden, beide Male scheitern sie kläglich. Zuerst findet Frank de Boer in Italiens Schlussmann Francesco Toldo seinen Meister (39.), danach schickt Patrick Kluivert den Keeper ins falsche Eck, den Ball aber haargenau an den linken Pfosten (62.). Selbst im Elfmeterschießen nimmt das Drama kein Ende. Wieder tritt Frank de Boer an, wieder ist Francesco Toldo dort, wo der Ball ist. Der Oranje-Kapitän kann´s nicht fassen: »Natürlich haben wir Elfmeter geübt. Immer und immer wieder. Und ich war mir sicher, dass ich sie reinmache.« Ein Familien-Fiasko. Seit zwei Jahren, seit dem WM-Halbfinale gegen Brasilien, ist Zwillingsbruder Ronald de Boer der Elfmeter-Loser. Damals besiegelte sein Fehlschuss das Oranje-Aus, nun ist Frank der Pechvogel. Die Tradition des Elfmeter-Elends setzt sich bei den Oranjes fort, denn noch nie sind sie im Elfmeterschießen bei einem wichtigen Turnier als Sieger vom Platz gegangen. Das schwante wohl auch Bondscoach Frank Rijkaard. Der nennt den Knackpunkt der Partie: »Das war schon der erste Elfmeter.« Am Ende auch für den Trainer. Eigentlich datiert sein Vertrag bis zum 2. Juli, dem Tag des Endspiels. Die Verantwortlichen des KNVB, des Voetbal-Bundes, drängen in den Tagen zuvor auf eine vorzeitige Verlängerung des Kontraktes. Sie sind mit Rijkaards Arbeit zufrieden. Der Trainer selbst aber nicht. Er zieht die Konsequenz und tritt nur Minuten nach dem Aus vor laufenden Fernsehkameras zurück. Rijkaard: »Wir sind angetreten, um Europameister zu werden. Dieses Ziel haben wir nicht geschafft. Deshalb trete ich zurück, danke aber der Mannschaft für zwei wundervolle Jahre.« Und: »Elfmeterschießen bleibt für uns wohl ewig eine Kunst.«

Die Elfmeter sind jedoch nur die besten von vielen guten »Matchbällen«, die die Oranjes vermasseln. Mag es noch Pech sein, dass Dennis Bergkamp mit einem straffen Flachschuss nur den Pfosten trifft (15.). Nicht

Linke Seite: Frank de Boer kann es nicht glauben: Zweimal scheitert er vom Elfmeterpunkt; Iuliano und Nesta (von rechts) sind dankbar. Rechts von oben: Ziel verfehlt. Frank Rijkaard tritt nach dem Spiel zurück. Ziel erreicht: Dino Zoff ist wieder der Liebling aller Tifosi. Schiedsrichter Merk (Foto unten) schickt Zambrotta (17) vom Feld, Albertini und Cannavaro (von rechts) sind entrüstet.

»Was für ein Kater! Absurdes Ergebnis, Italien ein scheußlicher Finalist.«

ALGEMEEN DAGBLAD (Amsterdam)

»Ein Königsdrama von unerhörtem Ausmaß.«

DE TELEGRAAF

Was die Davids, Bergkamp und Kluivert (links von oben) auch versuchen, die italienische Mauer fällt nicht.
Rechte Seite: Wo steht demnächst in Italien sein Denkmal? Francesco Toldo hält vier Strafstöße der Niederländer, die das angeblich geübt haben …

einmal dieser Treffer an die linke Alu-Stange des Toldo-Tores weckt die Italiener so richtig auf. Sie warten ab. Fast schon zu sehr. Sie vertrauen ihrer starken Abwehr auf Gedeih und Verderb, müssen sich aber bald umstellen. Aber nicht die Niederländer schlagen eine Bresche in den »Catenaccio«, sondern die Azzurri selbst. Gianluca Zambrotta langt gegen Boudewijn Zenden zweimal richtig zu, sieht nach Gelb auch noch Gelb-Rot (34.). Oranje scheint »boven«, scheint oben zu sein. Aber nicht mit den Italienern! Erst jetzt zementieren sie das so richtig, wovor die Niederländer höllischen Respekt zeigen: »de muur«, die Mauer. Wie sich schnell zeigt, gibt´s durch die elastische Abwehrwand kein Durchkommen. »Erst als wir zu zehnt waren, haben wir die Möglichkeit genutzt, besser zu spielen«, stellt Dino »Nazionale« Zoff fest. Das ist nur die halbe Wahrheit. Die andere Hälfte ist, dass die niederländische Tormaschine von einer Ladehemmung in die andere torkelt. Alessandro Nesta, der Abwehrchef der »Squadra Azzurra«, spinnt ein schier undurchdringliches Netz. Gemeinsam mit Cannavaro und Iuliano räumt er resolut auf, holt Maldini zur Hilfe aus dem Mittelfeld zurück. Die »Schlacht der Systeme« ist zwar kein absoluter Leckerbissen für die 50 000 Fans in der ausverkauften Amsterdam ArenA, aber für Analytiker ein gefundenes Fressen und an Dramatik kaum zu überbieten. Dazu trägt auch Italiens Coach Dino Zoff bei. Erstmals lässt er seinen Superstar Alessandro del Piero von Anfang an auf den Platz, dafür drückt Francesco Totti die Bank. Für die Offensive unerheblich, denn darauf legen es die Italiener nicht an. Ihr erster Torschuss datiert aus der letzten (!) Minute der regulären Spielzeit und kommt von Joker Marco Delvecchio. Der hat in der Verlängerung sogar den »plötzlichen Tod« der Oranjes auf dem Fuß. Edwin van der Sar bringt mit Mühe seine linke Ferse an den Ball, rettet sein Team wenigstens ins Elfmeterschießen. Dort scheitern die Niederländer an Francesco Toldo, dem 1,96 Meter-Riesen im Tor. Der kann sein Glück kaum fassen: »Ich kann mir nicht erklären, wie ich sie so verunsichern konnte, dass sie gleich fünf Elfmeter vergeben.« Ursächlich aber scheitern die Niederländer an ihren eigenen Nerven. Mit dem Elfmeter-Fluch donnern sie ab in die Hölle.

»Ihr seid Helden! Dieser Kampf wird als Legende in die Geschichte des Fußballs eingehen. So wie 1970 das 4:3 gegen Deutschland. Jetzt steht nur noch Zinedine Zidane zwischen Italien und dem EM-Titel.«

TUTTOSPORT (Turin)

»Unglaublich Italien! Ihr habt gekämpft wie Kriegsameisen.«

LA REPUBBLICA (Rom)

»Die Azzurri spielten zwei Stunden lang defensiven Fußball von einer bezaubernden Hässlichkeit, zynisch vollendet und grausam rein. Frankreich hat am Sonntag ganz Europa auf seiner Seite.«

HET LAATSTE NIEUWS (Brüssel)

Italien – Niederlande 0:0 n.V., 3:1 n.E.
Amsterdam, 29. Juni, 18.00 Uhr

Italien: Toldo – Cannavaro, Nesta, Iuliano, Maldini – Zambrotta, di Biagio, Albertini (78. Pessotto), Fiore (83. Totti) – Inzaghi (67. Delvecchio), del Piero
Niederlande: van der Sar – Bosvelt, Stam, F. de Boer, van Bronckhorst – Overmars, Davids, Cocu (95. Winter), Zenden (77. van Vossen) – Kluivert, Bergkamp (86. Seedorf)
Elfmeterschießen: 1:0 di Biagio, F. de Boer (Toldo hält); 2:0 Pessotto, Stam (drüber); 3:0 Totti, 3:1 Kluivert; Maldini (van der Sar hält), Bosvelt (Toldo hält).
Ecken: 3:8. **Schiedsrichter:** Dr. Markus Merk (Deutschland). **Zuschauer:** 50 000.
Gelbe Karten: Toldo, Iuliano, Maldini, di Biagio – Zenden, Davids, van Bronckhorst, Stam. **Gelb-Rote Karten:** Zambrotta (34./ wiederholtes Foulspiel). **Rote Karten:** keine

FINALE

ERGEBNIS

2.7. in Rotterdam:	Frankreich – Italien	2:1 (1:1, 0:0) n.V. und Golden Goal

Schlüssige Pointe

von Marcel Reif

Es war ein sehr gutes Finale mit einem großartigen Schluss und dieser Europameisterschaft würdig. Damit hatte sich der Reigen vom Eröffnungsspiel als einem ersten Versprechen auf positiven Fußball – wenn auch nicht immer lückenlos – bis zum Abpfiff geschlossen. Dass die Italiener am Ende nicht mit dem Pokal in der Hand das Stadion verlassen konnten, war eine besondere und fast kam es mir so vor: schlüssige Pointe. Das Endspiel so zu verlieren, war wie die Racheaktion eines Gottes, der mit alttestamentarischer Strenge straft. Doch nicht für die Leistungen oder das Verhalten im Finale selbst, sondern für das Spiel drei Tage zuvor gegen Holland.

*

Wir alle lieben Italien, seine Küche, das Land überhaupt, die Menschen. Aber wir wünschen uns ein Bild, das abgerundet ist, und damit hatte die Haltung der Squadra Azzurra im Halbfinale nichts zu tun. Im Finale habe ich mir verblüfft die Äuglein gerieben und mich fragen müssen: Was ist denn jetzt los? In diesem Spiel haben die Italiener fast alles wieder gut gemacht, was sie zuvor an Schaden angerichtet hatten. Natürlich haben sie keinen naiven Sturmlauf unternommen. Dass sie sich solchermaßen durch ein lustiges Offensivspiel selbst entleiben, nur damit wir vor Freude juchzen können, wäre auch zu viel verlangt.

*

Doch allein schon Totti nutzte die Partie, die Mär zu widerlegen, in Italien gäbe es keine Spielgestalter. Wie er in Rotterdam aufspielte, ließ mir das Herz aufgehen. Daneben arbeitete Fiore nüchtern und sachlich. Und Albertini erinnerte noch einmal daran, dass er schon vor Jahren die Position des spiellenkenden defensiven

Sie haben sich nichts geschenkt. Der eine mit wackeligen Schritten zum Sieg, der andere ehrenvoll in der Niederlage.

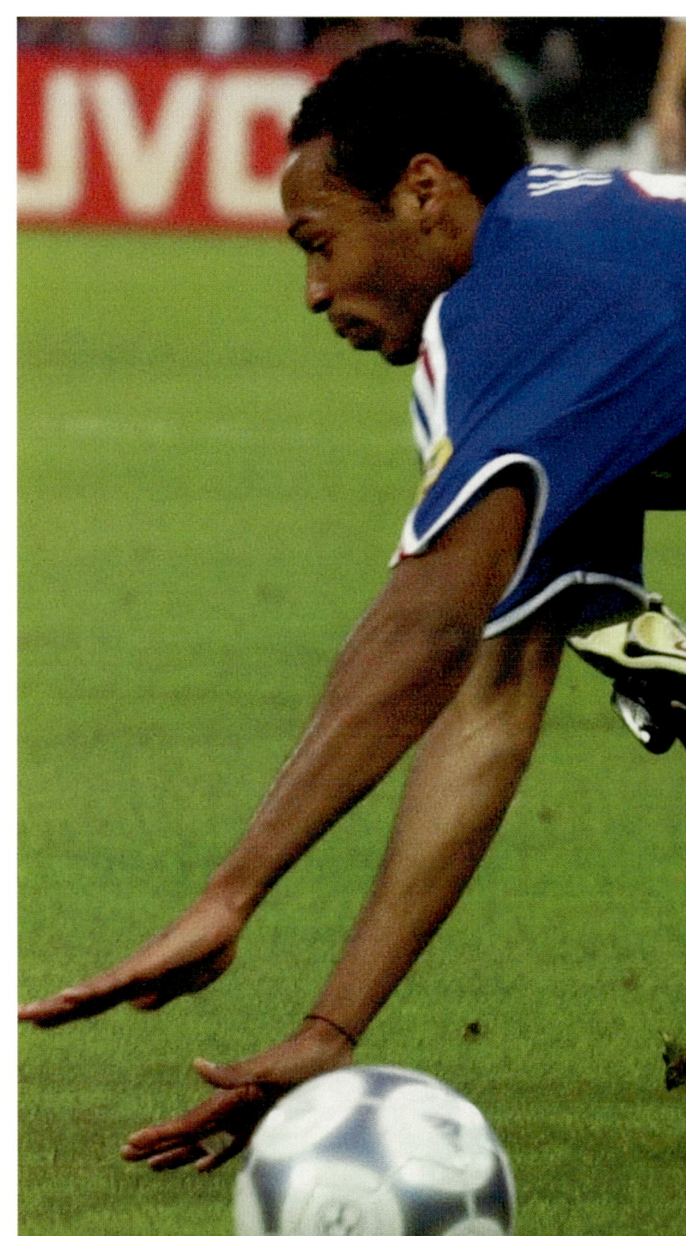

Mittelfeldspielers mit erfunden hat. Italien hat vielleicht nicht den besten Spieler der Welt – Zinedine Zidane, aber ein wunderbares Mittelfeld. Warum wollte Trainer Dino Zoff uns das nicht schon früher zeigen?

*

Die Franzosen haben sich sehr darüber gewundert, dass hier keine Mannschaft auf den Platz kam, die so spielte, wie sie es vorher mit Sicherheit besprochen hatten. Deshalb brauchten sie sehr lange, sich zu orientieren. Einen Spieler des Spiels konnte es in dieser immer enger und endlich fast fehlerlos geflochtenen Partie nicht geben. Totti hätte es sein können, doch war er schließlich bei den Verlierern. Zidane blieb neutralisiert wie vorher nie und ganz bestimmt konnte es nicht del Piero werden. Er war wie schon das ganze Turnier über der Anti-Held, denn als es verloren ging, musste er sich seine vergebenen Chancen vorrechnen lassen.

*

In diesem Finale hatten die Italiener bis zur 94. Minute schon gegen alle und jeden gewonnen: gegen Frankreich, gegen die Zuschauer im Stadion, gegen die Kritiker zu Hause und gegen die eigenen Fans. Und dann hat man ihnen den Triumph wieder weggenommen. Das mag grausam sein, dennoch war diese Niederlage um ein Vielfaches ehrenvoller als der siegreiche Einzug ins Finale.

*

Die französische Mannschaft spielte im Finale vielleicht nicht ihr bestes Spiel, sie hatte sich das Glück auf dem Weg dorthin aber längst verdient. So wackelig die letzten Schritte bis zum Titel auch waren, sind die Franzosen der logische und konsequente Europameister.

Das Gespenst mit dem Joker im Ärmel

»Es war eines von vielen Spielen, wie man sie bei dieser Europameisterschaft gesehen hat. Es war ein Sieg des starken Willens meiner Mannschaft. In der Schlussphase der regulären Spielzeit haben wir auf ein Wunder gehofft und es kam. Insgesamt hat uns die Mannschaft meines Kollegen Dino Zoff viele Probleme bereitet.«

ROGER LEMERRE
(Trainer Frankreichs)

»Ich fühle mich sehr schlecht. Das ist einer der schwierigsten Momente in meinem Leben. Ob wir moralischer Sieger sind? Die Realität zählt. Wir haben einen großen Kampf geboten und in der Nachspielzeit verloren. Das kann passieren, das ist die Natur des Spiels. Del Piero kann man keinen Vorwurf machen, wir haben es nicht geschafft, das zweite Tor zu schießen. Wenn einem der Sieg in den letzten Sekunden aus den Fingern gleitet, ist das bitter.«

DINO ZOFF
(Trainer Italiens)

Italien feiert. Die 9000 Tifosi unter den 50 000 im ausverkauften Rotterdamer »De Kuip« feiern. Die italienischen Reservespieler und Betreuer haben sich vor der Ersatzbank zur Schunkel-Kette formiert. Über die Gesichter der Akteure in Weiß auf dem Rasen huscht bereits das zaghafte Lächeln der Vorfreude. Was soll schon groß passieren? 34 läppische Sekunden sind noch zu absolvieren, dann ist auch die Nachspielzeit überstanden. Hier den Ball ins Aus gekickt, da das Leder weit in Richtung Franzosen-Tor gedroschen – kein Problem. Italien fühlt sich wie ein Europameister ... 33 Sekunden, 32 Sekunden ... Und plötzlich passiert es. Kurzschluss im Sicherheitstrakt der Azzurri. Ausgerechnet dort, wo es am wenigsten vermutet wird. Ausgerechnet da, in der Abwehr, hat einer den Riegel nicht richtig vorgelegt. Und ein Herr namens Sylvain Wiltord spaziert doch tatsächlich auch noch frech hindurch, tunnelt Alessandro Nesta, den Chef des Wachpersonals, und überlistet Francesco Toldo, den Hüter des Tores. 1:1! Die schon sicher geglaubte Krönung Italiens als neuer Europameister fällt aus. Frankreich erzwingt Sekunden vor Schluss der regulären Spielzeit eine Verlängerung. Die Dramen der beiden zuvor erlebten Halbfinalspiele erfahren ihre Fortsetzung. Nach Golden Goal und Elfmeterschießen nun wieder die Frage: Golden Goal oder Elfmeterschießen ...

Dass es die favorisierten Franzosen bis hierher geschafft haben, verdanken sie eigentlich einem Italiener. Alessandro del Piero heißt er, und ist so etwas wie der tragische Held in dem Drama. Zwei Riesenchancen versiebt er unmittelbar, nachdem die eigene Mannschaft in Führung gegangen ist. Die Nummer 10 der Italiener hätte alles klar machen können und es wäre für die De-

Das Waterloo abgewendet. Der Sieger der Schlacht, zu seinen Füßen die Besiegten: Frankreichs Laurent Blanc umgeben von Fabio Cannavaro (vorn) und Demetrio Albertini.

fensivkünstler bis zu diesem Zeitpunkt nicht mal unverdient gewesen. Denn Frankreich kommt nur sehr schwer in die Gänge, reagiert beinahe ratlos angesichts der Tatsache, dass die Italiener sich zu stürmen trauen und in den ersten vier Minuten schon fast so viele Ecken (2) heraus holen wie in 120 Minuten gegen die Niederlande (3). Trainer Dino Zoffs überraschende Maßnahme, Inzaghi und del Piero, den Juve-Sturm, draußen zu lassen und dafür die bei AS Rom tätigen Totti und Delvecchio zu bringen, scheint sich auszuzahlen. Frankreich stellt dem mit Henry nur eine echte Spitze entgegen, der zwar für die nötige Unruhe sorgt, aber zu oft auf sich allein gestellt ist. Fast flehentlich geht der Blick wieder und wieder vor allem zu Zidane, doch der zerrt meist vergeblich an der Kette, an die ihn die Italiener gelegt haben. Esprit auf Sparflamme auf der einen, gebremste Offensive auf der anderen Seite. Die Zuschauer quittieren es mit »Holland, Holland«-Rufen …

Die zweite Halbzeit knüpft zunächst da an. Frankreich macht das Spiel, Italien lauert auf seine Konterchance. In Minute 55 funktioniert es: Hacken-Ablage Totti, Flanke Pessotto, Delvecchio volley unter die Latte. Die Initialzündung für einen mitreißenden Schlagabtausch. Libero Blanc, der sein Abschiedsspiel für die »Equipe Tricolore« bestreitet, schaltet verstärkt auf Vorwärtsgang, Zidane findet im eingewechselten Wiltord end-

Linke Seite, außen: Francesco Toldo weiß, es ist vorbei. In dem Augenblick, da David Trezeguet zum Golden Goal ansetzt (Foto links) – in Szene gesetzt von Mannschaftskamerad Thierry Henry (Foto rechts mit Marc Iuliano) –, bricht sich der Jubel bei den »Blauen« Bahn, die ihren ersten Titel außerhalb Frankreichs erringen.

lich jenen zweiten Passabnehmer, der in vorderster Linie für mehr Wirbel sorgt als Dugarry. Doch alle Liebesmüh wäre eben vergeblich gewesen, hätte del Piero Nerven bewahrt. Dass auch die Franzosen durch Wiltord (62.) und Henry (69.) ihre Chancen haben, unterstreicht nur, welch Klasse-Partie sich den 50 000 bietet. Eine Viertelstunde vor Schluss zieht Frankreichs Trainer Lemerre die Risikokarte. Erst kommt Pires für Lizarazu, dann noch Trezeguet für Djorkaeff. Alles oder nichts! Die »Blauen« mit vier Stürmern und der Mut wird spät, aber nicht zu spät belohnt.

Für die für einen Moment förmlich am Boden zerstörten Italiener folgt 13 Minten später, in der Verlängerung, der Bestrafung zweiter Teil. Während der Kontrahent ganz offensichtlich die Entscheidung per Golden Goal sucht, scheint die »Squadra Azzurra« wie schon im Halbfinale auf ihren Gott im Tor zu vertrauen. Toldo wird's schon richten, auch wenn der sich inzwischen eine blutige Nase im Strafraumgetümmel geholt hat und gehandicapt scheint. Ob's daran liegt oder einfach nur Glück ist – Lemerres zweiter Joker sticht nicht minder schmerzhaft. 103. Minute. Henry passt zurück auf Trezeguet, der zögert keine Sekunde und jagt den Ball mitten ins italienische Herz. Wie schon im Achtelfinale der WM '86, wie im Viertelfinale der WM '98 – den Italienern erscheint ein bekanntes Gespenst. Es trägt Blau-Weiß-Rot. Vive la France!

Frankreich feiert.

Linke Seite: Marco Delvecchio (rechts Barthez) vollendet zum 1:0 für Italien. Von der Unsterblichkeit trennen den Römer später nur Sekunden, denn was die Franzosen auch unternehmen, das Abwehrbollwerk der Azzurri hält. So wie Toldo gegen Henry und Nesta gegen Vieira (4). Erst Sylvain Wiltord, hier attackiert von Iuliano, Pessotto und Maldini (von links) findet die Lücke und gleicht aus (Fotos links von oben).
Der Weltmeister (rechts Vieira gegen Maldini und Totti) bleibt auch in der Verlängerung am Drücker, die Alessandro del Piero (rechts unten) seinen Landsleuten eigentlich hätte ersparen können, hätte der Juve-Star seine Chancen verwertet. Zurück bleibt ein Ritter von der traurigen Gestalt.

EURO 2000 – Namen, Zahlen, Fakten

Das All-Star-Team

Tor:	Francesco Toldo (Italien) Fabien Barthez (Frankreich
Abwehr:	Laurent Blanc (Frankreich) Marcel Desailly (Frankreich) Alessandro Nesta (Italien) Fabio Cannavaro (Italien) Frank de Boer (Niederlande)
Mittelfeld:	Zinedine Zidane (Frankreich) Edgar Davids (Niederlande) Patrick Vieira (Frankreich) Luis Figo (Portugal) Josep Guardiola (Spanien)
Angriff:	Thierry Henry (Frankreich) Patrick Kluivert (Niederlande) Nuno Gomes (Portugal) Raul Gonzalez (Spanien)

(aufgestellt von der Technical Study Group der UEFA unter Leitung des ehemaligen schottischen Nationaltrainers Andy Roxburgh)

Die Torjäger des Turniers

5 Tore:	Milosevic (Jugoslawien) Kluivert (Niederlande)
4 Tore:	Nuno Gomes (Portugal)
3 Tore:	Henry (Frankreich) Conceicao (Portugal) Zahovic (Slowenien
2 Tore:	Shearer (England), Djorkaeff, Trezeguet, Wiltord, Zidane (alle Frankreich), Inzaghi, Totti (beide Italien), F. de Boer, Overmars, Zenden (alle Niederlande), Alfonso, Mendieta (beide Spanien), Smicer (Tschechien), Hakan Sükür (Türkei)

Fair-Play-Preise des Turniers

Fernando Couto (Portugal), Savo Milosevic (Jugoslawien) und Alfonso Perez Munoz (Spanien) wurden von der UEFA mit Fair-Play-Preisen ausgezeichnet. Couto hatte beim Spiel gegen Deutschland die eigenen Fans beruhigt, die das Abspielen der deutschen Hymne mit Pfiffen störten. Den Zuschauern zugewandt, hatte der Kapitän symbolisch den Finger auf die Lippen gelegt, woraufhin das Pfeifkonzert verstummte. Milosevic und Alfonso hatten beim Spiel beider Teams jeweils einen auf das Feld gestürmten jugoslawischen Anhänger davon abgehalten, Schiedsrichter Gilles Veissiere zu attackieren.

Fans bei den Endrunden

	Gesamt	Spiele	Schnitt
1960	78 958	4	19 739
1964	156 253	4	39 063
1968	192 119	5	38 424
1972	106 510	4	26 628
1976	106 087	4	26 522
1980	350 655	14	25 047
1984	599 655	15	39 977
1988	935 681	15	62 379
1992	431 001	15	28 733
1996	1 269 894	31	40 964
2000	1 102 850	31	35 576

Tore bei den Endrunden

	Gesamt	Spiele	Schnitt
1960	17	4	4,25
1964	13	4	3,25
1968	7	5	1,40
1972	10	4	2,50
1976	19	4	4,75
1980	27	14	1,93
1984	41	15	2,73
1988	34	15	2,27
1992	31	15	2,07
1996	64	31	2,06
2000	85	31	2,74

Es sollte ein gutes Omen nicht nur für Francesco Totti sein, denn 1910 eröffnete Italien seine Länderspiel-Geschichte mit einem 6:2 in Mailand – gegen Frankreich und ganz in Weiß. Doch am Ende jubelt der Weltmeister, der zum ersten Mal in der Fußball-Historie auch die auf die WM folgende Europameisterschaft gewinnt. Umgekehrt hat das nur Deutschland geschafft. Lang ist's her: 1972 und 1974.

Frankreich – Italien **2:1 (1:1, 0:0) n.V. und Golden Goal**

Rotterdam, 2. Juli, 20.00 Uhr

Frankreich: Barthez – Thuram, Blanc, Desailly, Lizarazu (85. Pires) – Vieira, Deschamps, Djorkaeff (76. Trezeguet), Zidane – Henry, Dugarry (57. Wiltord)
Italien: Toldo – Cannavaro, Nesta, Iuliano – Pessotto, di Biagio (66. Ambrosini), Albertini, Fiore (53. del Piero), Maldini – Totti, Delvecchio (86. Montella)
Tore: 0:1 Delvecchio (55.), 1:1 Wiltord (93.), 2:1 Trezeguet. **Ecken:** 2:6. **Schiedsrichter:** Anders Frisk (Schweden). **Zuschauer:** 50 000 (ausverkauft). **Gelbe Karten:** Thuram – Cannavaro, di Biagio, Totti. **Gelb-Rote Karten:** keine. **Rote Karten:** keine

adidas

STATISTIK

Qualifikation für die XI. Europameisterschaft

49 Teilnehmer – Endrunde 2000 in Belgien und den Niederlanden

GRUPPE 1

Wales – Italien	0:2
Weißrussland – Dänemark	0:0
Dänemark – Wales	1:2
Italien – Schweiz	2:0
Wales – Weißrussland	3:2
Schweiz – Dänemark	1:1
Weißrussland – Schweiz	0:1
Dänemark – Italien	1:2
Schweiz – Wales	2:0
Italien – Weißrussland	1:1
Dänemark – Weißrussland	1:0
Italien – Wales	4:0
Wales – Dänemark	0:2
Schweiz – Italien	0:0
Weißrussland – Wales	1:2
Dänemark – Schweiz	2:1
Schweiz – Weißrussland	2:0
Italien – Dänemark	2:3
Wales – Schweiz	0:2
Weißrussland – Italien	0:0

Abschlusstabelle

1. Italien	8	4	3	1	13:5	15
2. Dänemark	8	4	2	2	11:8	14
3. Schweiz	8	4	2	2	9:5	14
4. Wales	8	3	–	5	7:16	9
5. Weißrussland	8	–	3	5	4:10	3

Anmerkung: Bei Punktgleichheit zwischen Dänemark und der Schweiz entschied der direkte Vergleich (1:1 und 2:1) für Dänemark.

GRUPPE 2

Georgien – Albanien	1:0
Griechenland – Slowenien	2:2
Norwegen – Lettland	1:3
Lettland – Georgien	1:0
Slowenien – Norwegen	1:2
Griechenland – Georgien	3:0
Norwegen – Albanien	2:2
Slowenien – Lettland	1:0
Albanien – Griechenland	0:0
Griechenland – Norwegen	0:2
Georgien – Slowenien	1:1
Lettland – Griechenland	0:0
Lettland – Albanien	0:0
Georgien – Norwegen	1:4
Norwegen – Georgien	1:0
Albanien – Norwegen	1:2
Lettland – Slowenien	1:2
Georgien – Griechenland	1:2
Albanien – Slowenien	0:1
Griechenland – Lettland	1:2
Slowenien – Albanien	2:0
Norwegen – Griechenland	1:0
Albanien – Lettland	3:3
Slowenien – Georgien	2:1
Georgien – Lettland	2:2
Norwegen – Slowenien	4:0
Griechenland – Albanien	2:0
Slowenien – Griechenland	0:3
Albanien – Georgien	2:1
Lettland – Norwegen	1:2

Abschlusstabelle

1. Norwegen	10	8	1	1	21:9	25
2. Slowenien	10	5	2	3	12:14	17
3. Griechenland	10	4	3	3	13:8	15
4. Lettland	10	3	4	3	13:12	13
5. Albanien	10	1	4	5	8:14	7
6. Georgien	10	1	2	7	8:18	5

GRUPPE 3

Finnland – Moldawien	3:2
Türkei – Nordirland	3:0
Nordirland – Finnland	1:0
Türkei – Deutschland	1:0
Moldawien – Deutschland	1:3
Türkei – Finnland	1:3
Nordirland – Moldawien	2:2
Nordirland – Deutschland	0:3
Türkei – Moldawien	2:0
Moldawien – Nordirland	0:0
Deutschland – Finnland	2:0
Deutschland – Moldawien	6:1
Finnland – Türkei	2:4
Moldawien – Finnland	0:0
Finnland – Deutschland	1:2
Nordirland – Türkei	0:3
Deutschland – Nordirland	4:0
Moldawien – Türkei	1:1
Finnland – Nordirland	4:1
Deutschland – Türkei	0:0

Abschlusstabelle

1. Deutschland	8	6	1	1	20:4	19
2. Türkei	8	5	2	1	15:6	17
3. Finnland	8	3	1	4	13:13	10
4. Nordirland	8	1	2	5	4:19	5
5. Moldawien	8	–	4	4	7:17	4

GRUPPE 4

Armenien – Andorra	3:1
Island – Frankreich	1:1
Ukraine – Russland	3:2
Andorra – Ukraine	0:2
Armenien – Island	0:0
Russland – Frankreich	2:3
Island – Russland	1:0
Ukraine – Armenien	2:0
Frankreich – Andorra	2:0
Andorra – Island	0:2
Armenien – Russland	0:3
Frankreich – Ukraine	0:0
Russland – Andorra	6:1
Ukraine – Island	1:1
Frankreich – Armenien	2:0
Island – Armenien	2:0
Ukraine – Andorra	4:0
Frankreich – Russland	2:3
Russland – Island	1:0
Armenien – Ukraine	0:0
Andorra – Frankreich	0:1
Island – Andorra	3:0
Ukraine – Frankreich	0:0
Russland – Armenien	2:0
Island – Ukraine	0:1
Andorra – Russland	1:2
Armenien – Frankreich	2:3
Andorra – Armenien	0:3
Frankreich – Island	3:2
Russland – Ukraine	1:1

Abschlusstabelle

1. Frankreich	10	6	3	1	17:10	21
2. Ukraine	10	5	5	–	14:4	20
3. Russland	10	6	1	3	22:12	19
4. Island	10	4	3	3	12:7	15
5. Armenien	10	2	2	6	8:15	8
6. Andorra	10	–	–	10	3:28	0

GRUPPE 5

Schweden – England	2:1
Bulgarien – Polen	0:3
England – Bulgarien	0:0
Polen – Luxemburg	3:0
Bulgarien – Schweden	0:1
Luxemburg – England	0:3
England – Polen	3:1
Schweden – Luxemburg	2:0
Luxemburg – Bulgarien	0:2

Polen – Schweden 0:1
Polen – Bulgarien 2:0
England – Schweden 0:0
Bulgarien – England 1:1
Luxemburg – Polen 2:3
England – Luxemburg 6:0
Schweden – Bulgarien 1:0
Luxemburg – Schweden 0:1
Polen – England 0:0
Schweden – Polen 2:0
Bulgarien – Luxemburg 3:0

Abschlusstabelle

1. Schweden	8	7	1	–	10:1	22
2. England	8	3	4	1	14:4	13
3. Polen	8	4	1	3	12:8	13
4. Bulgarien	8	2	2	4	6:8	8
5. Luxemburg	8	–	–	8	2:23	0

Anmerkung: Bei Punktgleichheit zwischen England und Polen entschied der direkte Vergleich (3:1 und 0:0) für England.

GRUPPE 6

Österreich – Israel 1:1
Zypern – Spanien 3:2
Zypern – Österreich 0:3
San Marino – Israel 0:5
Israel – Spanien 1:2
San Marino – Österreich 1:4
San Marino – Zypern 0:1
Zypern – San Marino 4:0
Spanien – Österreich 9:0
Israel – Zypern 3:0
San Marino – Spanien 0:6
Österreich – San Marino 7:0
Spanien – San Marino 9:0
Israel – Österreich 5:0
Österreich – Spanien 1:3
Zypern – Israel 3:2
Israel – San Marino 8:0
Spanien – Zypern 8:0
Österreich – Zypern 3:1
Spanien – Israel 3:0

Abschlusstabelle

1. Spanien	8	7	–	1	42:5	21
2. Israel	8	4	1	3	25:9	13
3. Österreich	8	4	1	3	19:20	13
4. Zypern	8	4	–	4	12:21	12
5. San Marino	8	–	–	8	1:44	0

Anmerkung: Bei Punktgleichheit zwischen Israel und Österreich entschied der direkte Vergleich (1:1 und 5:0) für Israel.

GRUPPE 7

Rumänien – Liechtenstein 7:0
Slowakei – Aserbaidschan 3:0
Ungarn – Portugal 1:3
Liechtenstein – Slowakei 0:4
Aserbaidschan – Ungarn 0:4
Portugal – Rumänien 0:1
Liechtenstein – Aserbaidschan 2:1
Ungarn – Rumänien 1:1
Slowakei – Portugal 0:3
Portugal – Aserbaidschan 7:0
Ungarn – Liechtenstein 5:0
Rumänien – Slowakei 0:0
Slowakei – Ungarn 0:0
Aserbaidschan – Rumänien 0:1
Liechtenstein – Portugal 0:5
Aserbaidschan – Liechtenstein 4:0
Portugal – Slowakei 1:0
Rumänien – Ungarn 2:0
Ungarn – Slowakei 0:1
Portugal – Liechtenstein 8:0
Rumänien – Aserbaidschan 4:0
Aserbaidschan – Portugal 1:1
Slowakei – Rumänien 1:5
Liechtenstein – Ungarn 0:0
Slowakei – Liechtenstein 2:0
Ungarn – Aserbaidschan 3:0
Rumänien – Portugal 1:1
Aserbaidschan – Slowakei 0:1
Portugal – Ungarn 3:0
Liechtenstein – Rumänien 0:3

Abschlusstabelle

1. Rumänien	10	7	3	–	25:3	24
2. Portugal	10	7	2	1	32:4	23
3. Slowakei	10	5	2	3	12:9	17
4. Ungarn	10	3	3	4	14:10	12
5. Aserbaidschan	10	1	1	8	6:26	4
6. Liechtenstein	10	1	1	8	2:39	4

GRUPPE 8

Irland – Kroatien 2:0
Mazedonien – Malta 4:0
Malta – Kroatien 1:4
Kroatien – Mazedonien 3:2
Irland – Malta 5:0
Jugoslawien – Irland 1:0
Malta – Mazedonien 1:2
Malta – Jugoslawien 0:3
Mazedonien – Kroatien 1:1
Jugoslawien – Malta 4:1
Irland – Mazedonien 1:0
Jugoslawien – Kroatien 0:0
Kroatien – Malta 2:1
Irland – Jugoslawien 2:1
Kroatien – Irland 1:0
Jugoslawien – Mazedonien 3:1
Mazedonien – Jugoslawien 2:4
Malta – Irland 2:3
Mazedonien – Irland 1:1
Kroatien – Jugoslawien 2:2

Abschlusstabelle

1. Jugoslawien	8	5	2	1	18:8	17
2. Irland	8	5	1	2	14:6	16
3. Kroatien	8	4	3	1	13:9	15
4. Mazedonien	8	2	2	4	13:14	8
5. Malta	8	–	–	8	6:27	0

GRUPPE 9

Estland – Faröer 5:0
Bosnien-Herzegowina – Faröer 1:0
Litauen – Schottland 0:0
Bosnien-Herzegowina – Estland 1:1
Faröer – Tschechien 0:1
Schottland – Estland 3:2
Bosnien-Herzegowina – Tschechien 1:3
Litauen – Faröer 0:0
Tschechien – Estland 4:1
Schottland – Faröer 2:1
Litauen – Bosnien-Herzegowina 4:2
Tschechien – Litauen 2:0
Litauen – Estland 1:2
Schottland – Tschechien 1:2
Faröer – Schottland 1:1
Estland – Tschechien 0:2
Bosnien-Herzegowina – Litauen 2:0
Faröer – Bosnien-Herzegowina 2:2
Estland – Litauen 1:2
Tschechien – Schottland 3:2
Faröer – Estland 0:2
Litauen – Tschechien 0:4
Bosnien-Herzegowina – Schottland 1:2
Faröer – Litauen 0:1
Estland – Schottland 0:0
Tschechien – Bosnien-Herzegowina 3:0
Schottland – Bosnien-Herzegowina 1:0
Schottland – Litauen 3:0
Estland – Bosnien-Herzegowina 1:4
Tschechien – Faröer 2:0

Abschlusstabelle

1. Tschechien	10	10	–	–	26:5	30
2. Schottland	10	5	3	2	15:10	18
3. Bosn.-Herzego.	10	3	2	5	14:17	11
4. Litauen	10	3	2	5	8:16	11
5. Estland	10	3	2	5	15:17	11
6. Faröer	10	–	3	7	4:17	3

RANGLISTE DER GRUPPENZWEITEN

1. Portugal	6	10:2	13
2. Türkei	6	12:5	13
3. Schottland	6	9:5	10
4. Dänemark	6	10:8	10
5. Ukraine	6	6:4	10
6. Israel	6	12:9	7
7. Irland	6	6:4	7
8. England	6	5:4	7
9. Slowenien	6	6:12	7

Neben den Veranstaltern Belgien und den Niederlanden qualifizierten sich die neun Gruppensieger und der beste Gruppenzweite direkt für die Endrunde sowie vier der übrigen acht Gruppenzweiten in Play-off-Spielen untereinander. Zur Ermittlung des besten Gruppenzweiten wurde eine Tabelle erstellt, in der nur die Ergebnisse des betreffenden Landes gegen den Gruppensieger sowie den Gruppendritten und -vierten berücksichtigt wurden. Über diese Tabelle qualifizierte sich Portugal als bester Gruppenzweiter direkt für die Endrunde.

PLAY-OFF-SPIELE DER GRUPPENZWEITEN

Irland – Türkei 1:1
TÜRKEI – Irland 0:0

Israel – Dänemark 0:5
DÄNEMARK – Israel 3:0

Schottland – England 0:2
ENGLAND – Schottland 0:1

Slowenien – Ukraine 2:1
Ukraine – SLOWENIEN 1:1

DIE DEUTSCHEN QUALIFIKATIONSSPIELE

10. Oktober 1998 in Bursa
Türkei – Deutschland 1:0 (0:0)

Türkei: Rüstü – Alpay, Ogün (89. Hakan Ünsal), Fatih – Mert, Abdullah – Tugay (61. Oktay), Tayfur – Tayfun, Hakan Sükür, Sergen (81. Saffet)
Deutschland: Kahn – Babbel, Nowotny, Rehmer – Ramelow, Jeremies, Heinrich (76. Neuville) – Ricken (81. Bode), Beinlich – Bierhoff, Kirsten
Tor: 1:0 Kahn (70., Eigentor). **Schiedsrichter:** Dallas (Schottland). **Zuschauer:** 20 000. **Rote Karte:** Korkut (71.)

14. Oktober 1998 in Chisinau
Moldawien – Deutschland 1:3 (1:3)

Moldawien: Coselev – Fistican, Stroenco, Tistimetanu – Rebeja, Guzun, Oprea – Gaidamasciuc – Curtianu (53. Suharev), Epureanu, Clescenco
Deutschland: Kahn – Babbel, Nowotny, Rehmer – Ramelow, Nerlinger, Tarnat – Ricken (53. Neuville), Beinlich (83. Wosz) – Kirsten (74. Jancker), Bierhoff
Tore: 1:0 Guzun (6.), 1:1, 1:2 Kirsten (19., 36.), 1:3 Bierhoff (38.). **Schiedsrichter:** Marin (Spanien). **Zuschauer:** 5400. **Rote Karte:** Oprea (84.)

27. März 1999 in Belfast
Nordirland – Deutschland 0:3 (0:2)

Nordirland: Taylor – Patterson, Williams, Morrow, Horlock – Gillespie (83. McCarthy), Lomas, Lennon (68. Sonner), Rowland (68. Kennedy) – M. Hughes – Dowie
Deutschland: Kahn – Babbel, Matthäus (46. Nowotny), Wörns – Strunz, Hamann, Jeremies, Heinrich – Neuville (68. Jancker), Bierhoff, Bode (78. Preetz)
Tore: 0:1, 0:2 Bode (19., 43.), 0:3 Hamann (62.). **Schiedsrichter:** Cesari (Italien). **Zuschauer:** 14 270

31. März 1999 in Nürnberg
Deutschland – Finnland 2:0 (2:0)

Deutschland: Kahn – Babbel, Matthäus, Wörns – Strunz, Hamann (72. Nowotny), Jeremies, Heinrich – Neuville (65. Kirsten), Bierhoff, Bode (76. Jancker)
Finnland: Niemi – Reini (89. Lehkosuo), Hyypiä, Ylönen, Kinnunen – Riihilahti, Ilola, Kautonen (72. Kolkka) – Litmanen – Johansson, Paatelainen (46. Saastamoinen)
Tore: 1:0 Jeremies (31.), 2:0 Neuville (36.). **Schiedsrichter:** Kussainow (Russland). **Zuschauer:** 40 758

4. Juni 1999 in Leverkusen
Deutschland – Moldawien 6:1 (3:0)

Deutschland: Kahn – Nowotny, Matthäus (74. Babbel) – Strunz, Hamann, Jeremies (44. Scholl), Heinrich – Neuville, Bierhoff, Kirsten (53. Ramelow), Bode
Moldawien: Dinow – Fistican, Stroenco, Maiewici, Guzun – Gaidamasciuc (75. Belous), Curtianu, Rebeja, Oprea – Epureanu, Clescenco (81. Sischin)
Tore: 1:0 Bierhoff (2.), 2:0 Kirsten (27.), 3:0 Bode (38.), 4:0 Bierhoff (56.), 5:0 Scholl (71.), 5:1 Stratulat (76.), 6:1 Bierhoff (82.)
Schiedsrichter: Coroado (Portugal)
Zuschauer: 21 000

4. September 1999 in Helsinki
Finnland – Deutschland 1:2 (0:2)

Finnland: Niemi (46. Laaksonen) – Kuivasto, Hyypiä, Saastamoinen, Ylönen (46. Kuqi) – Salli, Riihilahti, Wiss, Tainio – Johansson, Kottila
Deutschland: Lehmann – Linke, Matthäus, Nowotny – Babbel, Scholl (79. Nerlinger), Jeremies, Ziege – Neuville (85. Strunz), Bierhoff, Kirsten (32. B. Schneider)
Tore: 0:1, 0:2 Bierhoff (2., 17.), 1:2 Salli (63.). **Schiedsrichter:** Lopez Nieto (Spanien). **Zuschauer:** 20 189

8. September 1999 in Dortmund
Deutschland – Nordirland 4:0 (4:0)

Deutschland: Lehmann – Linke, Matthäus – Babbel (30. Strunz), Jeremies, Nowotny (46. Wörns) – Scholl, Ziege – Neuville (67. B. Schneider), Bierhoff, Bode
Nordirland: Taylor – Nolan, Williams, Morrow, Horlock – Lennon (46. Gillespie), Lomas, M. Hughes – McCarthy, Kennedy – Dowie (46. Quinn)
Tore: 1:0 Bierhoff (3.), 2:0, 3:0, 4:0 Ziege (16., 33., 45.). **Schiedsrichter:** Bikas (Griechenland). **Zuschauer:** 41 000

9. Oktober 1999 in München
Deutschland – Türkei 0:0

Deutschland: Kahn – Babbel, Matthäus, Linke – B. Schneider (89. Dogan), Hamann (46. Nerlinger), Jeremies, Ziege (76. Bode) – Neuville, Bierhoff, Scholl
Türkei: Rüstü – Fatih, Alpay, Ogün, Ali Eren – Okan (73. Arif), Tayfun, Tayfur (85. Oktay), Abdullah (69. Ergün) – Sergen, Hakan Sükür
Schiedsrichter: Collina (Italien).
Zuschauer: 63 572

DIE »EWIGE« EM-TABELLE

	Sp.	S	U	N	Tore	Pkte
1. Deutschland	84	55	18	11	173:58	183
2. Spanien	92	53	19	20	207:83	178
3. Niederlande	85	51	15	19	178:70	168
4. Frankreich	89	47	24	18	166:92	165
5. Portugal	84	44	19	21	142:80	151
6. England	78	43	21	14	151:54	150
7. Italien	84	41	27	16	125:60	150
8. UdSSR/GUS	74	41	19	14	121:57	142
9. Jugoslawien	74	42	13	19	146:88	139
10. Dänemark	94	40	18	36	145:129	138
11. Rumänien	81	38	22	21	140:82	136
12. ČSFR	64	36	14	14	119:58	122
13. Schottland	76	34	20	22	105:76	122
14. Ungarn	83	34	19	30	140:112	121
15. Bulgarien	78	34	17	27	117:88	119
16. Irland	79	31	22	26	116:95	115
17. Belgien	71	31	19	21	111:82	112
18. Schweden	66	30	16	20	88:72	106
19. Österreich	71	30	12	29	133:110	102
20. Griechenland	72	28	16	28	105:93	100
21. Polen	68	26	19	23	96:81	97
22. Schweiz	69	25	18	26	103:91	93
23. Nordirland	70	26	14	30	78:95	92
24. Wales	64	24	13	27	77:89	85
25. Türkei	69	21	16	32	63:112	79
26. Norwegen	72	21	14	37	86:117	77
27. DDR	46	20	12	14	76:57	72
28. Tschechien	26	19	4	3	54:19	61
29. Finnland	62	12	13	37	62:119	49
30. Russland	23	14	4	5	60:25	46
31. Kroatien	22	13	5	4	40:19	44
32. Island	58	11	11	36	37:90	44
33. Ukraine	22	9	7	6	27:22	34
34. Slowenien	22	9	5	8	28:29	32
35. Slowakei	20	9	4	7	26:27	31
36. Albanien	53	6	10	37	32:107	28
37. Litauen	20	8	3	9	21:28	27
38. Zypern	66	6	8	52	34:189	26
39. Israel	20	7	4	9	38:30	25
40. Lettland	20	7	4	9	24:32	25
41. Georgien	20	6	2	12	22:31	20
42. Luxemburg	69	4	8	57	33:211	20
43. Mazedonien	18	3	6	9	22:32	15
44. Weißrussland	18	3	5	10	12:23	14
45. Malta	62	2	8	52	27:196	14
46. Armenien	20	3	4	13	13:32	13
47. Moldawien	18	3	4	11	18:44	13
48. Faroer-Inseln	28	3	4	21	17:78	13
49. Bosnien-Herz.	10	3	2	5	14:17	11
50. Estland	20	3	2	15	18:48	11
51. Aserbaidschan	20	1	2	17	8:55	5
52. Liechtenstein	20	1	2	17	3:79	5
53. Andorra	10	0	0	10	3:28	0
54. San Marino	26	0	0	26	4:113	0

Die Tabelle wurde nach dem Drei-Punkte-System für einen Sieg errechnet.

Die Endrunden der Europameisterschaften

Europameister Italien

I. EUROPAMEISTERSCHAFT

1958/60 (17 Teilnehmer)
Endrunde 1960 in Frankreich
Zuschauer- und Torübersicht:
78 800 in vier Spielen/17 Tore

Halbfinale

UdSSR – ČSSR	3:0
Jugoslawien – Frankreich	5:4

Spiel um Platz 3

ČSSR – Frankreich	2:0

Endspiel am 10. Juli 1960 in Paris
UdSSR – Jugoslawien 2:1 (1:1, 0:1) n.V.

UdSSR: Jaschin – Tschocheli, Masljonkin, Krutikow – Woinow, Netto – Metreweli, Iwanow, Ponedjelnik, Bubukin, Mes'chi
Jugoslawien: Vidinic – Durkovic, Jusufi – Zanetic, Miladinovic, Perusic – Sekularac, Jerkovic, Galic, Matous, Kostic
Tore: 0:1 Galic (41.), 1:1 Metreweli (49.), 2:1 Ponedjelnik (113.). **Schiedsrichter:** Ellis (England). **Zuschauer:** 17 966

Europameister UDSSR

II. EUROPAMEISTERSCHAFT

1962/64 (28 Teilnehmer)
Endrunde 1964 in Spanien
Zuschauer- und Torübersicht:
236 900 in vier Spielen/13 Tore

Halbfinale

Spanien –Ungarn	2:1 n.V.
UdSSR – Dänemark	3:0

Spiel um Platz 3

Ungarn – Dänemark	3:1 n.V.

Endspiel am 21. Juni 1964 in Madrid
Spanien – UdSSR 2:1 (1:1)

Spanien: Iribar – Rivilla, Callejo – Zocco, Olivella, Fuste – Amancio, Pereda, Marcellino, Suarez, Lapetra
UdSSR: Jaschin – Schustikow, Schesternjow, Mudrik – Woronin, Anitschkin – Tschislenko, Iwanow, Ponedjelnik, Kornejew, Chussainow
Tore: 1:0 Pereda (7.), 1:1 Chussainow (9.), 2:1 Marcellino (84.). **Schiedsrichter:** Holland (England). **Zuschauer:** 105 000

Europameister Spanien

III. EUROPAMEISTERSCHAFT

1966/68 (31 Teilnehmer)
Endrunde 1968 in Italien
Zuschauer- und Torübersicht:
358 000 in fünf Spielen/7 Tore

Halbfinale

Jugoslawien – England	1:0
Italien – UdSSR	0:0 n.V. (Los für Italien)

Spiel um Platz 3

England – UdSSR	2:0

Endspiel am 8. Juni 1968 in Rom
Italien – Jugoslawien 1:1 (1:1, 0:1) n.V.

Italien: Zoff – Burgnich, Guarneri, Castano, Facchetti – Ferrini, Juliano, Lodetti – Domenghini, Anastasi, Prati
Jugoslawien: Pantelic – Fazlagic, Paunovic, Holcer, Damjanovic – Pavlovic, Trivic, Acimovic – Petkovic, Musemic, Dzajic
Tore: 0:1 Dzajic (39.), 1:1 Domenghini (82.). **Schiedsrichter:** Dienst (Schweiz). **Zuschauer:** 80 000

Wiederholungssp. am 10. Juni 1968 in Rom
Italien – Jugoslawien 2:0 (2:0)

Italien: Zoff – Burgnich, Guarneri, Salvadore, Facchetti – de Sisti, Rosato – Domenghini, Mazzola, Anastasi, Riva
Jugoslawien: Pantelic – Fazlagic, Paunovic, Holcer, Damjanovic – Pavlovic, Trivic, Acimovic – Hosic, Musemic, Dzajic
Tore: 1:0 Riva (12.), 2:0 Anastasi (31.). **Schiedsrichter:** de Mendibil (Spanien). **Zuschauer:** 32 886

IV. EUROPAMEISTERSCHAFT

1970/72 (32 Teilnehmer)
Endrunde 1972 in Belgien
Zuschauer- und Torübersicht:
121 900 in vier Spielen/19 Tore

Halbfinale

Ungarn – UdSSR	0:1
Belgien – BR Deutschland	1:2

Spiel um Platz 3

Ungarn – Belgien	1:2

Endspiel am 18. Juni 1972 in Brüssel
BR Deutschland – UdSSR 3:0 (1:0)

Deutschland: Maier – Höttges, Schwarzenbeck, Beckenbauer, Breitner – Hoeneß, Netzer, Wimmer – Heynckes, G. Müller, E. Kremers
UdSSR: Rudakow – Dsodsuaschwili, Churzilawa, Kaplitschny, Istomin – Konkow (46. Dolmatow), Troschkin, Kolotow – Baidatschny, Banischewski (66. Kosinkewitsch), Onistschenko
Tore: 1:0 G. Müller (27.), 2:0 Wimmer (52.), 3:0 G. Müller (58.). **Schiedsrichter:** Marschall (Österreich). **Zuschauer:** 43 066

Europameister Deutschland

V. EUROPAMEISTERSCHAFT

1974/76 (32 Teilnehmer)
Endrunde 1976 in Jugoslawien
Zuschauer- und Torübersicht:
185 000 in vier Spielen/19 Tore

Halbfinale

ČSSR – Niederlande	3:2 n.V.
Jugoslawien– BR Deutschland	2:4 n.V.

Spiel um Platz 3

Niederlande – Jugoslawien	3:1 n.V.

Endspiel am 20. Juni 1976 in Belgrad
ČSSR – BR Deutschland 2:2 (2:2, 2:1) n.V., ES: 5:3

ČSSR: Viktor – Pivarnik, Ondrus, Capkovic, Goegh – Dobias (93. Vesely), Panenka, Modr – Maÿ, Svehlik (79. Jurkemik), Nehoda.
Deutschland: Maier – Vogts, Beckenbauer, Schwarzenbeck, Dietz – Wimmer (46. Flohe), Bonhof, Beer (79. Bongartz) – U. Hoeneß, D. Müller, Hölzenbein
Tore: 1:0 Svehlik (8.), 2:0 Dobias (25.), 2:1 D. Müller (28.), 2:2 Hölzenbein (90.)
Elfmeterschießen: Masny 1:0, Bonhof 1:1; Nehoda 2:1, Flohe 2:2; Ondrus 3:2, Bongartz 3:3; Jurkemik 4:3, Hoeneß verschießt; Panenka 5:3.
Schiedsrichter: Gonella (Italien).
Zuschauer: 30 790

Europameister ČSSR

VI. EUROPAMEISTERSCHAFT

1978/80 (32 Teilnehmer)
Endrunde 1980 in Italien
Zuschauer- und Torübersicht:
346 200 in 14 Spielen/27 Tore

Gruppe 1

ČSSR – BR Deutschland	0:1
Niederlande – Griechenland	1:0
BR Deutschland – Niederlande	3:2
Griechenland– ČSSR	1:3
Niederlande – ČSSR	1:1
Griechenland–BR Deutschland	0:0

Abschlusstabelle

1. BR Deutschland	3	2	1	–	4:2	5:1
2. ČSSR	3	1	1	1	4:3	3:3
3. Niederlande	3	1	1	1	4:4	3:3
4. Griechenland	3	–	1	2	1:4	1:5

Gruppe 2

Belgien – England	1:1
Spanien – Italien	0:0
Spanien – Belgien	1:2
Italien– England	1:0
Spanien – England	1:2
Italien– Belgien	0:0

Abschlusstabelle

1. Belgien	3	1	2	–	3:2	4:2
2. Italien	3	1	2	–	1:0	4:2
3. England	3	1	1	1	3:3	3:3
4. Spanien	3	–	1	2	2:4	1:5

Spiel um Platz 3

ČSSR – Italien	1:1 (0:0) n.V., ES 9:8

Endspiel am 22. Juni 1980 in Rom
BR Deutschland – Belgien 2:1 (1:0)

Deutschland: Schumacher – Stielike – Kaltz, Kh. Förster, Dietz – Schuster, Briegel (55. Cullmann), H. Müller – K.-H. Rummenigge, Hrubesch, K. Allofs
Belgien: Pfaff – Meeuws, Gerets, L. Millecamps, Renquin – Cools, van Moer, Vandereycken, Mommens – van der Elst, Ceulemans
Tore: 1:0 Hrubesch (10.), 1:1 Vandereycken (72., Foulstrafstoß), 2:1 Hrubesch (90.).
Schiedsrichter: Rainea (Rumänien).
Zuschauer: 47 860.

Europameister Deutschland

VII. EUROPAMEISTERSCHAFT

1982/84 (33 Teilnehmer)
Endrunde 1984 in Frankreich
Zuschauer- und Torübersicht:
609 000 in 15 Spielen/41 Tore

Gruppe 1

Frankreich – Dänemark	1:0
Belgien– Jugoslawien	2:0
Frankreich – Belgien	5:0
Dänemark – Jugoslawien	5:0
Frankreich – Jugoslawien	3:2
Dänemark – Belgien	3:2

Abschlusstabelle

1. Frankreich	3	3	–	–	9:2	6:0
2. Dänemark	3	2	–	1	8:3	4:2
3. Belgien	3	1	–	2	4:8	2:4
4. Jugoslawien	3	–	–	3	2:10	0:6

Gruppe 2

BR Deutschland– Portugal	0:0
Rumänien – Spanien	1:1
BR Deutschland – Rumänien	2:1
Portugal – Spanien	1:1
BR Deutschland – Spanien	0:1
Portugal – Rumänien	1:0

Abschlusstabelle

1. Spanien	3	1	2	–	3:2	4:2
2. Portugal	3	1	2	–	2:1	4:2
3. BR Deutschland	3	1	1	1	2:2	3:3
4. Rumänien	3	–	1	2	2:4	1:5

Halbfinale

Frankreich –Portugal	3:2 (1:1), 1:0 n.V.
Spanien – Dänemark	1:1 (1:1, 0:1) n.V., ES 5:4

Endspiel am 27. Juni 1984 in Paris
Frankreich – Spanien 2:0 (0:0)

Frankreich: Bats – Bossis – Battiston (73. Amoros), Le Roux (85. Feldverweis) – Fernandez, Platini, Tigana, Giresse, Domergue – Lacombe (80. Genghini), Bellone
Spanien: Arconada – Gallego – Urquiaga, Salva (85. Roberto) – Senor, Victor, Francisco, Camacho, Julio Alberto (77. Sarabia) – Santillana, Carrasco
Tore: 1:0 Platini (57.), 2:0 Bellone (90.).
Schiedsrichter: Christov (CSSR).
Zuschauer: 47 368. **Rote Karte:** Le Roux wegen wiederholten Foulspiels (85.)

Europameister Frankreich

VIII. EUROPAMEISTERSCHAFT

1986/88 (33 Teilnehmer)
Endrunde in der BR Deutschland
Zuschauer- und Torübersicht:
931 000 in 15 Spielen/34 Tore

Gruppe 1

BR Deutschland – Italien	1:1
Dänemark – Spanien	2:3
BR Deutschland – Dänemark	2:0
Italien – Spanien	1:0
BR Deutschland – Spanien	2:0
Italien – Dänemark	2:0

Abschlusstabelle

1. BR Deutschland	3	2	1	–	5:1	5:1
2. Italien	3	2	1	–	4:1	5:1
3. Spanien	3	1	–	2	3:5	2:4
4. Dänemark	3	–	–	3	2:7	0:6

Gruppe 2

England – Irland	0:1
Niederlande – UdSSR	0:1
England – Niederlande	1:3
Irland – UdSSR	1:1
England – UdSSR	1:3
Irland – Niederlande	0:1

Abschlusstabelle

1. UdSSR	3	2	1	–	5:2	5:1
2. Niederlande	3	2	–	1	4:2	4:2
3. Irland	3	1	1	1	2:2	3:3
4. England	3	–	–	3	2:7	0:6

Halbfinale

BR Deutschland –Niederlande	1:2
UdSSR – Italien	2:0

Endspiel am 25. Juni 1988 in München
Niederlande – UdSSR 2:0 (1:0)
Niederlande: van Breukelen – R. Koeman – Rijkaard, van Tiggelen – van Aerle, Vanenburg, Wouters, Mühren, E. Koeman – van Basten, Gullit
UdSSR: Dassajew – Chidijatullin – Demjanenko, Alejnikow – Sawarow Litowtschenko, Michailitschenko, Gozmanow (69. Baltatscha), Raz – Belanow, Protassow (71. Passulko)
Tore: 1:0 Gullit (33.), 2:0 van Basten (54.).
Schiedsrichter: Vautrot (Frankreich).
Zuschauer: 72 308

Europameister Niederlande

IX. EUROPAMEISTERSCHAFT

1990/92 (33 Teilnehmer)
Endrunde in Schweden
Zuschauer- und Torübersicht:
429 100 in 15 Spielen/32 Tore

Gruppe 1

Schweden – Frankreich	1:1
Dänemark – England	0:0
Frankreich – England	0:0
Schweden – Dänemark	1:0
Schweden – England	2:1
Frankreich – Dänemark	1:2

Abschlusstabelle

1. Schweden	3	2	1	–	4:2	5:1
2. Dänemark	3	1	1	1	2:2	3:3
3. Frankreich	3	–	2	1	2:3	2:4
4. England	3	–	2	1	1:2	2:4

Gruppe 2

Niederlande – Schottland	1:0
GUS – Deutschland	1:1
Schottland – Deutschland	0:2
Niederlande – GUS	0:0
Niederlande – Deutschland	3:1
Schottland – GUS	3:0

Abschlusstabelle

1. Niederlande	3	2	1	–	4:1	5:1
2. Deutschland	3	1	1	1	4:4	3:3
3. Schottland	3	1	–	2	3:3	2:4
4. GUS	3	–	2	1	1:4	2:4

Halbfinale

Schweden – Deutschland	2:3 (0:1)
Niederlande – Dänemark	2:2 (2:2, 1:2) n.V., ES 4:5

Endspiel am 27. Juni 1992 in Göteborg
Dänemark – Deutschland 2:0 (1:0)
Dänemark: Schmeichel – Olsen – Nielsen, Piechnik – Sivebaek (67. Christiansen), Vilfort, Larsen, Jensen, Christofte – Povlsen, B. Laudrup
Deutschland: Illgner – Helmer – Buchwald, Kohler – Reuter, Häßler, Sammer (46. Doll), Effenberg (80. Thon), Brehme – Klinsmann, Riedle
Tore: 1:0 Jensen (19.), 2:0 Vilfort (79.).
Schiedsrichter: Galler (Schweiz).
Zuschauer: 37 725

Europameister Dänemark

X. EUROPAMEISTERSCHAFT

1994/96 (47 Teilnehmer)
Endrunde in England
Zuschauer- und Torübersicht:
1 269 894 in 31 Spielen/64 Tore

Gruppe A

England – Schweiz	1:1
Niederlande – Schottland	0:0
Schweiz – Niederlande	0:2
Schottland – England	0:2
Schottland – Schweiz	1:0
Niederlande – England	1:4

Abschlusstabelle

1. England	3	2	1	–	7:2	7
2. Niederlande	3	1	1	1	3:4	4
3. Schottland	3	1	1	1	1:2	4
4. Schweiz	3	–	1	2	1:4	1

Gruppe B

Spanien – Bulgarien	1:1
Rumänien – Frankreich	0:1
Bulgarien – Rumänien	1:0
Frankreich – Spanien	1:1
Frankreich – Bulgarien	3:1
Rumänien – Spanien	1:2

Abschlusstabelle

1. Frankreich	3	2	1	–	5:2	7
2. Spanien	3	1	2	–	4:3	5
3. Bulgarien	3	1	1	1	3:4	4
4. Rumänien	3	–	–	3	1:4	0

Gruppe C

Deutschland – Tschechien	2:0
Italien – Russland	2:1
Tschechien – Italien	2:1
Russland – Deutschland	0:3
Italien – Deutschland	0:0
Russland – Tschechien	3:3

Abschlusstabelle

1. Deutschland	3	2	1	–	5:0	7
2. Tschechien	3	1	1	1	5:6	4
3. Italien	3	1	1	1	3:3	4
4. Russland	3	–	1	2	4:8	1

Anmerkung: Bei Punktgleichheit zwischen Tschechien und Italien entschied der direkte Vergleich (2:1) für Tschechien.

Gruppe D

Dänemark – Portugal	1:1
Türkei – Kroatien	0:1
Portugal – Türkei	1:0
Kroatien – Dänemark	3:0
Kroatien – Portugal	0:3
Türkei – Dänemark	0:3

Abschlusstabelle

1. Portugal	3	2	1	–	5:1	7
2. Kroatien	3	2	–	1	4:3	6
3. Dänemark	3	1	1	1	4:4	4
4. Türkei	3	–	–	3	0:5	0

Viertelfinale

Spanien – England	0:0 n.V., 2:4 i.E.
Frankreich– Niederlande	0:0 n.V., 5:4 i.E.
Deutschland – Kroatien	2:1
Tschechien – Portugal	1:0

Halbfinale

Deutschland – England	1:1 n.V., 6:5 i.E.
Frankreich – Tschechien	0:0 n.V., 5:6 i.E.

Endspiel am 30. Juni 1996 in London
Deutschland – Tschechien 2:1 (1:1, 0:0) n. Golden Goal

Deutschland: Köpke – Sammer – Babbel, Helmer – Strunz, Eilts (46. Bode), Ziege – Scholl (69. Bierhoff), Häßler – Kuntz, Klinsmann
Tschechien: Kouba – Kadlec – Suchoparek, Hornak – Nedved, Bejbl, Rada – Poborsky (87. Smicer), Berger, Nemec – Kuka
Tore: 0:1 Berger (59., Foulelfmeter), 1:1, 2:1 Bierhoff (73., 95.).
Schiedsrichter: Pairetto (Italien).
Zuschauer: 76 000

Europameister Deutschland

XI. EUROPAMEISTERSCHAFT

1998/2000 (51 Teilnehmer)
Endrunde in Belgien und den Niederlanden
Zuschauer- und Torübersicht:
1 102 850 in 31 Spielen/85 Tore

Gruppe A

Deutschland – Rumänien	1:1
Portugal – England	3:2
Rumänien – Portugal	0:1
England – Deutschland	1:0
England – Rumänien	2:3
Portugal – Deutschland	3:0

Abschlusstabelle

1. Portugal	3	3	0	0	7:2	9
2. Rumänien	3	1	1	1	4:4	4
3. England	3	1	0	2	5:6	3
4. Deutschland	3	0	1	1	1:5	1

Gruppe B

Belgien – Schweden	2:1
Türkei – Italien	1:2
Italien – Belgien	2:0
Schweden – Türkei	0:0
Türkei – Belgien	2:0
Italien – Schweden	2:1

Abschlusstabelle

1. Italien	3	2	1	–	5:2	7
2. Türkei	3	1	2	–	4:3	5
3. Belgien	3	1	1	1	3:4	4
4. Schweden	3	–	–	3	1:4	0

Gruppe C

Spanien – Norwegen	0:1
Jugoslawien – Slowenien	3:3
Slowenien – Spanien	1:2
Norwegen – Jugoslawien	0:1
Jugoslawien – Spanien	3:4
Slowenien – Norwegen	0:0

Abschlusstabelle

1. Spanien	3	2	0	1	6:5	6
2. Jugoslawien	3	1	1	1	7:7	4
3. Norwegen	3	1	1	1	1:1	4
4. Slowenien	3	0	2	1	4:5	2

Gruppe D

Frankreich – Dänemark	3:0
Niederlande – Tschechien	1:0
Tschechien – Frankreich	1:2
Dänemark – Niederlande	0:3
Dänemark – Tschechien	0:2
Frankreich – Niederlande	2:3

Abschlusstabelle

1. Niederlande	3	3	0	0	7:2	9
2. Frankreich	3	2	0	1	7:4	6
3. Tschechien	3	1	0	2	3:3	3
4. Dänemark	3	0	0	3	0:8	0

Viertelfinale

Türkei – Portugal	0:2
Italien – Rumänien	2:0
Jugoslawien – Niederlande	1:6
Spanien – Frankreich	1:2

Halbfinale

Portugal – Frankreich	1:2 n.V.
Italien – Niederlande	0:0 n.V., 3:1 n.E.

Endspiel am 2. Juli 2000 in Rotterdam
Frankreich – Italien 2:1 (1:1, 0:0) n. Golden Goal

Frankreich: Barthez – Thuram, Blanc, Desailly, Lizarazu (85. Pires) – Vieira, Deschamps – Djorkaeff (76. Trezeguet), Zidane – Henry, Dugarry (57. Wiltord)
Italien: Toldo – Cannavaro, Nesta, Iuliano – Pessotto, di Biagio (66. Ambrosini), Albertini, Fiore (53. del Piero), Maldini – Totti, Delvecchio (86. Montella)
Tore: 0:1 Delvecchio (55.), 1:1 Wiltord (93.), 2:1 Trezeguet (103.). **Schiedsrichter:** Frisk (Schweden). **Zuschauer:** 50 000

EM-TORSCHÜTZENKÖNIGE
(Qualifikation und Endrunde)

	Torschützen	Tore
1960	Just Fontaine (FRA)	6
1964	Ole Madsen (DEN)	11
1968	Luigi Riva (ITA)	7
1972	Gerd Müller (GER)	11
1976	Don Givens (IRL)	8
1980	Kevin Keegan (ENG)	7
1984	Michel Platini (FRA)	9
1988	Nico Claesen (BEL)	7
	Marco van Basten (NED)	7
1992	Jean-Pierre Papin (FRA)	11
1996	Davor Suker (CRO)	15
2000	Raul (ESP)	12
	Zlatko Zahovic (SLO)	12

Europameister Frankreich

Deutschlands Aufgebote bei den EM-Endrunden

1972 BELGIEN

Name	Spiele	Tore
Beckenbauer, Franz	2	–
Bella, Michael	–	–
Bonhof, Rainer	–	–
Breitner, Paul	2	–
Grabowski, Jürgen	1	–
Heynckes, Josef	2	–
Hoeneß, Uli	2	–
Höttges, Horst-Dieter	2	–
Kleff, Wolfgang	–	–
Köppel, Horst	–	–
Kremers, Erwin	2	–
Löhr, Johannes	–	–
Maier, Josef	2	–
Müller, Gerd	2	4
Netzer, Günter	2	–
Schwarzenbeck, Georg	2	–
Vogts, Hans-Hubert	–	–
Wimmer, Herbert	2	1

1976 JUGOSLAWIEN

Name	Spiele	Tore
Beckenbauer, Franz	2	–
Beer, Erich	2	–
Bongartz, Hannes	1	–
Bonhof, Rainer	2	–
Danner, Dietmar	1	–
Dietz, Bernard	2	–
Flohe, Heinz	2	1
Hölzenbein, Bernd	2	1
Hoeneß, Uli	2	–
Kaltz, Manfred	–	–
Kargus, Rudi	–	–
Maier, Josef	2	–
Müller, Dieter	2	4
Nogly, Peter	–	–
Schwarzenbeck, Georg	2	–
Vogts, Hans-Hubert	2	–
Wimmer, Herbert	2	–
Worm, Ronald	–	–

1980 ITALIEN

Nr.	Name	Spiele	Tore
11	Allofs, Klaus	3	3
13	Bonhof, Rainer	–	–
2	Briegel, Hans-Peter	4	–
3	Cullmann, Bernd	3	–
17	Del`Haye, Karl	1	–
5	Dietz, Bernard	3	–
7	Förster, Bernd	2	–
4	Förster, Karlheinz	4	–
9	Hrubesch, Horst	3	2
22	Immel, Eike	–	–
21	Junghans, Walter	–	–
20	Kaltz, Manfred	4	–
14	Magath, Felix	2	–
18	Matthäus, Lothar	1	–
12	Memering, Caspar	1	–
10	Müller, Hans	4	–
8	Rummenigge, Karl-Heinz	4	1
1	Schumacher, Harald	4	–
6	Schuster, Bernd	2	–
15	Stielike, Uli	4	–
19	Votava, Miroslav	1	–
16	Zimmermann, Herbert	–	–

1984 FRANKREICH

Nr.	Name	Spiele	Tore
8	Allofs, Klaus	3	–
19	Bommer, Rudolf	1	–
7	Brehme, Andreas	3	–
2	Briegel, Hans-Peter	3	–
16	Bruns, Hans-Günter	–	–
18	Buchwald, Guido	2	–
12	Burdenski, Dieter	–	–
14	Falkenmayer, Ralf	–	–
5	Förster, Bernd	3	–
4	Förster, Karlheinz	3	–
17	Littbarski, Pierre	2	–
13	Matthäus, Lothar	3	–
10	Meier, Norbert	2	–
20	Roleder, Helmut	–	–
6	Rolff, Wolfgang	2	–
11	Rummenigge, Karl-Heinz	3	–
1	Schumacher, Harald	3	–
3	Strack, Gerhard	–	–
15	Stielike, Uli	3	–
9	Völler, Rudolf	3	2

1988 DEUTSCHLAND

Nr.	Name	Spiele	Tore
14	Berthold, Thomas	1	–
6	Borowka, Ulrich	4	–
3	Brehme, Andreas	4	1
2	Buchwald, Guido	2	–
17	Dorfner, Hans	–	–
16	Eckstein, Dieter	1	–
5	Herget, Matthias	4	–
12	Illgner, Bodo	–	–
1	Immel, Eike	4	–
18	Klinsmann, Jürgen	4	1
4	Kohler, Jürgen	4	–
7	Littbarski, Pierre	4	–
8	Matthäus, Lothar	4	1
11	Mill, Frank	3	–
15	Pflügler, Hans	1	–
20	Rolff, Wolfgang	3	–
19	Sauer, Gunnar	–	–
10	Thon, Olaf	4	1
9	Völler, Rudolf	4	2
13	Wuttke, Wolfram	1	–

1992 SCHWEDEN

Nr.	Name	Spiele	Tore
5	Binz, Manfred	3	–
3	Brehme, Andreas	5	–
6	Buchwald, Guido	4	–
10	Doll, Thomas	4	–
17	Effenberg, Stefan	5	1
15	Frontzeck, Michael	1	–
8	Häßler, Thomas	5	2
14	Helmer, Thomas	3	–
1	Illgner, Bodo	5	–
18	Klinsmann, Jürgen	5	1
12	Köpke, Andreas	–	–
4	Kohler, Jürgen	5	–
7	Möller, Andreas	3	–
2	Reuter, Stefan	4	–
11	Riedle, Karlheinz	5	3
16	Sammer, Matthias	4	–
19	Schulz, Michael	1	–
13	Thom, Andreas	1	–
9	Völler, Rudolf	1	–
20	Wörns, Christian	–	–

1996 ENGLAND

Nr.	Name	Spiele	Tore
14	Babbel, Markus	5	–
13	Basler, Mario	–	–
20	Bierhoff, Oliver	3	2
9	Bobic, Fredi	3	–
3	Bode, Marco	3	–
21	Eilts, Dieter	6	–
4	Freund, Steffen	4	–
10	Häßler, Thomas	6	–
5	Helmer, Thomas	6	–
12	Kahn, Oliver	–	–
18	Klinsmann, Jürgen	4	3
1	Köpke, Andreas	6	–
15	Kohler, Jürgen	1	–
11	Kuntz, Stefan	5	1
7	Möller, Andreas	5	1
22	Reck, Oliver	–	–
2	Reuter, Stefan	4	–
6	Sammer, Matthias	6	2
16	Schneider, René	–	–
8	Scholl, Mehmet	3	–
19	Strunz, Thomas	5	–
17	Ziege, Christian	6	1
Nachnominiert:			
23	Todt, Jens	–	–

2000 BELGIEN UND NIEDERLANDE

Nr.	Name	Spiele	Tore
2	Babbel, Markus	2	–
13	Ballack, Michael	2	–
20	Bierhoff, Oliver	1	–
5	Bode, Marco	2	–
22	Butt, Jörg	–	–
18	Deisler, Sebastian	3	–
8	Häßler, Thomas	2	–
14	Hamann, Dietmar	3	–
19	Jancker, Carsten	2	–
16	Jeremies, Jens	2	–
1	Kahn, Oliver	3	–
9	Kirsten, Ulf	2	–
4	Linke, Thomas	2	–
12	Lehmann, Jens	–	–
10	Matthäus, Lothar	3	–
6	Nowotny, Jens	3	–
21	Ramelow, Carsten	–	–
3	Rehmer, Marko	2	–
11	Rink, Paulo	3	–
7	Scholl, Mehmet	3	1
15	Wosz, Dariusz	–	–
17	Ziege, Christian	2	–

Rekordler mit vier EM-Teilnahmen: Dänemarks Peter Schmeichel.

TURNIER-REKORDE

Alle 51 UEFA-Mitgliedsverbände hatten für den Titelkampf 2000 gemeldet – 49 gingen in die Qualifikation, Belgien und die Niederlande als Gastgeber waren gesetzt. Das ist neuer Teilenhmerrekord.

Den schnellsten Treffer in einer Endrunde erzielte am 18. Juni 1988 in Frankfurt/Main Sergej Alejnikow (UdSSR) gegen England (3:1) nach nur 2:08 Minuten. Alan Shearer (England) traf am 26. Juni 1996 in London im Halbfinale gegen Deutschland (1:1 n.V., 5:6 i.E.) nach 2:12 Minuten. Das schnellste Tor beim Turnier in Belgien und den Niederlanden schoss der Engländer Paul Scholes beim 2:3 gegen Portugal in der 3. Minute.

Drei Tore in einem Spiel schossen beim XI. Championat der Portugiese Sergio Conceicao beim 3:0 gegen Deutschland und Patrick Kluivert (Niederlande) beim 6:1 gegen Jugoslawien. Die Dreifach-Schützen zuvor waren Dieter Müller 1976 gegen Jugoslawien (4:2 n.V.), Klaus Allofs (beide Deutschland) 1980 gegen die Niederlande (3:2), Michel Platini (Frankreich) 1984 gegen Belgien (5:0) und Marco van Basten (Niederlande) 1988 gegen England (3:1).

Schnellster Dreifach-Torschütze war Patrick Kluivert am 26. Juni 2000 in Rotterdam, als er innerhalb von 30 Minuten traf. Sergio Conceicao benötigte 36, Dieter Müller 38 Minuten.

Das höchste Resultat schafften die Niederländer im 2000er Turnier mit dem 6:1 gegen Jugoslawien. Jeweils 5:0-Siege feierten 1984 Frankreich gegen Belgien und Dänemark gegen Jugoslawien.

Die meisten Tore in einem Spiel fielen 1960, als Jugoslawien im Halbfinale 5:4 gegen Frankreich gewann.

Neun Tore in einem Turnier schoss 1984 der Franzose Michel Platini. In jedem Spiel erzielte er mindestens einen Treffer – ebenfalls Rekord.

Tore in drei aufeinander folgenden Turnieren gelangen nur dem Deutschen Jürgen Klinsmann: 1988 (1), 1992 (1) und 1996 (3).

Den Tor-Rekord für ein Turnier halten die Franzosen, die bei der Endrunde 1984 14 Tore in 5 Spielen schafften. Es folgt Holland mit 13 Treffern in 5 Spielen 2000.

Die meisten Tore bei Endrunden schoss Deutschland mit insgesamt 43 gefolgt von den Niederlanden mit 38 und Frankreich mit 37.

Tor- und punktlos blieben, seitdem die Endrunden in Turnierform ausgetragen werden, lediglich 1996 die Türkei und 2000 Dänemark.

Die meisten EM-Endrunden mit jeweils 4 absolvierten Peter Schmeichel (Dänemark – 1988, 1992, 1996, 2000) und Lothar Matthäus (Deutschland – 1980, 1984, 1988, 2000).

Am längsten ohne Gegentor sind die Portugiesen bei der Endrunde 2000 geblieben – 394 Minuten. Dafür setzten sie mit Vitor Baia, Espinho und Quim gleich drei Torhüter ein. Ansonsten ist der Italiener Dino Zoff (1980 mit 323 Minuten) Rekordhalter vor dem Deutschen Andreas Köpke (1996 mit 321 Minuten).

Die meisten EM-Endrundenspiele bestritten die Deutschen Jürgen Klinsmann und Thomas Häßler sowie der Däne Peter Schmeichel und Paolo Maldini (Italien) mit je 13 Einsätzen; es folgt Lothar Matthäus (Deutschland) mit 11.

Die meisten Endrunden-Spiele als Nation bestritt Deutschland mit 29 (16 Siege/6 Remis/7 Niederlagen) gefolgt von den Niederlanden (23), Frankreich, Spanien (je 21), Dänemark (20).

Jüngster Europameister ist nach wie vor Pietro Anastasi, der 1968 im Alter von 20 Jahren und 63 Tagen im Team Italiens den Titel gewann und im Wiederholungs-Endspiel sogar ein Tor schoss. Sein Landsmann Paolo Maldini spielte 1988 als noch nicht 20-Jähriger im Halbfinale gegen die UdSSR.

Jüngster EM-Spieler ist der Schweizer Raphael Wicky, der 1996 bei Turnierbeginn 19 Jahre und 43 Tage alt war.

Ältester EM-Spieler ist seit der EM 2000 Lothar Matthäus mit 39 Jahren und 3 Monaten. Davor hielt den Rekord der Däne Morten Olsen, der 1988 auf 38 Jahre und 308 Tage kam.

EM-Spieler des DFV der DDR

	Spiele	Tore
Assmy, Horst	1	–
Backs, Christian	2	–
Baum, Frank	3	–
Bielau, Andreas	1	–
Blochwitz, Wolfgang	3	–
Bransch, Bernd	10	–
Brauer, Gert	3	–
Busse, Martin	2	–
Croy, Jürgen	15	–
Decker, Klaus	1	–
Dörner, Hans-Jürgen	16	–
Döschner, Matthias	6	1
Doll, Thomas	3	1
Ducke, Peter	10	3
Ducke, Roland	9	1
Eigendorf, Lutz	2	–
Erler, Dieter	9	2
Ernst, Rainer	8	2
Fräßdorf, Otto	5	–
Frenzel, Henning	12	6
Fritsche, Joachim	2	–
Fritzsche, Harald	1	–
Ganzera, Frank	3	–
Geisler, Manfred	3	–
Grapenthin, Hans-Ulrich	7	–
Häfner, Reinhard	13	2
Hause, Lothar	1	–
Heine, Werner	6	1
Heinsch, Jürgen	2	–
Heun, Jürgen	2	–
Hoffmann, Martin	14	5
Hoge, Günter	1	–
Irmscher, Harald	8	–
Kaiser, Manfred	5	–
Kirsten, Ulf	8	4
Kische, Gerd	12	–
Körner, Gerhard	4	1
Kohle, Horst	1	1
Kotte, Peter	2	–
Krampe, Dieter	4	–
Kreer, Ronald	12	1
Kreische, Hans-Jürgen	8	6
Kühn, Dieter	1	–
Kurbjuweit, Lothar	7	–
Lauck, Reinhard	4	–
Liebers, Matthias	11	–
Liebrecht, Kurt	4	1
Lindemann, Lutz	7	2
Lindner, Matthias	2	–
Löwe, Wolfram	5	2
Meyer, Lothar	1	–
Minge, Ralf	5	1
Mühlbächer, Waldemar	1	–
Müller, Bringfried	2	–
Müller, René	8	–
Nachtigall, Rainer	2	–
Netz, Wolf-Rüdiger	1	–
Nöldner, Jürgen	7	1
Pankau, Herbert	5	1
Pastor, Frank	3	–
Peter, Werner	2	–
Pilz, Hans-Uwe	7	–
Pommerenke, Jürgen	7	1
Raab, Jürgen	6	–
Richter, Frank	1	–
Richter, Hans	5	1
Riediger, Hans-Jürgen	10	1
Rock, Peter	2	–
Rohde, Frank	5	–
Rudwaleit, Bodo	6	–
Sänger, Carsten	2	–
Sammer, Klaus	6	–
Sammer, Matthias	1	–
Schade, Hartmut	4	–
Schlutter, Rainer	3	–
Schnuphase, Rüdiger	11	1
Schößler, Detlef	4	–
Scholz, Heiko	2	–
Schröter, Günter	3	–
Schulze, Ulrich	1	–
Seguin, Wolfgang	1	–
Skaba, Martin	1	–
Sparwasser, Jürgen	4	1
Spickenagel, Karl-Heinz	1	–
Stahmann, Dirk	9	–
Stein, Helmut	3	–
Steinbach, Wolfgang	4	–
Steinmann, Rico	3	–
Stöcker, Hermann	1	–
Streich, Joachim	17	9
Strempel, Michael	6	–
Stübner, Jörg	5	–
Thiele, Klaus	1	–
Thom, Andreas	8	5
Trautmann, Andreas	1	–
Trieloff, Norbert	2	–
Troppa, Rainer	4	–
Unger, Gerhard	1	–
Urbanczyk, Klaus	5	–
Vogel, Eberhard	13	5
Vogt, Gerhard	2	1
Wätzlich, Siegmar	4	–
Wagner, Konrad	2	–
Walter, Manfred	4	–
Weber, Gerd	10	3
Weigang, Horst	2	–
Weise, Konrad	16	–
Wirth, Günter	1	–
Wolf, Siegfried	1	–
Wruck, Wolfgang	2	–
Wuckel, Markus	1	–
Zapf, Manfred	2	–
Zötzsche, Uwe	6	–

BILANZ DDR (1959–1987)

	Sp.	S	U	N	Tore	Pkte
Belgien	4	1	1	2	4:5	4
ČSSR	2	1	1	–	3:2	4
Dänemark	2	1	1	–	4:3	4
Frankreich	4	2	2	–	5:3	8
Island	6	4	1	1	16:4	13
Jugoslawien	2	–	1	1	1:2	1
Luxemburg	2	2	–	–	7:1	6
Niederlande	6	2	–	4	9:13	6
Norwegen	2	1	1	–	3:1	4
Polen	2	1	1	–	3:2	4
Portugal	2	–	–	2	2:5	0
Schottland	2	1	–	1	2:3	3
Schweiz	4	3	1	–	10:2	10
UdSSR	2	–	1	1	1:3	1
Ungarn	4	1	1	2	6:8	4
Gesamt	**46**	**20**	**12**	**14**	**76:57**	**72**

Die Punkte sind errechnet nach der Drei-Punkte-Regel für einen Sieg.

EM-Spieler des DFB

	Qualif.		Endrunde	
	Sp.	Tore	Sp.	Tore
Abramczik, Rüdiger	1	–	–	–
Allofs, Klaus	5	2	6	3
Augenthaler, Klaus	3	–	–	–
Babbel, Markus	15	1	7	–
Ballack, Michael	–	–	2	–
Basler, Mario	4	–	–	–
Beckenbauer, Franz	18	–	4	–
Beer, Erich	5	3	2	–
Beiersdorfer, Dietmar	1	–	–	–
Bein, Uwe	2	1	–	–
Beinlich, Stefan	2	–	–	–
Bella, Michael	1	–	–	–
Berthold, Thomas	6	–	1	–
Bierhoff, Oliver	8	7	4	2
Binz, Manfred	4	–	3	–
Bleidick, Hartwig	1	–	–	–
Bobic, Fredi	2	–	3	–
Bode, Marco	6	3	5	–
Bommer, Rudolf	–	–	1	–
Bongartz, Hans	1	–	1	–
Bonhof, Rainer	10	1	2	–
Borchers, Ronald	1	–	–	–
Borowka, Ulrich	–	–	4	–
Brehme, Andreas	6	–	12	1
Breitner, Paul	5	–	2	–
Briegel, Hans-Peter	9	–	7	–
Buchwald, Guido	4	1	8	–
Burdenski, Dieter	3	–	–	–
Cullmann, Bernd	10	2	3	–
Danner, Dietmar	2	–	1	–
Deisler, Sebastian	–	–	3	–
del'Haye, Karl	–	–	1	–
Dietz, Bernard	11	–	5	–
Dörfel, Bernd	1	–	–	–
Dogan, Mustafa	1	–	–	–
Doll, Thomas	5	1	4	–
Dremmler, Wolfgang	5	1	–	–
Eckstein, Dieter	–	–	1	–
Effenberg, Stefan	3	–	5	1
Eilts, Dieter	7	–	6	–
Engels, Stefan	4	–	–	–
Fichtel, Klaus	4	–	–	–
Fischer, Klaus	5	6	–	–

	Qualif.		Endrunde	
	Sp.	Tore	Sp.	Tore
Flohe, Heinz	3	–	2	1
Förster, Bernd	6	–	5	–
Förster, Karlheinz	11	1	7	–
Freund, Steffen	6	–	4	–
Frontzeck, Michael	–	–	1	–
Geye, Reiner	1	–	–	–
Grabowski, Jürgen	7	–	1	–
Häßler, Thomas	12	2	13	2
Hamann, Dietmar	4	1	3	–
Heinrich, Jörg	4	–	–	–
Held, Siegfried	5	–	–	–
Helmer, Thomas	10	1	9	–
Herget, Matthias	1	–	4	–
Herrlich, Heiko	5	1	–	–
Heynckes, Josef	11	4	2	–
Hölzenbein, Bernd	8	1	2	1
Hoeneß, Ulrich	5	2	4	–
Höttges, Horst-Dieter	7	–	2	–
Hrubesch, Horst	–	–	3	2
Illgner, Bodo	6	–	5	–
Immel, Eike	–	–	4	–
Jancker, Carsten	3	–	2	–
Jeremies, Jens	7	1	2	–
Kahn, Oliver	7	–	3	–
Kaltz, Manfred	8	1	4	–
Kapellmann, Jupp	1	–	–	–
Kelsch, Walter	2	1	–	–
Kirsten, Ulf	10	6	2	–
Klinsmann, Jürgen	13	10	13	5
Köpke, Andreas	9	–	6	–
Köppel, Horst	4	1	–	–
Körbel, Karl-Heinz	3	1	–	–
Kohler, Jürgen	9	–	10	–
Kostedde, Erwin	2	–	–	–
Kremers, Erwin	–	–	2	–
Kremers, Helmut	1	–	–	–
Küppers, Hennes	2	–	–	–
Kuntz, Stefan	5	–	5	1
Lehmann, Jens	2	–	–	–
Libuda, Reinhard	2	–	–	–
Linke, Thomas	3	–	2	–
Littbarski, Pierre	7	–	6	–

	Qualif.		Endrunde	
	Sp.	Tore	Sp.	Tore
Löhr, Hannes	4	1	–	–
Magath, Felix	–	–	2	–
Maier, Josef	19	–	4	–
Martin, Bernd	1	–	–	–
Matthäus, Lothar	20	4	11	1
Meier, Norbert	5	–	2	–
Memering, Caspar	–	–	1	–
Meyer, Peter	1	–	–	–
Mill, Frank	–	–	3	–
Möller, Andreas	11	4	8	1
Müller, Dieter	–	–	2	4
Müller, Gerhard	10	12	2	4
Müller, Hans	8	–	4	–
Nerlinger, Christian		3	–	– –
Netzer, Günter	9	2	2	–
Neuville, Oliver	8	1	–	–
Nickel, Bernd	1	–	–	–
Nickel, Harald	2	–	–	–
Nigbur, Norbert	2	–	–	–
Nowotny, Jens	7	–	3	–
Otten, Jonny	3	–	–	–
Overath, Wolfgang	8	–	–	–
Patzke, Bernd	6	–	–	–
Pflügler, Hans	–	–	1	–
Pirrung, Josef	2	–	–	–
Preetz, Michael	1	–	–	–
Ramelow, Carsten	3	–	–	–
Rehmer, Marko	2	–	2	–
Reichel, Peter	1	–	–	–
Reinhardt, Knut	1	–	–	–
Reuter, Stefan	12	–	8	–
Ricken, Lars	2	–	–	–
Riedle, Karlheinz	4	2	5	3
Rink, Paulo	–	–	3	–
Ritschel, Manfred	1	1	–	–
Rolff, Wolfgang	4	–	5	–
Roth, Franz	1	–	–	–
Rummenigge, Karl-Heinz	14	9	7	1
Rummenigge, Michael	1	–	–	–
Sammer, Matthias	9	2	10	2

Insgesamt 20 mal im EM-Einsatz für DFV und DFB: Ulf Kirsten (rechts, hier mit Rink bei seiner Auswechslung im England-Spiel), der gegen Portugal sein 100. Länderspiel bestritt.

	Qualif. Sp.	Qualif. Tore	Endrunde Sp.	Endrunde Tore
Schneider, Bernd	3	–	–	–
Schnellinger, Karl-Heinz	1	–	–	–
Scholl, Mehmet	6	1	6	1
Schulz, Michael	–	–	1	–
Schulz, Willi	4	–	–	–
Schumacher, Harald	8	–	7	–
Schuster, Bernd	5	–	2	–
Schuster, Dirk	1	–	–	–
Schwarzenbeck, Georg	11	–	4	–
Seel, Wolfgang	1	–	–	–
Seeler, Uwe	1	1	–	–
Seliger, Rudolf	1	–	–	–
Sieloff, Klaus-Dieter	2	–	–	–
Siemensmeyer, Hans	1	–	–	–
Stielike, Ulrich	8	1	7	–
Strack, Gerd	8	1	–	–
Strunz, Thomas	12	1	5	–
Tarnat, Michael	1	–	–	–
Thom, Andreas	–	–	1	–
Thon, Olaf	–	–	4	1
Tilkowski, Hans	1	–	–	–
Toppmöller, Klaus	3	1	–	–
Ulsaß, Lothar	1	–	–	–
Völler, Rudolf	13	8	8	4
Vogts, Hans-Hubert	13	1	2	–
Votava, Miroslav	–	–	1	–
Waas, Herbert	3	–	–	–
Weber, Ralf	5	–	–	–
Weber, Wolfgang	7	–	–	–
Wimmer, Herbert	11	1	4	1
Wörns, Christian	5	–	–	–
Wolter, Horst	1	–	–	–
Worm, Ronald	2	2	–	–
Wosz, Dariusz	1	–	–	–
Wuttke, Wolfram	–	–	1	–
Zewe, Gerd	1	–	–	–
Ziege, Christian	7	4	8	1
Zimmermann, Herbert	4	2	–	–

DIE TOP TEN NACH EINSÄTZEN

Sp.	Name	Quali.	Endr.
31	Lothar Matthäus	20	11
26	Jürgen Klinsmann	13	13
25	Thomas Häßler	12	13
23	Josef Maier	19	4
22	Franz Beckenbauer	18	4
22	Markus Babbel	15	7
21	Karl-Heinz Rummenigge	14	7
21	Rudi Völler	13	8
20	Stefan Reuter	12	8
19	Jürgen Kohler	9	10
19	Andreas Möller	11	8
19	Matthias Sammer	9	10
19	Thomas Helmer	10	9

DIE TOP TEN DER TORSCHÜTZEN

Sp.	Name	Quali.	Endr.
16	Gerd Müller	12	4
15	Jürgen Klinsmann	10	5
12	Rudi Völler	8	4
10	Karl-Heinz Rummenigge	9	1
9	Oliver Bierhoff	7	2
6	Klaus Fischer	6	–
6	Ulf Kirsten	6	–
5	Klaus Allofs	2	3
5	Lothar Matthäus	4	1
5	Andreas Möller	4	1
5	Karlheinz Riedle	2	3
5	Christian Ziege	4	1

BILANZ DEUTSCHLAND (1966–2000)

	Sp	S	U	N	Tore	Pkte
Albanien	8	7	1	–	17:4	22
Belgien	4	4	–	–	6:2	12
Bulgarien	4	2	1	1	7:5	7
ČSSR*	2	1	–	1	3:2	3
Dänemark	2	1	–	1	2:2	3
England**	4	2	1	1	3:2	7
Finnland	2	2	–	–	4:1	6
Georgien	2	2	–	–	6:1	6
Griechenland	3	–	3	–	3:3	3
Italien	2	–	2	–	1:1	2
Jugoslawien	3	2	–	1	7:4	6
Kroatien	1	1	–	–	2:1	3
Luxemburg	2	2	–	–	7:2	6
Malta	4	3	1	–	17:0	10
Moldawien	4	4	–	–	18:3	12
Niederlande	3	1	–	2	5:7	3
Nordirland	4	2	–	2	7:2	6
Österreich	2	1	1	–	3:0	4
Polen	2	1	1	–	3:1	4
Portugal	2	–	1	1	0:3	1
Rumänien	2	1	1	–	3:2	4
Rußland	1	1	–	–	3:0	3
Schottland	1	1	–	–	2:0	3
Schweden	1	1	–	–	3:2	3
Spanien	4	2	1	1	5:2	7
Tschechien	2	2	–	–	4:1	6
Türkei	8	4	3	1	14:3	15
UdSSR/GUS	2	1	1	–	4:1	4
Wales	6	4	1	1	14:5	13
Gesamt	**87**	**55**	**19**	**13**	**174:63**	**184**

Die Punkte sind errechnet nach der Drei-Punkte-Regel für einen Sieg.

* Das Finale 1976 endete 2:2 n.V.; vom DFB wird das Spiel nach Ausgang des Elfmeterschießens (5:3 für die ČSSR) als Niederlage gewertet.

** Das Halbfinale 1996 endete 1:1 n.V.; vom DFB wird das Spiel nach Ausgang des Elfmeterschießens (6:5 für Deutschland) als Sieg gewertet.

Eusebio – Botschafter der EURO 2004

Er sprang in die Luft, ballte die rechte Hand zur Faust, seine Augen leuchteten. Fast wie früher – als »Panther« Eusebio 1966 auf der WM-Bühne in England mit 9 Treffern Torschützenkönig und mit Portugal überraschend Dritter wurde. Diesmal bejubelte der inzwischen 58-jährige Eusebio einen Sieg, den er in dieser Form noch nie erlebte hatte. Binnen vier Tagen hatte sich das 10-Milllonen-Land für zwei Europameisterschafts-Endrunden qualifiziert. Zunächst sicherten sich Eusebios Erben mit einem 3:0 gegen Ungarn das EM-Ticket für die EURO 2000. Kurz darauf ging das westlichste Land Europas beim Kampf um die Vergabe der »Fußball-Expo 2004« als Sieger hervor. »Das ist mein glücklichster Tag«, strahlte der einstige Weltstar von Benfica Lissabon und posierte für die internationale Presse schon einmal mit dem EM-Pokal. »Eine tolle Sache, dass wir den Zuschlag für 2004 bekommen haben. Das ist wichtig für die Infrastruktur, die Wirtschaft und das Selbstwertgefühl aller Portugiesen.« Eusebio, der Größte, den der Talenteschuppen Portugals je hervorgebracht hat, war schon als »Botschafter« 1984 bei der Endrunde in Frankreich dabei, als die »Brasilianer Europas« erst in einem riesigen Halbfinale mit dem Mittelfeldstar Chalana am späteren Europameister Frankreich scheiterten. Eusebio gehörte auch jetzt in Belgien und den Niederlanden wieder der offiziellen Delegation Portugals an. Ab jetzt wird's für den berühmten Eusebio schwieriger, Zeit für ein Trainingsspielchen zu finden, den Ball zu streicheln und zu jonglieren. Als Botschafter der Fußball-Expo 2004 spielt er jetzt in einer anderen Liga, in der Weltstars wie Beckenbauer, Pele, B. Charlton oder Platini mit weltmännischem Auftreten ihr Land präsentien oder als Werbepartner fungieren.

Portugals Fußball-Legende Eusebio mit dem EM-Pokal, der im Jahr 2004 erstmals in seinem Land ausgespielt wird. Mitbewerber um die Austragung waren Spanien und Österreich/Ungarn. »Mit der EM 2004 rückt Portugal als kleines Land in den Kreis der großen Sportgastgeber auf«, erklärte Ministerpräsident Antonio Guitierres nach der Entscheidung des UEFA-Exekutivkomitees im Frühjahr 2000.

Boas vindas
às federações
associadas
da UEFA 2004

Impressum

Redaktionsschluss:
3. Juli 2000

Herausgeber:
Marcel Reif

Autoren:
Christoph Biermann
Jürgen Bitter
Wolfgang Niersbach
Marcel Reif
Gottfried Weise

Fotos:
dpa Sportreport, Fotoagentur Zentralbild GmbH, Berlin
Camera 4 / Tilo Wiedensohler, Berlin
Horstmüller Pressebilderdienst, Düsseldorf (Seite 28/29)

Redaktion:
Michael Horn
Harro Schweizer (Projektleitung)
Eberhard Thonfeld (Bildredaktion)

Layout/Produktion:
Prill | Partners producing, Berlin

Umschlaggestaltung:
Volkmar Schwengle, Buch & Werbung, Berlin

Umschlagfotos:
dpa Sportreport, Fotoagentur Zentralbild GmbH, Berlin

Satz und Lithos:
lithotronic creative repro gmbh, Frankfurt/M.

Druck und Bindung:
Mohndruck Graphische Betriebe GmbH, Gütersloh

Printed in Germany 2000

ISBN 3-328-00860-8

Our favou

Wish you

...in Germ

Unterstützt dur

Der Wunsch ist Wirklichkeit geworden. Die FIFA hat ents

Der Sportverlag Berlin beglückwü